suhrkamp taschenbuch 2258

W0063915

Der Zusammenbruch der DDR und die Aufwallung des Rechtsradikalismus machen die Bewältigung der nationalsozialistischen und der stalinistischen Vergangenheit wieder zu einem deutschen Thema. Tilmann Moser untersucht in den hier versammelten Texten aus wechselnder Perspektive die unterirdisch weiterwirkenden Folgen von Holocaust, Krieg, Terror, Flucht, Vertreibung, Verrat, Überwachung, aber auch von Denkzwängen und kollektiven Stimmungen durch die Generationen.

An der Stasi-Problematik wird das Thema von Verrat, Überwachung und Mißbrauch seelischer Störungen deutlich. Stalinismus und verleugneter Faschismus in der Vorgeschichte der DDR überlagern sich. Nach 1945 sind in beiden deutschen Staaten die psychischen Schäden und die fortbestehenden Bindungen an die Ideologie »verdrängt« worden, wirkten und wirken aber im seelischen Untergrund fort.

Was Psychoanalyse West und Psychotherapie Ost darüber zutage fördern könnte, zeigt sich an dem Bericht über Gruppengespräche mit west- und ostdeutschen Therapeuten. Überlegungen zum Thema Politik und Ethik und über Rituale bei Trennung und Scheidung beschließen den Band.

Tilmann Moser, 1938 geboren, studierte Philologie, Soziologie und Politik in Tübingen, Berlin, Paris, Frankfurt am Main und Gießen. Seine anschließende Ausbildung zum Psychoanalytiker erfolgte am Sigmund-Freud-Institut in Frankfurt. Sechs Jahre lang war Moser Dozent für Psychoanalyse und Kriminologie am Fachbereich Rechtswissenschaft der Frankfurter Universität. Seit 1979 arbeitet er in freier Praxis als Psychoanalytiker in Freiburg. Sein Werk im Suhrkamp Verlag ist auf Seite 207 dieses Bandes verzeichnet.

Tilmann Moser
Politik und seelischer Untergrund

Aufsätze und Vorträge

Suhrkamp

Umschlagbild:
Pablo Picasso, Sitzender Mann mit Gewehr, 1969
© VG Bild-Kunst, Bonn, 1993

suhrkamp taschenbuch 2258
Erste Auflage 1993
Erstausgabe
© Suhrkamp Verlag Frankfurt am Main 1993
Suhrkamp Taschenbuch Verlag
Alle Rechte vorbehalten, insbesondere das
des öffentlichen Vortrags, der Übertragung
durch Rundfunk und Fernsehen
sowie der Übersetzung, auch einzelner Teile.
Satz: Uhl + Massopust GmbH, Aalen
Druck: Nomos Verlagsgesellschaft, Baden-Baden
Printed in Germany
Umschlag nach Entwürfen von
Willy Fleckhaus und Rolf Staudt

1 2 3 4 5 6 – 98 97 96 95 94 93

Inhalt

Vorwort mit Bildbeschreibung

Die Wende 1989 mit dem Zusammenbruch der alten DDR hat viele Deutschen aufgerüttelt. Obwohl sich die Westdeutschen vorwiegend auf die Vergangenheit der Ostdeutschen stürzen und von ihnen »Bewältigung« verlangen, wird doch immer deutlicher, daß diese aus so großer Nähe zu besichtigende totalitäre Vergangenheit eines Teils unseres Volkes die in größerer historischer Tiefe schlummernde politische NS-Vergangenheit der Westdeutschen oder aller Deutschen erneut zum Thema macht. Noch in der Abwehr wird spürbar, wie unverdaut vieles in den Kellern der Einzel- wie der Kollektiv-Seele lagert.

Erst recht die Welle der rechtsradikalen Gewalt und ihre mühsam anlaufende vieldimensionale Beurteilung und politische Bekämpfung sowie die Wiederbegegnung mit den provozierend verwendeten NS-Symbolen hat zum Nachdenken darüber geführt, ob die meist jugendlichen Täter verirrte Desperados aus sozialer Desorientierung und ökonomischer Verunsicherung heraus seien oder ob sie ihre Neigung und Bereitschaft zu Gewalt und Rassismus außerdem auch aus größerer historisch-psychologischer »Tiefe« bezögen. Die erste, vereinfachende Variante würde bedeuten: ihr Tun ist aus vorwiegend in der Gegenwart wirksamen Motiven zu verstehen und braucht zur Erklärung nicht den Aspekt intergenerativer Determinierung aus der Abfolge von NS- und Kriegsgroßeltern, Zusammenbruchs- und Nachkriegseltern und orientierungslosen Kindern außerhalb eines geschichtlichen Kontextes. Sie würden einfach auf Werteverlust und soziale Verunsicherung reagieren, wobei die Labileren oder Brutaleren unter ihnen eben zuschlagen, brandstiften oder »ethnisch säubern« wollen.

Die zweite Variante enthielte die Erkenntnis der Familiendynamik, daß die Grundreaktionen einer Generation nicht zu verstehen sind ohne die latente Auseinandersetzung mit den Schicksalen und Werten von zwei vorausgehenden Generationen. Je lärmender die Absetzbewegung einer Generation von der anderen ist, desto stärker bleibt sie in »Gegenabhängigkeit« auf sie bezogen, wenn es nicht zu einer wirklichen Auseinandersetzung und anerkennenden Aufarbeitung der unerledigten »Aufträge« gekommen ist. Das vertrauteste Beispiel ist die generelle Verweigerung einer verstehenden Identifizierung Kinder − Eltern innerhalb der 68er Bewegung, mit der bekannten Folge, daß das Schweigen der in die NS-Zeit Verstrickten immer undurchdringlicher wurde.

Es gehört zu der Wucht und Gewaltsamkeit der Umbrüche im zwanzigsten Jahrhundert, daß der Dialog zwischen den Generationen mehrfach unterbrochen war, sei es aus Scham oder aus ideologischem Zwang. Die Folge waren seelische Diskontinuitäten größten Ausmaßes: Das nicht Verstandene und nicht Beredete wurde »derealisiert« (Mitscherlich) oder »verdrängt«. Da diesen Prozessen aber Massenphänomene zugrunde lagen, läßt sich weniger von individuellen seelischen Leistungen oder Abwehrmanövern sprechen als von historischen Zuschüttungen oder Einebnungen mit der Folge, daß die Vergangenheit »sedimentiert« wurde. Geologische Schichten der kollektiven Seele liegen − in der Regel durch schwer überwindliche Sperren getrennt − übereinander. Die sich überstürzenden Fernsehbilder der Wende wie der rechtsradikalen Gewalt haben in vielen Familien erstmals wieder zu Gesprächen zwischen den Generationen geführt. Und siehe da: Bei vielen 60jährigen und älteren Menschen kamen Versatzstücke nationalsozialistischen Seelenlebens wohlkonserviert an die Oberfläche. Sie waren dem Prozeß der intergenerativen Überformung und Umwandlung, trotz vieler öffentlicher Diskussionen und Bewältigungsappelle, nicht ausgesetzt gewesen. Luftdicht und ohne Tageslicht waren sie nach 1945 unterirdisch abgelagert worden, geschützt von den ost- wie den westdeutschen Sprachregelungen, die zu einem bloßen Austausch der Verständigungsinhalte und Zeichensysteme geführt hatten. Daß die bildende NS-Kunst noch nie zusammenfassend gezeigt wurde aus Angst, ihr Ansteckungs- und Propagandacharakter könne auch heute noch zu wirksam sein, ist ein Hinweis auf diesen zweigleisigen historischen Versuch der Deutschen, ihre politische Seelengeschichte, trotz aller historischen Forschung und pädagogischen wie publizistischen Umwälzung, damals rasch »endzulagern«. Die kollektive politisch-hysterische Reaktion der Literaturkritik auf den Roman »Engel sind schwarz und weiß« von Ulla Berkéwicz (1992) zeigt mit verblüffender Deutlichkeit, wie sehr bis heute die künstlerische Wiedergabe der »Fühl-Welt« des Nationalsozialismus nur durch eine allergetische Schreckreaktion beantwortet werden kann. Das Geschrei gegen die Autorin und der Verdacht, sie berausche sich nur selbst an der NS-Sprache und -mythologie, waren so laut, daß ich die Welle der hämisch-vernichtenden Rezensionen in einem Büchlein mit dem Titel »Literaturkritik als Hexenjagd« (Frühjahr 1994. Piper Verlag) untersucht habe.

Alle in dem vorliegenden Band versammelten Aufsätze handeln von der fortdauernden Wirksamkeit des politisch-seelischen Untergrundes von Nationalsozialismus und Stalinismus in unsere Gegenwart hinein, also von der »Wiederkehr des Verdrängten« (Freud), ein Begriff, den Thea Bauriedl schon in den achtziger Jahren zum Titel eines Buches gewählt hat.

Eines der Steigrohre, durch die das Verschüttete nach oben dringt, ist die allmähliche Verringerung der Abwehr in der psychotherapeutischen Behandlung. Der Stundenbericht über einen »Enkel Adolf Hitlers« ist ein Versuch, dieses plötzliche Aufbrechen intergenerativer seelischer Verstrickung an einer Fallgeschichte darzustellen. Der Patient hatte bereits mehrere psychoanalytische Therapien hinter sich gebracht: die NS-Geschichte war nicht einmal gestreift worden. Auch die Psychoanalytikerin Anita Eckstaedt berichtet in ihrem Buch »Nationalsozialismus in der ›zweiten Generation‹« (Frankfurt 1989) von der Mühsal, die NS-Familiengeschichte aus den Charakterverbiegungen der Täterkinder zu erschließen, da es eine verbale Tradition der Erinnerung in den Familien kaum gebe. Der Aufsatz über die Rezensionen ihres Buches versucht, die kollektive Abwehr des NS-Themas auch in der Psychoanalyse, die doch zur Erhellung der Verstrickungen berufen gewesen wäre, sichtbar zu machen. Erst über die Analysen von Kindern von Holocaust-Opfern in Amerika und Israel kam die Forschung auch hierzulande zögernd in Gang, wobei die unterschiedliche Bewertung von jüdischen Holocaust- und deutschen Kriegsopfern noch lange oberstes Gebot war: Solange die Autorin die Lebensschicksale von Opfer- und Täterkindern vergleicht, gerät sie sofort in den Verdacht des Antisemitismus.

Je drängender die westdeutsche Forderung nach gründlicher Aufarbeitung der stalinistischen oder der SED-Vergangenheit in Ostdeutschland wurde, desto trotziger und verbitterter, aber auch klarer und berechtigter formulierten ostdeutsche Intellektuelle und Psychotherapeuten die Forderung, die Aufarbeitung der NS- und Nachkriegsgeschichte müsse parallel erfolgen: Schließlich seien Deutschland West und Deutschland Ost historisch gesehen Zwillinge, die in unterschiedlichen Lagern groß geworden sind.

Der Aufsatz über den »braunen Untergrund der Charaktere« untersucht die Berechtigung dieser Forderung nach Parallelisierung der Auseinandersetzung mit der politischen Vergangenheit in diesem Jahrhundert. Denn in der Tat versuchen die Westdeutschen, das seit 1945 historisch Unerledigte an die Ostdeutschen zu »delegieren«, wobei die moralischen Maßstäbe, die angelegt werden, umgekehrt proportional streng sind zur Laschheit der Maßstäbe in Deutschland West nach dem Zusammenbruch des Dritten Reiches. Man denke nur daran, daß kein einziger NS-Jurist je verurteilt wurde, obwohl die verhängten Todesurteile in die Tausende gehen.

Ein Text beschäftigt sich mit der »Größe des politischen Umdenkens« anhand der Autobiographie von Günter Schabowski, Politbüromitglied und Berliner Bezirksvorsitzender der SED bis zur Wende. Sein Lebensbericht, den er einem westdeutschen Journalisten gab, wird mit der Geständnis- und Neubewertungsarbeit verglichen, wie wir sie in der Psychotherapie mit dem sachkundigen Zeugen des geschulten Begleiters finden. Der »therapeutische« Raum des Gesprächs ermöglicht Neubesinnung und Umkehr, wie er jedoch in dieser Radikalität des Buches »Der Absturz« (1991) nur höchst selten zu finden ist.

In vielen Einzelgesprächen, aber auch in Diskussionen mit gemischten Gruppen von Therapeuten aus Ost- und Westdeutschland hatte ich Gelegenheit, die Probleme des Auftauchens politisch induzierter Beschädigungen und Verbiegungen zu studieren. Es stellt außergewöhnliche Anforderungen an junge Therapeuten, etwa mit »abgewickelten«, politisch belasteten Wissenschaftlern oder Kadern, mit Stasi-Opfern und Stasi-Tätern zu sprechen und die eigenen Gegenübertragungsreaktionen unter Kontrolle zu halten und sie in hilfreicher Weise für Wachstum oder Genesung der Patienten zu verwenden. Es zeigte sich auch, wie schwierig, ja wie fast unwirksam bisher eine Zusammenarbeit von Therapeuten Ost und West sich gestaltet.

In der Arbeit über die »Stasi als psychotherapeutische Großinstitution« versuche ich, vor allem anhand eines autobiographischen Romans eines früheren Spitzels (»inoffiziellen Mitarbeiters« der Stasi) mit eindeutigen seelischen Beschädigungen zu zeigen, wie die Stasi zielstrebig seelisches Leiden für ihre Zwecke benutzte. Der »Führungsoffizier« tritt hier in die Rolle des stützenden und motivierenden Therapeuten oder Vaters, um die Ergebnisse der Spitzeltätigkeit zu maximieren. Man könnte von einer Großorganisation zur Umverteilung von seelischem Elend sprechen. In dem Roman »Das Verhör« von Andreas Sinakowski wird mit erstaunlicher Prägnanz gezeigt, wie das seelische Elend intergenerativ angehäuft wurde, bis es zur Bereitschaft zum Verrat umfunktioniert werden konnte.

Der intergenerative Aspekt totalitärer Gesinnung schließlich wird untersucht in der Arbeit über die Ziele und Motive der jungen Rechtsradikalen. Eine große Zeitung lehnte den Text als »zu verständnisinnig« ab, weil der intergenerative, soziologische plus familiendynamische Ansatz es unmöglich macht, die Rechtsradikalen nur als neue Prügelknaben der Nation zu konservieren und vorwiegend als polizeiliches und justitielles Problem zu sehen. Es erfordert Seelen- und Erkenntnisarbeit, die Rechtsradikalen als ein tiefer verankertes Symptom verschütteter allgemeiner Dispositionen zu sehen. Im Familienhintergrund der Täter findet sich Gewalt, Entbehrung, Kommunikationslosigkeit, Ver- und Zerstörung des Familiengefüges als Kriegsfolge sowie, in der alten DDR, auch ein Untergrund von totgeschwiegener massenhafter Vergewaltigung in der Großelterngeneration.

Das herausragende Buch über einen individuellen Seelenmord (Renate Höfer, »C. G. Jungs Hiobsbotschaft«, 1993) diskutiert die menschlichen und theoretisch-therapeutischen Folgen der Tatsache, daß der Schweizer Psychotherapeut und einstige Kronprinz Sigmund Freuds, C. G. Jung, als Knabe von einem bewunderten Mann sexuell mißbraucht wurde. Er hat es ein einziges Mal in einem Brief an Freud thematisiert. Der wies ihn ab, und seitdem war das Trauma nur noch im Untergrund seines Lebens und Denkens wirksam.

Schließlich geht ein Vortrag vor Politikern dem Thema von Politik und Ethik nach und versucht, die Anwendungsmöglichkeit des Begriffs vom wahren und falschen Selbst auf das Rollenverhalten von Politikern zu erkunden. Zwischen der Ethik des Psychotherapeuten im Umgang mit Angst und Abhängigkeit und dem Umgang des Politikers mit sozialen Ängsten und Abhängigkeiten werden Parallelen gezogen.

Der letzte Beitrag des Bandes diskutiert die Ursachen einer erstaunlichen Lücke im Bereich der sozialen Riten. Alle Übergangs- und Vereinigungsschwellen im menschlichen Leben sind, vorwiegend unter dem Einfluß der Kirchen, mit stabilisierenden und legitimierenden Ritualen umgeben: Taufe, Kommunion, Konfirmation und vor allem Hochzeit und Geburt. Beim Scheitern von Ehen fehlen alle stützenden Rituale, obwohl die Folge in vielen Fällen Vereinsamung, Ausgrenzung und seelisches Elend sind. Die Scheidungshäufigkeit und das Leiden der Scheidungskinder machen es aber notwendig, über diese Lücke nachzudenken und hilfreiche Rituale vorzuschlagen. Der seelische Untergrund erscheint hier als massenhaftes psychisches Phänomen ohne soziale Formen der Bewältigung und ist damit ebenfalls ein politisches Thema: »Familienkrieg und Friedenskonferenzen«.

Das Schweigen der Psychoanalyse

Im Frühjahr 1993 fragte ich einen in Ehren ergrauten deutschen Psychoanalytiker, der auch einige Jahre Soldat gewesen war, wie er auf die NS-Vergangenheit zurückschaue: ob sie ihn noch beschäftige, ob sie im seelischen Untergrund noch vorhanden und wirksam sei. Er hatte sich nichts vorzuwerfen, war aus familiär-bildungsbürgerlichen Gründen quasi immun geblieben gegen die totalitäre Ansteckung. Und doch meinte er: Sie ist täglich vorhanden; sie prägt als Hintergrunderfahrung die Wahrnehmung der Welt bis heute, obwohl kaum je darüber gesprochen wird. Und auf meine weitere Frage, ob die NS-Vergangenheit auch Thema gewesen sei in seiner eigenen Lehranalyse und danach in seinen vielen Analysen und Lehranalysen, die er durchführte, sagte er, fast erstaunt verneinend: dies komme selten vor, und heute seien die meisten Patienten ja schon nach dem Krieg geboren, erst recht die jungen Kollegen, die selbst Analytiker werden wollten. So ähnlich antworteten die meisten von mir befragten Analytiker, die die Nachkriegszeit als Patienten oder Therapeuten erlebten.

Die deutsche Nachkriegs-Psychoanalyse hat nur wenig dazu beigetragen, die seelische Aufarbeitung der NS-Vergangenheit voranzutreiben. Ja, sie hat sie, von der »Unfähigkeit zu trauern« von Alexander und Margarete Mitscherlich (1967) abgesehen, kaum thematisiert. In diesem Buch war die Vorwurfshaltung so stark, daß selbst viele Psychotherapeuten sich nicht mehr trauten, wenigstens vorübergehend mit verstrickten Tätern und deren Familien sich so weit fragend zu identifizieren, daß die Arbeit an Selbstmitleid, Verdrängung, Scham, Schuld und Trauer hätte beginnen können. Ganz im Gegenteil: Der freudianische Zweig der Psychoanalyse flüchtete sich in einen »Familienroman« mit dem Ziel, sich stets auf der Seite der Verfolgten, ja fast des Widerstandes fühlen zu können. In den Grabenkämpfen der Schulen in den ersten Jahrzehnten nach dem Krieg ging es um Schuldzuweisung und Reinheitsvorstellungen, um Selbstidealisierung und Ausgrenzung. Was die Patienten an Schuld und Leid einzubringen hatten, wurde kaum thematisiert, das unaufgeklärte Unbewußte wanderte ab in die Körpersymptome und in die Lieblingsdiagnose der Nachkriegszeit: »vegetative Dystonie«. Die Identifizierung mit dem verfolgten Juden Freud bescherte ein kollektives gutes Gewissen und ein Elitegefühl, das die Aufklärung von intergenerativen politischen Verstrickungen einigen wenigen Zweigen der Familientherapie und einigen mutigen Pionieren des Psychodramas überließ.

Erst das massenhafte Elend und die sozialen Integrationsprobleme der Vietnam-Veteranen, die man in den USA in ihrem vollen Ausmaß zu vertuschen versuchte, rückten die Spätfolgen des kriegerischen Einsatzes für die Soldaten, auch wenn sie nicht physisch, sondern nur psychisch verwundet waren, in den Vordergrund. Soll man es tröstlich nennen, daß auch die Tötenden, Folternden, Entlaubenden, Bombardierenden von ihrem Tun gezeichnet waren? Daß sie als Helden auszogen und als geschmähte Outlaws zurückkamen? Wohl kaum. Es ist nur deutlich, daß die seelischen Probleme auch den treffen, der zur Unterdrückung der Menschlichkeit gezwungen wurde oder aus verirrtem Nationalismus oder Rassenwahn mitmachte. Nach 1945 wurden solche Überlegungen in Deutschland zugedeckt, der Rest waren die dröhnenden Stammtischreden und das Toterzählen der Familien.

Was wird aus der serbischen Soldateska werden, wenn sie sich müde gewütet hat? Es wird zu einer Kriminalisierung der Gesellschaft kommen, vielleicht unter politischem Vorzeichen, wie wir sie aus den Anfängen der Weimarer Republik kennen, die im Nationalsozialismus endete. Eine solche Entfesselung von Unmenschlichkeit läßt sich vermutlich selbst wieder nur demagogisch oder durch Terror einbinden, es sei denn, eine Niederlage wäre so total wie die der Deutschen 1945.

Der Titel der Sammlung, »Politik und seelischer Untergrund«, verweist auf das Fortwirken von Holocaust, Krieg, Gewalt, Rassismus im Bereich des Unbewußten und der fortdauernden Anstrengung der Abwehr, der Verfremdung, der Kompensation. Pablo

Picasso hat wie wenige andere auf die Kriegsverwüstungen in den Seelen der Menschen reagiert. Ganze Phasen seines Werkes sind von der Auseinandersetzung mit dem »Bösen« getragen. Er stand künstlerisch auf der Seite der Opfer. Aber er wußte auch, daß die Mörder seelisch selbst nicht unzerstört bleiben, auch wenn sie es unter der Maske der Sieger verbergen können. Aufgabe einer politischen Psychoanalyse wäre es, auch diesen Aspekt einzubeziehen. Sie müßte sich aber dabei im klaren sein, daß sie, in den einzelnen wie in den Institutionen, Anteil am Bösen haben kann, anders als es ihre Selbstidealisierung suggerieren will. Picasso kannte das Böse in sich selbst. Vielleicht gelangen ihm deshalb Bilder von so prophetischer wie suggestiver Kraft wie das des sitzenden Kriegers (siehe Umschlagvorderseite), das ich als Schluß dieses Vorworts zu interpretieren versuche.

Mars als Majestät und als Wahnsinniger

Picasso nannte sein Bild von 1969 schlicht: »Sitzender Mann mit Gewehr«. Doch in seiner Monumentalität gleicht es einer Ikone, und der vollkommen zentrale Bildaufbau trägt zur Stilisierung der Figur ins Mythische bei. Deshalb scheint es mir berechtigt, den sitzenden Mann gleichzeitig als Gott des Krieges anzuschauen. Läßt man diese Perspektive einmal zu und tritt ein Stück von dem Bild zurück, so weitet sich die Figur zu einer furchterregenden Riesengestalt, ägyptischen Felsengöttern verwandt, die übermenschliche und grauenerweckende Mächte darstellen und bannen. Nur daß der Ausdruck archaischer und flackernder zugleich ist, voll chaotischer Unruhe und weit entfernt von der quasi vorpsychologischen Ruhe der Weltherrscher und Götter vom Nil. Aber deutlich ist: Wo Mars thront, beherrscht er das Bild, es gibt keinen Raum, den er nicht füllt oder verstellt.

Die Spannung des Bildes – und darauf gründe ich meine Deutung – beruht gerade auf der Gleichzeitigkeit von drohender und verängstigter Menschlichkeit und einer das Menschliche transzendierenden Monumentalität. Ich denke dabei auch an die ungeheure Entfernung, die sich zwischen dem Einzelmenschen und einem zur Gottheit aufgeblasenen Hitler oder Stalin auftut. Aus dem Gesicht spricht zugleich eine geschundene, zum Bösen gewendete Seele, wie auch ein Prinzip: Wachsamkeit, Mißtrauen, Einschüchterung, Gewalt und Grauen. Das Gesicht strahlt Terror aus und ist durch Terror gegangen. Es beobachtet gleichzeitig die Wirkung des Schreckens, die es hervorruft, und unter dieser sichtlich beruhigenden Wirkung scheint sich das eigene Grauen zu mildern. Man könnte das Prinzip so formulieren: Angst und Terror verbreiten, um der eigenen Angst zu entgehen. Das macht den Prozeß aus sich selbst heraus so unabschließbar. Deshalb schreit er nach Eingrenzung von außen. Wer einmal Grauen verbreitet hat, das ihm – vielleicht als Kind – bereitet worden ist, kommt nicht aus eigener Kraft aus diesem Zirkel heraus. Denn die Einfühlung ist ihm längst verlorengegangen. Wäre sie erhalten geblieben, dann wäre das Erschrecken vor dem eigenen Tun zu groß. So schützt die Natur noch den, der ihre Grenzen verlassen hat: Sie entwirklicht die Empfindung für das, was er anrichtet.

Wie läßt sich das aus dem Bild belegen? Oder schreibe ich nur düstere Poesie über ein Gemälde, das dazu anregt? Und wie hängt das Bild mit den Themen dieses Bandes zusammen? Beginnen wir beim Gesicht. Jeder Psychotherapeut, aber auch jeder empathisch fühlende Mensch, der sich vor dem anstarrenden Antlitz des verletzten und vielleicht böse gewordenen Menschen nicht fürchtet, reagiert auf Züge der Spaltung, der Leere, des seelischen Widerspruchs, des Grauens, der Drohung wie der Angst. Er merkt vorbewußt die Differenz, ja die Gegensätzlichkeit im Ausdruck der Augen, ihre unterschiedliche Tiefe, den so verschiedenartigen Seelenton, den Augen haben können – als kämen sie aus verschiedenen Kontinenten der Psyche oder drückten deren unterschiedliche Aggregatzustände aus, die unerträglich weit auseinander liegen können.

Bei diesem Gesicht des Kriegers ist ein Auge ins Ohr gerutscht, ich nenne es das lauernde Augenohr, kalt und zentriert wie ein Radargerät, aus dem Hellen quasi auf Weit- oder Nachtsicht eingestellt, ganz auf Beobachtung, Feindaufklärung, Registrierung minimaler Veränderungen gerichtet, animalisch wachsam auf Gefahr, Feind oder Beute zielend und also fast seelenlos; und eng verbunden damit ein aufgewühlt rotierendes Gehirn, das vor dunklem Hintergrund umnebelt erscheint, man weiß nicht, ob vom Pulverdampf einer Explosion, vom Rauch brennender Städte oder vom Qualm einer Propaganda, die nur noch Schwarz und Weiß kennt, die Grundfarben des Hintergrundes.

Das Augenohr ist außerdem direkt verbunden mit dem Riechorgan, einer ebenfalls aufgewühlt verdrehten Nase mit Nüstern in wiederum differierender Erregung und Panik. Der Kurzschluß zum Animalischen ist malerisch mit einfachsten Mitteln gestaltet: Isoliert man Augenohr und Nase mit dem Blick, so taucht eine Wolfsschnauze auf, die mit einem weichen, fast spöttisch zusammengezogenen Mund einen Kontrast bildet, als sei doch alles Getane und Geschaute eine Art von tierischem Amüsement unter menschlichem Vorzeichen. Das auf dem Bild rechte Ohr ist ausgestellt wie ein verdorrtes Blatt. Man hat nicht den Eindruck, daß es noch hören könnte trotz seiner Überdehnung. Die Botschaften aus der Nacht, vielleicht der Transzendenz, Botschaften von jenseits des Getümmels und der Gefahr, kommen gar nicht mehr an. Ja, man meint fast ein Rascheln zu vernehmen vor lauter Trockenheit und Starre: ein totes Riesenohr, das keinen Laut mehr einläßt. Und darunter das schwarz-leere Auge? Es wird durch nichts mehr bewegt, es zeigt nichts mehr außer Leere und Grauen, vielleicht noch Mitleidlosigkeit, weil es selbst nicht mehr mit einem Fühlen verbunden ist. Über die Nase und den unberührt bleibenden Mund hinweg korrespondiert es mit entblößten Nagezähnchen, die man zunächst für einen Bart halten will. Konzentriert man sich auf den Mund, so erscheinen sie mehr als Bart, so ungestaltet der an den Milchbart eines jungen Rekruten erinnern mag; schaut man länger in das Auge dieses Grauens, so melden sich die Zähne als gefletschtes Gebiß, als erstarrter Ausdruck des letzten aus der Seele verschwundenen Affekts.

Die linke Seite des Gesichts, die wir sonst zärtlich Wange nennen, scheint weggesprengt oder weicht der Druckwelle der Explosion. In die rechte Seite des Gesichts frißt sich der schwärzeste Teil der Nacht hinein und franst es aus: Verlust des Menschlichen auf beiden Seiten also, der durch die dröhnend hellen und breiten Schulterpartien böse wettgemacht wird.

Ursprünglich scheint der Krieger festlich geschmückt in die Schlacht geschickt worden zu sein. Jetzt schiebt er Wache auf vielleicht verlorenem Posten. Denn das Genie Picasso hat ihn gleichzeitig als Zielscheibe ausstaffiert. Die Schärpe, die für Paraden taugen mochte, ist mit Blut besudelt, ja, ein Blutkaktus scheint aus der inzwischen zerstörten Hand zu wachsen, die das Gewehr hält, als sei ihr der Daumen halb abgeschossen oder auf die falsche Seite geschleudert worden. Der Schmuck der Schärpe wirkt nur mehr reduziert auf die Erkennungszeichen einer Partei.

Und die Brust, der Sitz des Herzens und der Seele? Von einem Pappschild verdeckt, oder ist es eine stählerne Scheibe, Zielscheibe oder Panzerung, flächige Barrikade gegen menschliche Regungen? Dann kommt die Schnittlinie des Gewehrs, das auf Spielzeugdimensionen verkleinert ist, ganz so, wie die Kalaschnikoffs in den Händen Jugendlicher wirken, die, halb noch der Kindheit zugewandt, auf der ganzen Welt doch schon Mordbanden bilden, wo immer Krieg aufflammt. Denn der Krieg braucht überall, so todernst er ist, die spielerische Leichtfertigkeit der Halbstarken, denen ihre Führer suggerieren, die Mordwerkzeuge seien jetzt Symbole und Waffen erwachsenen Tuns.

Die halbe Erektion des Gebildes in der Mitte des Gewehrs und in Richtung der Mündung zeigend, die gleichzeitig Gürtelschnalle, Abzugshahn und Gemächt darstellt, verweist wie vorausschauend auf die gleichzeitige Verwendung von Panzerrohr und Penis als Waffen in der Kriegführung: Das Organ der Liebe als Waffe zur Vernichtung der Seele.

Die Monumentalität des Kriegers wird noch einmal deutlich an dem Maß, in dem er die Insignien der Gefangenschaft und des Terrors überragt: Das Gitter mit den aufgeschweißten Dornen oder den eingemauerten Glasscherben auf der Oberkante des Kerkergestänges, überhöht vom Maschengeflecht des Drahtverhaus. Der Gott sitzt auf nicht mehr erkennbarem Grund. Er füllt das Bild nach seiner eigenen Wucht und Statik. Sein Arsch erstickt die Teile der Erde, deren Umkreis seine Schultern wie eine im dunklen Raum schwebende Kugel umreißen.

Die Kriege und deren Folgen, von denen in diesem Buch die Rede ist, waren total und unermeßlich und getragen von Ideologien, die nicht nur Land, sondern auch Seelen okkupiert katten. Und weil der Krieg, der Holocaust, der Völker- wie der Klassenmord in die Seelen eingezogen war, mußte er dort verschüttet werden, weil Katastrophen dieses Ausmaßes nicht in einer, nicht einmal in zwei Generationen aufzuarbeiten sind. Vergessen und Entwirklichung sind Formen, mit ihnen fertig zu werden. Die Gewaltsamkeit wird unterirdisch weitergegeben. Die Serbenführer brauchten nur demagogisch in den historischen Seelenablagerungen ihres Volkes zu wühlen, und schon wurden aus Nachbarn wieder Todfeinde, aus Mitmenschen Ungeziefer, von dem man die »befreiten Gebiete« ethnisch säubert.

Auch Picassos Krieger könnte ein »Säuberer« sein, also einer, der Krieg führt um einer imaginären Reinheit willen, völkisch, rassisch, ideologisch oder nationalistisch. Deshalb taugt er als ein Spiegelbild für vieles, was noch in uns steckt aus unserer Geschichte. Seine Seele erscheint als »gesäubert«, aber in dem schrecklichen Sinne von Entmenschlichung, zu deren Inszenierung im Großen sich immer wieder politische Führer wie Völker für berechtigt halten.

Ein Enkel Adolf Hitlers

Über das Auftauchen von Politik in der Psychotherapie

Ein erfahrener Psychoanalytiker sucht (nach langen Eigenanalysen, in denen das Thema der NS-Geschichte seiner Familie nicht vorgekommen war) noch einmal Therapie bei mir, unter anderem weil er an einem diffusen Unbehagen leidet.* Er fühlt sich tüchtig, aber geschichtslos; einfühlsam, aber ohne Verbindung zu seiner inneren Mutter; psychisch stabil, aber verwirrt und erschöpft, wenn er seine alten Eltern besucht hat. Er sagt: »Sie inszenieren sich als glückliche Ehe, aber nichts stimmt bei dieser Inszenierung. Ich kenne die eingespielten Repliken auswendig, Sprach- und Gestenrituale, von fröhlich bis feierlich. Der Vater hebt die Kochkünste der Mutter in den Himmel. Aber so gut kann man gar nicht kochen, wie der tut. Sie nimmt ihn aber nicht ernst... Wir haben Rituale inszeniert, solange ich mich zurückerinnern kann als Kind.«

Dann wird er ernster: »Mit der Mutter bin ich noch nicht fertig. Sie ist ein Rätsel. Sie wußte immer, daß wir falsch gespielt haben: geordnete Familie, Familienfeste, bei denen man ergriffen war. Bis ich dann lachen mußte, aber das war erst spät. Heilige Stimmungen, mit Gänsehaut. Zeremonielle Arrangements.«

Ich lasse ihn im Rollenspiel mit der Mutter auf dem leeren Stuhl sprechen, spüre diffusen Haß bei ihm: »Du kannst dich einfach nicht einfühlen, zum Beispiel, wenn ich krank war, als Kind.« Die Angriffe wirken lahm. Er sagt auf meine Nachfrage: »Ich darf sie nicht preisgeben, vor niemandem, auch nicht vor Ihnen. Sie war... heilig. Es gab keine Kritik an ihr.« Ich verstehe und schlage vor, sich ihr nicht angreifend, sondern mit eigenen Gefühlen zu nähern, von der Seite, auf der sie selbst Opfer war. Er möge ihr sagen, was er fühlte und fühle angesichts der Tatsache, daß sie in seiner Gegenwart als fünf- und sechsjähriger Junge auf der Flucht mehrfach von den Russen vergewaltigt worden sei.

---

* Das Erstinterview mit diesem Patienten ist dargestellt in meinem »Stundenbuch« (1992) unter dem Titel »Mars und Ödipus«.

(Wir haben darüber schon öfter gesprochen, aber nie mit dem direkten Affekt.) Das Thema der vergewaltigten Frauen kommt nach fast fünfzig Jahren Schweigen endlich wieder hoch, nicht zuletzt durch den Film »Befreier und Befreite« von Helke Sanders. Die Schätzungen belaufen sich auf zwei Millionen Frauen, die von den Russen vergewaltigt wurden. Dies ruhte oder rumorte eingemauert im seelischen Untergrund von unzähligen Familien.

Er sagt eher ängstlich-verwirrt zur Mutter: »Du hättest doch einmal mit mir ruhig darüber sprechen können!« Aber dann schaut er zu mir und meint: »Sie würde sagen oder signalisieren: ›Warum quälst du mich, ich will es doch vergessen!‹«

Sie war Führerin im BDM (dem weiblichen Pendant zur Hitlerjugend), »begeistert aber nur bis 1937«. Von da ab habe sie die Dinge durchschaut, so erzählte sie, und innerlich abgeschaltet, aber weitergemacht, als ob nichts wäre, »für die anderen«. Sie versteckte sich als Person. Er sagt vorwurfsvoll zu ihr: »Warum bist du denn nie zu dir gestanden, hast nie ein Stück Wahrhaftigkeit gezeigt? Das hätte ich gebraucht!«

Ich sage: »Wahrhaftigkeit hätte in die Katastrophe geführt, für sie als junge Frau, aber auch für die Familie.« Der Vater der Mutter war vor 1933 lange arbeitslos, dann stabilisierte er sich in der SA, später bei der Polizei und in einer Parteifunktion, »hundertprozentig« von den Nazis überzeugt. »Er spielte authentisch Theater, glaubte aber daran. Die Familie nahm ihn nicht ernst, aber man ließ ihm sein ergriffenes Getue. In den letzten Kriegswochen übernahm er einen Trupp Volkssturm, weil sich der Kommandant vor der herannahenden russischen Front schon in den Westen abgesetzt hatte. Er glaubte an den Satz ›Unsere Ehre heißt Treue‹ und ans Durchhalten bis zum Schluß. Wenn er früher den Führer hörte oder gar zu sehen bekam, war er außer sich vor Aufregung. Er ist dann im Lager Sachsenhausen umgekommen, das die Russen übernommen hatten.«

Ich sage: »Ihre Mutter hatte gar keine Chance, ein lebendiges, authentisches Selbst zu entwickeln, in der Erziehung nicht, beim BDM nicht, während des Krieges nicht, und auf der Flucht und als geduldeter Flüchtling nicht.« Er, weinerlich-aggressiv: »Aber sie hätte doch einmal die Wahrheit sagen können!« Fast widerwillig sieht er ein, daß er Unmögliches von ihr verlangt. Aber ich spüre, er möchte ihr Vorwürfe machen, einen diffusen Haß auf sie präzisieren und damit im psychoanalytischen Modell der Familie bleiben, mit den am Kind schuldig gewordenen Eltern.

Ich sage: »Ich kann verstehen, daß Ihr Zorn sich eine Person zum Ziel sucht. Aber es gab ideologische und politische Gewalten, die die Eltern beherrschten. Vielleicht sollten wir Ihren Großvater mit einbeziehen, der sich dem Nationalsozialismus so total geöffnet hat.«

Er spricht zunächst gefaßt, dann wütender zum Großvater: »Du warst blind vor lauter Mitlaufen! Besoffen vom Führer, vom großen Bruder! Und du hast deine Tochter mit hineingezogen, weil sie dich zuerst bewundert, später verstanden und bemitleidet hat. Deine Frau hat das Spiel der Nazis durchschaut. Aber die Tochter hat gespürt, wie du vor ihm auf den Knien lagst, und mitgemacht.« Dann wirkt er grüblerisch und fragt, sich von der Mutter wegwendend: »Sie sagte doch, sie habe seit '37 an nichts mehr geglaubt. Ich weiß aber nicht, ob ich ihr glauben kann. Es hatte ja keine Folgen, ihr Durchschauen. Teile von ihr haben einfach weiter mitgemacht. ›Für den Vater!‹, sagte sie später. Und später: ›Für euch Kinder.‹ Sie wollte uns ›die Ideale erhalten‹ und das Dazugehören.«

Ich denke an meine eigene Mutter, die mir nach dem Erscheinen meines Buches »Gottesvergiftung« sagte, sie habe auch nicht mehr an Gott geglaubt nach der lebensgefährlichen Erkrankung ihres Mannes kurz nach meiner Geburt, aber um seinetwillen und wegen ihrer Familie und später wegen uns Kindern habe sie weitergemacht mit dem religiösen Leben und seiner Organisation für die Gemeinde, später dann für die entwurzelten Flüchtlinge.

Er scheint wieder wütend zu werden, sagt ihr aber auch: »Ich verstehe dich. Was hättest du auch tun sollen? Aber ich bin doch wütend! Ich habe keine Orientierung. Ich weiß nicht, was das alles bedeutet, wo es in mir einen Ort hat. Schon als Kind.« Er spricht weiter zu einzelnen Familienmitgliedern, aber er erlebt plötzlich alle als haltlos, theatralisch, unglaubwürdig, verlogen: Selbstdarsteller, zwischen Pathos, innerer Leere und bodenlosem Unernst, wenn auch nahe am Tragischen.

Schließlich schlage ich vor, da die Figur alles zu überschatten scheint: Er möge zu Hitler sprechen, der spiele überall mit hinein. Er verstummt und wirkt ratlos, traurig. Wir plazieren Hitler hinter der breiten Flügeltüre, die ins andere Zimmer führt, unsichtbar. Die Holzumrandung der Doppeltür wirkt so wuchtig-drohend, seit von Hitler die Rede ist, als sei sie von Speer entworfen:

einschüchternd monumental, düster und drohend. Eine gewisse Beklemmung ergreift uns beide. Das verquälte Zögern und Schwanken wird atmosphärisch noch in diesem Bericht spürbar. Der Patient kann Hitler nicht ansprechen, aber er sagt: »Ich sehe ein Bild, ein gewaltiges Bild. Die Mutter hat uns Kinder an der Hand, wie in einem Hain. Weit hinten ist eine große Statue. Wir gehen auf sie zu. Es muß der Führer sein. Es ist sehr feierlich. Von der Mutter ist aller Zweifel abgefallen. Sie geht auf die Statue zu, wie in einem Gottesdienst« –; es kommt ein anderer Einfall: »Überhaupt war bei uns alles wie Gottesdienst: die Feste, manchmal sogar das Abendessen – ich weiß nicht, wie sie das gemacht hat, sie konnte es ausstrahlen« – und dann kommt er zurück zu seiner Vision: »Die Mutter weiht uns dem Führer. Wir gehören jetzt ihm. Es scheint alles falsch und zugleich erhaben. In unserer Familie ist jetzt eine höhere Gewalt zu Hause, ein höheres Gesetz. Der Vater ist ja im Krieg. Die Mutter verwaltet alle Gefühle, sie orchestriert sie.«

Er schweigt, und ich sage: »Ich fasse das alles einmal in eine vorsichtige Worthülle, vor der ich selbst erschrecke. Sie sind ein Enkel Hitlers geworden, und der sitzt heute noch vor mir.« Darauf er: »Mir wird ganz schwindlig. Das ist nicht zum Lachen. Der Boden scheint nicht mehr fest.« Wir schweigen noch eine Weile, dann ist die Stunde zu Ende.

Therapeutische und pädagogische Entscheidungen

Ratlosigkeit, Verwirrung und Trauer, Kopfweh und leichtes Magendrücken durchdringen auch die Stunde am anderen Morgen. Ich fühle mich selbst unter Druck, weil ich meine, ich müsse hilfreicher sein bei dieser Fassungslosigkeit, die sich nicht aufzulösen scheint und die auch nicht in angemessenen Gefühlen ihren wenigstens teilweise befreienden Ausdruck findet. Ich glaube zu spüren, daß der Patient, sozusagen nach bisherigem Muster des Fühlens, sich erneut an eine aufgeschobene, nur im Untergrund wirksame Verstrickung mit seiner Mutter als schwer greifbare Erinnerungsfigur heranwagen will. Dies scheint schwer genug, denn er stöhnt und spricht vor allem von der Scham über die Familie, mehr aber noch über seine Loyalitätskonflikte: »Die Mutter war heilig, der Vater verbreitet dieses Klima noch heute.

Sie zu kritisieren war undenkbar, und nun gar sie einem Fremden preiszugeben!« Ich denke: »Vorsicht, ein Kollege mit wahrscheinlich mehreren hundert Stunden Lehranalyse, und plötzlich Loyalitätsprobleme?« und frage: »Ist denn das Thema nie berührt worden?« Er verneint, selbst erstaunt. Die NS-Zeit kam nicht vor.

Ich schwanke zwischen verschiedenen möglichen Linien. Klar ist nur, daß ich mit ihm weiterhin mit Gestalt- und Rollenspiel-Elementen arbeiten werde. Zu warten, bis diese Phänomene (vergewaltigte Mutter, hitlerhöriger Vater und anderes) in die Übertragung kommen, scheint mir nahezu verrückt, unergiebig, und ein Resultat eher unwahrscheinlich; dies ist wohl eine Ursache dafür, daß die Themen noch »jungfräulich« sind nach zwei Analysen: das Vorliebnehmen mit dem, was verstehbar und nicht allzu belastend, auch für den Analytiker, in die Übertragung kommt. Er war nie zu dem Thema ermutigt worden!

Ich spüre, daß er am liebsten mit meiner Hilfe den unklaren, untergründigen, sexualisierten, schambesetzten Zorn gegen die Mutter aussprechen, vielleicht hinausschreien würde. Aber seine Tonart, als er es versucht, bleibt merkwürdig matt, gelähmt, traurig. Auf meine Rückfrage sagt er auch: die Gefühle seien extrem gemischt, und offene Wut sei undenkbar. »Ich kann sie ja so gut verstehen. Ich spürte immer, was sie von mir brauchte an Haltung. Sie strahlte als Botschaft aus, wenn ich mich auch nur einem solchen Thema näherte: ›Wie kannst du mich nur so quälen! Ich versuche doch mühsam, das alles zu vergessen.‹ Und die Stimme war dann verhärmt.«

Sowohl durch meine Entdeckung in den letzten Jahren, in welchem Ausmaß das NS- und Kriegsfolgen-Thema von der Psychoanalyse selbst verleugnet worden war, wie auch durch eine seltsame Identifizierung, die ich an mir wahrnehme, wähle ich einen anderen Weg. Die Identifizierung sieht so aus: Ich fühle mich wie ein Historiker, zugleich ein verwundeter und beschämter Deutscher, der für eine verspätete Aufarbeitung des Verdrängten verantwortlich ist, aber auch für Gerechtigkeit zwischen den Generationen. Mir ist gleichzeitig bewußt, daß ich über das Thema forschen will. Ich fühle mich emotional der Mutter nahe, deren theatralischer Nazivater die Familie tyrannisiert und in den letzten Kriegstagen in sinnloser Treue bis zum Untergang einen Volkssturm übernimmt, und dafür in einem KZ der Sieger verreckt. Ich sehe innere Bilder: Wie sie versucht, vor den Russen zu fliehen und erst nach vielfacher Vergewaltigung wieder englisch besetzten Boden erreicht, nachdem sich die Amerikaner überraschend nach Westen zurückgezogen haben.

Unsere Identifizierungen sind divergent und gespalten: Der Patient scheint das verwirrte leidende Kind, das über die Mutter Klage und Anklage führen will. Doch ich sehe plötzlich, um wie vieles reicher *sein* Leben ist als ihres, wieviel kreativer und erfolgreicher er seine Fähigkeiten realisiert hat. Aber *seine* Gerechtigkeit verlangt, daß er klagen und anklagen darf: *er* fühlt sich behindert durch die Persönlichkeit der Mutter und ihr ritualsüchtiges leeres oder falsches Selbst; durch das Ausmaß ihrer Verdrängung und Verfälschung der Nachkriegswirklichkeit, durch die Aneignung der Familie als eines Resonanzbodens für ihre Seelenmusik gegen die Erinnerung und die Leere.

Ich kann ihm nur noch zum Teil folgen, es ist im Grunde keine herkömmliche Einzeltherapie mehr: Ich schwanke selbst, fühle mich gelähmt, andererseits fasziniert, weiß auch, daß wir beide vor neuen Einsichten, vielleicht Reifungsschritten stehen. Der Vater rückt in den Hintergrund, er ist der, der am meisten vor Erinnerungen und vor dem totalen Sinnverlust geschützt werden muß. Wegen der Jahre in einigermaßen komfortabler westlicher Kriegsgefangenschaft nimmt ihn der Sohn, der doch die Mutter in Krieg und auf der Flucht beschützt hat, ohnehin nicht für voll.

Der Patient scheint zu ahnen, daß die Verwirrung und die Trauer auch überindividuell bestimmt sind. Er sagt: »Ich habe gar keine Vergangenheit, keine Geschichte, das war ja alles abgeschnitten. Nur die Rituale hatten überdauert, die Gänsehaut an den Festen, das ›Hehre‹ an meiner Mutter, die sich immer hundertprozentig in feierliche Stimmungen stürzte.«

Immer wieder bricht es plötzlich in kurzen Schüben aus ihm heraus: »Hättest du doch einmal die Wahrheit gesagt, hättest dich gezeigt! Dann hätte ich Ansatzpunkte für eine Orientierung gehabt. Ich lebte im Nebel der Lüge.«

Wir staunen darüber, daß das Schweigen und die Rituale die innere Figur der Mutter ins Mythische gesteigert hatten. Sie schien im Besitz einer Wahrheit, die sie in Ritualen verwirklichte. Sie führte Regie in der Familie. Das machte sie groß und unangreifbar. Hinter dem Ritual drohte, nie ausgesprochen, ein Zusammenbruch. »Es war eine kontinuierliche Erpressung.« Ich dachte an den Zusammenbruch 1945, das Verschwinden des Großvaters an der nahen Front, die Verhaftung, die Flucht, den Verlust von Heimat und Habe, die Strafängste, den Verlust jeder Orientierung, die »Schande« der Vergewaltigungen, den verlorenen Mann (in Gefangenschaft ohne Nachricht), den Bombenkrieg, das mühsame Überleben als Flüchtling: den Haß, die Verachtung, die ihnen entgegenschlug, und früher die Deportation der Juden und dann die Bilder und Filme von Auschwitz.

Während dieser Gedanken fährt er wieder die Mutter an und sagt: »Warum hast du denn diesen Mann, als er nach vier Jahren Gefangenschaft wiederkam, nicht gleich wieder zum Teufel geschickt, als du gemerkt hast, der ist ein halbstarker Angeber und ungehobelter sexueller Gierling und Vergewaltiger geblieben?« Dann erinnert er sich, wie sie sich immer wieder bei ihm beklagt habe: sie sei ihm sexuell nicht genug; daß sie Freundinnen duldete, sogar vor einem Mißbrauch der Tochter die Augen verschloß, obwohl er offensichtlich gewesen sein muß. Dann fühlt er sich *endlich* ein Stück ein: »Was hättest du auch tun sollen, als er wiederkam und von gemeinsamem Neuanfang sprach?« (Das betonte Wort »endlich« enthält sehr deutlich einen Wunsch oder eine Erwartung des Therapeuten und klingt analytisch gesehen wie ein Kunstfehler. Aber ich stehe atmosphärisch und technisch zu dieser Erwartungshaltung und glaube, daß ich mich zu Recht von ihr leiten ließ.)*

Er seufzt und sagt: »So habt ihr euch halt durchgelogen, nicht bösartig, sondern theaterspielend über dem, was ihr nie ansprechen, verstehen, aufarbeiten konntet.«

Ich spüre das Bodenlose in dieser Familie, den Mangel an innerem Halt, an historischen Kategorien, an Selbstwahrnehmung, an Chancen zum Selbstsein. Unsere Standpunkte scheinen sich anzunähern, so daß ich es wage, andere Gesichtspunkte einzuführen. Ich sage: ich fühlte mich in einer seltsamen Spannung, könne mich nicht voll auf *seine* Gefühle einlassen, ohne wichtige Ergänzungen zu machen, ohne andere Kategorien einzuführen, ohne uns zu orten in einem überfamilialen Modell; ein Modell, das Nazizeit und Krieg, den Druck, die erzwungene Selbstverborgenheit, die Begeisterung, Hörigkeit, Verlogenheit, Angst einbeziehe, die

---

* Der Stand der Forschung von Frauen über Probleme der Frauen in der NS-Zeit ist hervorragend dokumentiert in dem Band »TöchterFragen. NS-FrauenGeschichte«. Hg. L. Gravenhorst und C. Tatschmurat. Freiburg 1990.

ganze Unfreiheit, die nur durch rassischen Größenwahn verhüllt wurde. Die Eltern und Großeltern wirkten auf mich partiell wie Marionetten, von Kräften bewegt, die nach Individuation, Reifung und Gewissen nicht fragten, wohl aber nach Volk und Führer und Rasse und Sieg und Kampf und drohendem Untergang.

Unsere Form des Selbst-Sein-Wollens wäre ihnen vielleicht sogar schäbig, unmöglich, individualistisch oder gemeinschaftsschädlich vorgekommen, hätte sie in unbekannte Zonen des Selbst-Seins geführt, aus dem Schutz der Rollen und Anschauungen heraus, und immer umstellt von ganz anderen Angstquanten, als wir sie uns vorstellen könnten. Es hatte ihnen ja keiner geholfen, ihrer selbst ansichtig zu werden und sich zu begreifen. Ich hielt dem Patienten das Maß von Hilfe vor, das wir beide in Anspruch genommen hätten, nicht vorwurfsvoll, sondern um Maßstäbe zu finden. Und dabei stießen wir erneut auf die Idealisierung, ja Dämonisierung der schweigenden Eltern, so daß wir als Fünfzigjährige noch immer wie Kinder gegenüber Eltern fühlten, die es doch hätten wissen und uns sehen müssen als neue Erdenbürger, die auch in den schlimmsten politischen Zuständen Orientierung und Vorbildlichkeit brauchten!

Als ich dies dachte, fühlte ich mich endlich erwachsen, und erlebte auch ihn nahe am Erwachsensein (in vielem ist er erwachsener als ich), wenn auch voll Trauer und Staunen, schmerzlichem Staunen und voll waisenkindlichem Abschied in der Stimme. Er sagte: »Da ist ja gar nichts mehr zu holen. Ich muß Abschied nehmen. Sie werden nie mehr authentisch werden, wie ich es mir wünschte, nie mehr die Wahrheit sagen! Ich werde immer wissen, welche Floskel auf welche Wendung folgt, welche Antwort auf welche Frage, die doch keine Frage ist, sondern nur ein Seil, mit dem der andere wieder seine eingeübt-beruhigenden Bewegungen ausführt, die den Abgrund verdecken.«

Analyse, Therapie, Pädagogik, Solidarisierung und Reifung

Die Haltung, die ich einnahm, war nicht mehr abwartend analytisch-neutral. Analytische Neutralität hatte zu den immensen, jahrzehntelangen Ausblendungen geführt: Die Therapeuten fragten nicht nach, und die Patienten verlängerten ihr familiäres Schweigen bis in die achtziger Jahre. Oder die passive Neutralität führte zu Anita Eckstaedts* akrobatischer Leistung, die innerseelischen NS-Folgen in der Nachinszenierung der Analyse auszuhalten. Sie setzte sich im Lauf der Jahre einer schwer erträglichen, zunächst unverständlichen, manipulativen, leidvollen und die analytische Identität potentiell vernichtenden Übertragung aus, ließ alte Hörigkeitsbeziehungen sich neu etablieren und sich ins Zentrum der Übertragung setzen. Ihr Buch halte ich für eine große Forschungsleistung und ein mutiges Thematisieren eines nahezu ausgeblendeten Themas. Mit ihrer analytischen Technik habe ich mich eher kritisch auseinandergesetzt. Der Masochismus von Analytikern im Dienste einer in ihren Varianten sehr eingeengten Methode nützt dem Patienten nicht allzu viel, ebensowenig der Nachweis, daß die Methode trotz großer Leiden des Therapeuten auch hier, im Bereich des Fürchterlichen, noch sinnvoll und leistungsfähig ist. Damit führt man nicht zuletzt Nebenzwecke in die Behandlung ein.

Aber ich gebe zu: Ich verfolge ebenfalls Nebenzwecke in den hier beschriebenen Therapiestunden, wenn auch eingebettet in rechtfertigende und begründende Reflexion. Ich entschloß mich, das familiale Modell zu durchbrechen, nicht nur nach dem Muster der Mehrgenerationentherapie, die die (realen oder phantasierten) Großeltern einbezieht, sowie Werthaltungen, Geheimnisse, Fühl- und Denkregeln des ganzen Clans. Ich versuche außerdem, die Kräfte zu benennen und zu symbolisieren, die als ideologischer, sozialer und politischer Sog und als Angst auf die Erwachsenen einwirkten, die dem Kind doch zunächst als stark, handelnd und autonom erscheinen. Der Patient spürte als Kind undeutlich, wie diese Kräfte die Eltern und Großeltern, aber auch Lehrer usw. aus ihrem eigenen, unterentwickelten Zentrum des Selbst heraushoben und nach rätselhaften Gesetzen sich bewegen ließen, die sie selbst nicht wahrhaben wollten.

Ich sage also: »Wir stehen an der Grenze einer analytischen Situation. Das herkömmliche Setting funktionierte bei Ihnen bisher nicht, und es funktionierte in sehr vielen Psychoanalysen der letzten Jahrzehnte nicht.« Die Abwehr war zu stark, auch bei den

---

* Anita Eckstaedt, Nationalsozialismus in der ›zweiten Generation‹. Frankfurt 1989.

Analytikern, aus vielen Gründen: Scham, Schuld, Angst, der Zustand der Affekte, fehlende Aussicht auf wirksame Supervision. Ich habe Patienten berichten hören, wie ihre Therapeuten blaß wurden, wenn sie plötzlich in Träumen und Erinnerungen das Entsetzliche einführten: einen Vater als Teilnehmer oder Leiter von Einsatzgruppen oder Sonderkommandos im Osten, als SS-Führer, als Partisanenjäger und Massenhinrichter, aber auch weniger Schlimmes. Auf diesem riesigen Feld glaube ich an die These des amerikanischen Analytikers Robert Langs von der »therapeutischen Verschwörung«. Er meint, daß tendenziell alle Patienten sich mit allen Therapeuten verbünden wollen, um bedrohliche Aspekte des Unbewußten zu umgehen. Nur hat er sie zur fixen Idee ausgebaut und sich selbst zum Weltdetektiv darin ernannt.* Aber die Idee wird plausibler, wenn man einen hohen sozialen Druck annimmt, der außer den Ängsten vor dem individuellen Unbewußten auf die Partner einwirkt: Angst und ein potentielles Unvermögen, dem bedrohlichen Stoff der kollektiven Geschichte im Unbewußten gerecht zu werden oder ihn bewältigen zu können.

Deshalb mutete ich dem Patienten, der mir wie ein nur wenig jüngerer Bruder vorkommt, die Einsicht zu: Wir seien als Deutsche mit einer seelischen Erblast geschlagen, die unser Leben durchzog und durchzieht, ob wir es wollen oder nicht, oder ob wir es spüren oder nicht: als Angst, Verwirrung, als vergebliche Sinnsuche, als Helfertum, als Wiedergutmachertum, als Arbeitswut, aber auch als kompensatorische Fühllosigkeit usw. Der Schrecken und die Hilflosigkeit gegenüber den rechtsradikalen Ausschreitungen kommen neuerdings hinzu.

Wir fänden uns, wenn wir für das unterirdische Wirken empfänglich sind, oft wieder als hilflose analytische Aufklärer und blinde Familienforscher im falschen Paradigma eines den historischen Hintergrund verniedlichenden ödipalen Denkens. Wir hätten die Tendenz, das Familienmodell sogar noch weiter zu reduzieren auf die Dyade mit einer Mutter, die dann mächtig wie eine Göttin erscheint. Aber die Partner dieser Mütter — vor allem, wenn die Männer fehlen oder schwach oder krank oder gebrochen sind — sind dann größere, oft unkenntliche, verzerrte, übermäch-

---

* Robert Langs, Die therapeutische Verschwörung. Stuttgart 1986, und ders., Der beste Therapeut für mich. Ein Ratgeber für die psychoanalytische Therapie. Reinbek 1991.

tige, auch entpersönlichte Figuren, größer als die von präsenten Männern. Die vaterlose Gesellschaft, an der er ja einige Jahre partizipiert habe, ist durchzogen von Monstern, mögen sie nun Führer, Deutschtum, Rasse, Gestapo, Juden, Russen, Feinde, Blut oder Heimat heißen oder Klasse, Klassenfeind oder Revolution und Kirche. Es bilden sich innere psychische Verhältnisse aus negativen oder parasitären oder idealisierenden oder destruktiven Symbiosen, nicht nur mit Personen, sondern mit diesen »Golems«, Institutionen, verfolgerischen Großobjekten, überwältigenden Systemen. Sie verbünden sich mit der archaischen Macht der Mutter, oder umgekehrt mit der Gewalttätigkeit von riesigen, weltumspannenden Väterfiguren. Ihre Grausamkeit wird verhüllt durch eine propagandistisch geschönte, übermenschliche Väterlichkeit, die als gottgleich erscheint. Und doch sollten wir nicht vergessen, daß es oft auch kleine Funktionäre waren, von denen der wirkliche Schrecken ausging, während die großen Verbrecher geschickt als übermenschliche Leuchtgestalten dargestellt wurden.

Das sind Gedanken, die mir während und nach der Stunde durch den Kopf gehen und die ich nicht alle in dieser Form mitteile. Aber ich teile »Gedachtes« mit, was zunächst außerhalb der Reichweite der unmittelbar fühlbaren Affekte des Patienten zu stehen scheint. Dennoch glaube ich, daß seine Affekte längst in diesem größeren Setting sich abspielen und daß er es nur noch nicht weiß. Deshalb sage ich ungefähr: »Sie haben immer gespürt, daß etwas nicht stimmte in der Selbstdarstellung der Familie wie der einzelnen Personen. Sie haben gefühlt, daß die Personen bewegt wurden von anderen, stärkeren, dunkleren Kräften, die sie sich teils zu eigen machten, denen sie aber auch ausgeliefert waren; die sie stolz zu beherrschen meinten, und von denen sie doch auch getrieben waren. *Sie* stehen nicht nur in Beziehung zu diesen Personen, sondern auch zu diesen Kräften, Gespenstern, Monstern und ihrer mythischen Verzerrung durch die Eltern.

Wir erleben zusammen eine therapeutische und zugleich eine verdrehte Szene unserer deutschen Geschichte: Ihre Trauer geht über das hinaus, was Sie als Kind nicht von Ihren Eltern bekommen haben. Es ist zugleich Trauer und Zorn sowohl über das, was die Eltern als Individuen taten oder unterließen, wie über das, was sie auszuhalten oder als Wähler oder Mittäter zu verantworten hatten. Auch in Ihrem Clan steht noch die große Statue des Diktators mit allem, was sie umwehte, was sie verkörperte, was sie ausgelöst hat. Ihr Gefühl für das Falsche ist nicht nur bezogen auf die engste Familie, sondern auf das, was Sie, gebrochen durch die Familie, von der Geschichte mitbekommen haben, auch die Falschheit und ausblendende Normalität der Nachkriegszeit.«

Es fließt schon wieder ein Stück erweiternder Kommentar ein in die Wiedergabe dessen, was ich fühle und sage. Ich kann es nicht mehr genau unterscheiden. Die Stunde ist bewegend. Wir stehen zusammen auf einem Trümmerberg, auf dem Millionen Menschen herumirren und suchen und unter dem wieder Millionen Menschen begraben liegen: Verfolgte, Ermordete, Gefallene, Zerbombte.

Psychoanalyse, das westdeutsche Schweigen und die Psychotherapie in den neuen Bundesländern

Es ist nicht ganz leicht, von diesem Fallbericht überzugehen auf allgemeinere Gedanken, wie ich sie vor einer aus ost- und westdeutschen Psychotherapeuten gemischten Gruppe als Anreiz zur Diskussion über eine gemeinsame Verantwortung für den seelischen Niederschlag der deutschen Geschichte vortragen wollte. Wie aussagekräftig ist ein Einzelfall? Hat er eine symbolische, typologische, statistische Bedeutung? Wird es einsichtig zu machen sein, daß solche Patienten mit fast zwei Generationen »Verspätung« in die Therapie kommen, vielleicht stellvertretend, als »gebundene Delegierte« (Stierlin) ihrer Eltern, so wie die jungen Rechtsradikalen partiell noch als gebundene Delegierte ihrer Großeltern und ihrer alles verleugnenden Elterngeneration randalieren und morden?

Die westdeutsche Psychoanalyse hat nicht viel beigetragen zur sogenannten Bewältigung der NS-Vergangenheit. Sie hat die Symptome und die Leiden der Menschen, aber auch ihr blindes Engagement für Wirtschaftswunder und Wiederaufbau, für die historische Dumpfheit der Adenauerzeit, analytisch kaum dechiffrieren können. Und wenn, dann höchstens anklägerisch-diffamierend wie die Mitscherlichs in ihrem Buch »Die Unfähigkeit zu trauern.« Erst in den späten achtziger Jahren wurde auch das Leiden der Deutschen im Gefolge der Leiden der Holocaust-Opfer und ihrer Kinder analytisch verstehbar. Insofern stehen wir nach der Wende

in der DDR vor einem einzigartigen Phänomen: Durch die Zeit-
verschiebung, besser die Verspätung in der westdeutschen psychotherapeutischen Bewältigung um fast vier Jahrzehnte kommt es
wenigstens auf diesem Sektor zu einer erstaunlichen geschichtlichen Parallelität. Die ostdeutsche Forderung nach einer Anerkennung der komplementären Entwicklung der Zwillinge Deutschland West und Deutschland Ost (Annette Simon) ist im Westen
zum Teil auf erbitterten Widerstand gestoßen. Wer die Dimension
der psychologischen Verspätung im Westen nicht versteht, kann
meinen, uns trennten Jahrzehnte des Fortschritts von den Ostdeutschen, und in vielen Bereichen, vor allem den oberflächlich sichtbaren, dem Wohlstand, mag es so sein. Und dies führt zu der
hochmütigen Verwechslung von technischer und ökonomischer,
vielleicht auch politisch-institutioneller Moderne, mit dem *psychischen Untergrund der beiden Teilvölker*. Der latente Streit um die
Ortung der meisten rechtsradikalen Vorfälle und brennenden
Ausländerheime in Ost und West zeigt, daß die Spannung nahezu
bewußt geworden ist.

Die außergewöhnliche Chance der gegenwärtigen Phase liegt
aber darin, daß es in den neuen Bundesländern, anders als 1945
bei uns, eine große Zahl von differenzierten und politisch erfahrenen, ja vielleicht sogar leidgeprüften, auch verstrickten, aber im
ganzen doch arbeitsfähigen Psychotherapeuten gibt, auch psycho-
logisch geschulten Seelsorgern und Beratern, die die Dimension
des Problems erkennen und für die Bewältigung auch bereitstehen.
Sie werden es kaum zulassen, daß jemals wieder eine solche historische wie politische Blindheit in die Psychotherapie einer Gesellschaft einzieht, wie es in den Jahrzehnten nach dem Krieg im
Westen der Fall war. Westdeutsche wie ostdeutsche Therapeuten
sollten die Chance nutzen zur kreativen Zusammenarbeit. Beide
haben methodisch voneinander zu lernen, selbst wenn westdeutsche Analytiker wie Therapeuten anderer Richtungen (auch sie,
wie viele Westler, mit unnachahmlicher Arroganz geschlagen)
meinen, sie hätten jetzt vor allem ihre Standards in geduldigem
Nachhilfeunterricht zu vermitteln. Sie begannen längst mit dem
Nachzählen der Scheine und der Stunden der Selbsterfahrung. Sie
grübeln über den Status nach, den man den ostdeutschen Therapeuten in den Institutionen einräumen könnte, und wie man ihnen
helfen könnte, das Ausmaß ihrer Rückständigkeit bald zu bewältigen. Daß die Ostdeutschen ihre jahrzehntelange Erfahrung mit

sich selbst und mit Patienten unter Bedingungen der Diktatur einzubringen hätten — dafür habe ich bei westlichen Verbandsdiskussionen wenig Anzeichen von Interesse festgestellt. Es ging meistens um Fragen der therapeutischen Entwicklungshilfe, der Kassenprobleme, nicht um Fragen der historisch-therapeutischen Reife. Deutsche Analytiker, an ihrer Spitze die Funktionäre, haben ihre Familiengeschichte in oder nach der NS-Zeit in der Regel selten durchgearbeitet. Jetzt kommen auch sie und wollen den Ostdeutschen helfen, »ihre« Vergangenheit zu bewältigen und den Rückstand aufzuholen. Es ist eine gesamtdeutsche Groteske, aber vielleicht ist es nicht zu spät, sie zu mildern.

Auf das hervorragende, endlich die interdisziplinäre Perspektive über Kindheit im Dritten Reich aufnehmende Buch »Sozialisation und Traumatisierung. Kinder in der Zeit des Nationalsozialismus«, hg. von Ute und Wolfgang Benz, Frankfurt 1992 (mit vielen Literaturangaben), bin ich erst nach der Niederschrift dieser Texte gestoßen.

Nationalsozialismus im seelischen Untergrund von heute

Über die Nachwirkungen von Holocaust, Krieg und NS-Diktatur.
Zur Rezeption von Anita Eckstaedts Buch »Nationalsozialismus in der ›zweiten Generation‹«

Selten bin ich über zwei Rezensionen eines Buches so erschrocken wie über die beiden Arbeiten von Sieglinde E. Tömmel und Vera Treplin über das 1989 erschienene Buch der Psychoanalytikerin Anita Eckstaedt »Nationalsozialismus in der ›zweiten Generation‹«.* Die Redaktion der psychoanalytischen Zeitschrift »Luzifer-Amor« muß das Buch über die Nachwirkungen von Krieg und Nationalsozialismus im Leben der Kinder von Tätern und Mitläufern so erschreckt haben, daß sie, was ungewöhnlich ist, in einem einzigen Heft gleich zwei große Verrisse abgedruckt hat, die mit schweren Vorwürfen arbeiten: Entlastung der NS-Täter und fortdauernder Antisemitismus.

Doch zuerst zu dem Buch, das ich für ein komplexes, anstrengendes und verdienstvolles Werk halte, über die Fortwirkungen der NS-Zeit, des Krieges im Untergrund der Generationenfolge wie über die außergewöhnlichen Schwierigkeiten, Patienten mit Störungen, wie sie den Kindern aus solchen Familien aufgezwungen wurden, psychotherapeutisch zu behandeln. Die letzten Jahre haben, vor allem seit dem Internationalen Psychoanalytischen Kongreß 1985 in Hamburg, eine Fülle von Arbeiten über die Behandlung von Überlebenden des Holocaust wie ihrer Kinder gebracht. Es sind zum Teil erschütternde Berichte über innerseelische Zonen des Todes, Zonen der stummen Versteinerung, eines unbetretbaren Geländes des Schreckens. Denn die überlebenden Opfer der Konzentrationslager haben ebenso über ihr Erleben geschwiegen wie die Mitläufer und die Täter des Naziregimes. Anita Eckstaedt forschte und schrieb in vielfältigem Aus-

---

* Anita Eckstaedt, Nationalsozialismus in der ›zweiten Generation‹. Psychoanalyse von Hörigkeitsverhältnissen. Frankfurt am Main 1989.

tausch mit vorwiegend amerikanischen und israelischen psycho-analytischen Forschern. Sie trug ihnen ihre Fälle vor und hatte wohl kaum Zweifel an der Legitimität ihres Vorhabens, dreißig bis vierzig Jahre nach Kriegsende, Bombardierung, Flucht, Vertrei-bung, Verlust von Angehörigen, auch den seelischen Untergrund von nationalsozialistisch gesinnten Familien in der nächten Gene-ration zu untersuchen. Dennoch gab es Reaktionen auf ihr Buch, die dieses Unterfangen offen verdächtigen, teils es auch ohne jedes Zögern intellektuell kriminalisieren: so, als bedeute ein Verstehen der Verstörungen der Nachkriegsgeneration eine Verharmlosung der Opfer des Holocaust, als würde das Grauen der Judenvernich-tung sittlich und historisch in einen Topf geworfen mit den Folgen des zweiten Weltkriegs. Noch sehr subjektiv formuliert heißt es in Reimut Reiches Besprechung* des Eckstaedtschen Buches zum Thema der langjährigen Einfühlungsverweigerung in die Deut-schen: »Aber hat diese Einfühlungsverweigerung nicht auch gute Gründe? Ich jedenfalls zucke innerlich immer noch leicht zusam-men, wenn das Leid der im Nationalsozialismus Verfolgten und Ermordeten in einem Atemzug mit dem ›Leid deutscher Mütter und Kinder‹ (warum die Anführungszeichen, ist es ein sogenanntes Leid? T. M.) genannt wird.«

Natürlich sind wir sensibilisiert und auch gewarnt durch einige Tendenzen im sogenannten Historikerstreit, in dem es tatsächlich den Anschein hatte, als sollte Judenvernichtung und geplante Ver-nichtung der bolschewistischen Untermenschen quasi eingeebnet und aufgerechnet und durch Vergleich mit anderen Völkerverbre-chen historisch besser verdaulich gemacht werden. Aber die Wucht der Vorwürfe gegen Eckstaedts Buch zeigen doch, daß man den Verdacht paranoid übertreiben kann.

Doch zurück zu den Hauptthesen des Buches: Da ist zunächst das Phänomen, daß die Psychoanalyse selbst einige Jahrzehnte lang die Zeichen schlicht verleugnet hat, die bei vielen Patienten als Symptome für eine unbewältigte Vergangenheit anzutreffen waren. In den ersten vier Jahrzehnten nach 1945 wäre das Verste-hen sicher leichter gewesen, aber der Mantel des Schweigens hatte sich selbst über die Forschung gelegt. Und mit der Zeit wurden die Untergründe der Symptome unkenntlicher. Eckstaedt schreibt: »Die Wiederkehr dieses bewußt Abgewiesenen und Abgespalte-

---

* Reimut Reiche, »Mehrere Schichten«, in »Listen«, Winter 89, Heft 18.

nen beschäftigte mich. Was sich hinter diesen komplexen Phänomenen verbarg, ließ sich wegen der mehrfachen Abwehren meist nur schwer aufspüren − das Heranarbeiten in Analysen scheiterte oft oder nahm Jahre in Anspruch.« (10) Die Freudschen Analytiker selbst fühlten sich auf der Seite der Verfolgten. Es fiel daher besonders schwer, sich auch nur probeweise auf eine Identifizierung mit Schuldigen oder mit Kindern von Schuldiggewordenen einzulassen. Es ist das große Verdienst der Autorin, daß sie das NS-Erbe weniger in den Worten der Erinnerung entdeckte, als vielmehr in den Beziehungsformen, in die die Patienten, die durchaus als Leidende kamen, die Analytikerin verstrickten. Die Patienten litten, wußten aber oft nicht woran: Es ging um Leere, Sinnlosigkeit, ein Gefühl der Unstimmigkeit des eigenen Lebens, der Nicht-Authentizität, der Vergeblichkeit menschlicher Beziehungen. »Ich stieß auf diese Problematik, als ich Einschwörungen beobachtete. In mir unheimlich werdenden Übertragungsformen, die ich nicht erwartet hatte und auch nicht kannte, näherte ich mich dieser Pathologie. Es schien, daß meine analytische Identität mir vom Analysanden genommen werden und ich zu einem Komplizen umfunktioniert werden sollte.« (17)

Daß die Deutschen unfähig waren zu trauern, ist von den Mitscherlichs quasi von außen, ohne viel Einfühlung in innerseelische Vorgänge, diagnostiziert worden. Aber es scheint, daß das Verleugnen und Verdrängen, das sie konstatierten, dennoch einen Hexenkessel im Unbewußten hinterlassen haben. Und das Nicht-Verarbeitete mußte an die Kinder weitergegeben werden (von Lehrern in ähnlicher seelischer Erstarrung vielleicht auch an Schüler und Studenten!).

»Diese Eltern . . . blieben ihren Kindern gegenüber stumm, auch dann, wenn diese sich intensiv mit ihrem eigenen Schicksal und dem ihrer Eltern auseinandersetzten. Eltern blieben in der Regel mehr oder weniger in einer Ideologie befangen, die diesen Krieg ausgelöst hatte. Sie konnten ihren Kindern nicht mehr unbefangen gegenübertreten; denn sie hatten sich im ›Dritten Reich‹ Lebensziele aufoktroyieren lassen, hatten eine Ideologie mitgetragen . . . eine Tatsache, die sie zumeist später nicht mehr zugaben . . . So wurde das Geschehene weder bekannt noch bedauert. Das Fehlen des Bekenntnisses und des Bedauerns schließt eine konstruktive Veränderung für die Zukunft aus.« (18/19) Deshalb fand zwangsläufig eine Kommunikation ohne wirkliche Verständigung statt außerhalb der Sprache, die »Übergabe einer Mission« oder »die Übergabe abgelehnter Identität«. Die Eltern gebrauchten ihre Kinder als Behälter, deren Öffnung für unbewußte Inhalte durch seelische Gewalt erzwungen wurde. »Der eine wird mit dem Wunsch des anderen schwanger gemacht« (21), eine Umschreibung für psychische Vergewaltigung. »Dieser andere darf nur insofern wachsen, als er die Trägerfunktion für diesen Wunsch erfüllt. Der Weg in die Individuation ist damit verstellt.« (21) Das geht nur auf dem Wege der Hörigkeit. Die tausendfache Vaterlosigkeit hat diese Hörigkeit der Kinder verstärkt, auch wenn sie in vielen Bereichen vorzeitig erwachsen sein mußten. Oder um es anders auszudrücken: Die überlebenden NS-Eltern verhielten sich parasitär zu ihren eigenen Kindern mit den verleugneten Teilen ihres Selbst, mit den schweigend begrabenen Selbstfragmenten, sie erlaubten ihnen nicht, selbständige Individuen zu werden, auch wenn die Arbeit am Wirtschaftswunder sie wie gut funktionierende »Supernormale« erscheinen ließ.

Sie konnten identifiziert sein mit einem Phantom-Vater, der an die Stelle des gefallenen, verschollenen, gefangenen oder gebrochen heimgekehrten Vaters getreten war. Sie konnten unbewußt identifiziert sein mit einem glorifizierten Männer- oder Frauenbild, das die Eltern nach 1945 bewußt beiseite gelegt und unbewußt doch konserviert hatten. Sie konnten identifiziert sein mit den ungeheuren Entwertungen, die sie gegenüber Juden wie gegenüber den »Feinden Deutschlands« aufgeschnappt hatten, und zwar aktiv wie passiv und unbewußt natürlich, weil nicht darüber geredet wurde. Durch plötzliche Gefühle von Entsetzen, Lähmung, Selbstverlust, Angst und Bedrohung stieß die Autorin bei ihrer therapeutischen Arbeit auf das Fortbestehen eines aggressiven, vernichtungsbereiten, aber auch sich selbst idealisierenden Menschenbildes. Sie fühlte sich so manipuliert, wie die Kinder von den Eltern manipuliert worden waren: Verhalte dich so, daß ich mein Leben besser ertragen, daß ich besser verdrängen, vergessen, arbeiten kann; daß ich mich nicht verachten muß, sondern als Opfer oder Betrogener fühlen darf. Die Kinder der abwesenden Väter, zunächst der fernen Helden, dann der Gefangenen, Toten, Besiegten, als Verlierer Heimgekehrten, wurden in Rollen gedrängt, die ein, wie die Autorin es nennt, »*Zuviel*« enthielten, nicht integrierbare Anteile, darunter früher Größenwahn und Techniken der Manipulation von sich selbst und von anderen

Menschen. Ich zitiere aus einem der Fallbeispiele, die spannend zu lesen sind:

»Mein Patient durfte nicht Verlierer sein. Die Wahrheit über die Vergangenheit galt nicht. Der Kriegswahn ließ für ihn den Sieg offen. Ein Verlierer war sein Vater gewesen. Nicht nur er, wahrscheinlich die ganze Familie, hatte die Kapitulation verleugnet, weil sie sich mit ihrem Ideal nicht vertrug... Diese Verleugnung hatte auch seine Gefühle bei der Rückkehr des Vaters aus dem Krieg mitgerissen. Es gab weder Freude noch Mitgefühl mit dem Vater, der, als er heimkehrte, abgemagert und krank auf einem kleinen Leiterwagen saß.« (113) Mitscherlich hat von der »vaterlosen Gesellschaft« gesprochen. Die Erlebensformen der Mütter der NS-Zeit müssen wir vielleicht, da sie am Aussterben sind, aus den Erinnerungen der Kinder erschließen. Denn als Trümmerfrauen hatten sie bis heute nicht einmal eine Existenz als Rentenberechtigte. Wie sie mit ihrer unbrauchbar gewordenen seelischen Aufladung als NS-Anhängerinnen fertig wurden, interessierte niemanden.

Anita Eckstaedt zeigt nun auf, daß sie das unverdaute Erbe in vielen Fällen weiterreichen mußten, nicht durch eine Tradierung der manifesten Ideologie, sondern als Erbschaft verbogener Beziehungsformen. Sie stammten aus »Hörigkeitsverhältnissen« und gaben sie zum Teil anklammernd weiter, an die Töchter eher als Tendenz zum Büßen und Wiedergutmachen, an die Söhne als Wahl zu frühen Ersatzpartnern, Helden, Antihelden, unbewußten Rächern oder eben Trägern der Maske fleißiger Normalität, Unempfindlichkeit und Härte. Daß dies funktionierte, zeigt die Tatsache, wie lange es bis zur kollektiven Gegenbewegung der Softis oder zur Aufwallung der militanten Form des Feminismus dauerte. Noch die 68er-Generation versteckte die eigenen, noch unbegriffenen familiären Verstrickungen in der Attitüde der einfühlungslosen Anklage, dem Versuch des erbarmungslosen Abschüttelns der unbewußten Umklammerung. Emanzipation durch Dreinschlagen: Schon die Heftigkeit des massenhaften Vorgangs verrät etwas vom Charakter des Sich-Losreißens von einem unbegriffenen Erbe.

Anita Eckstaedt beansprucht nicht, eine Sozialpsychologie des Nationalsozialismus zu liefern. Ihr ist politische Naivität vorgeworfen worden, weil sie die politischen Strukturen nicht mitanalysiert, und psychoanalytische Naivität, weil sie ungenau zwischen seelischem Innen und seelischem Außen als verfestigter gesellschaftlicher Realität unterscheide. Aber eine politologische oder soziologische Analyse war nicht ihr Ziel. Ihre Absicht war es, aus eigener therapeutischer Verstrickung in schwer verständliche analytische Prozesse mit Menschen heraus, die ihre Deformation durch erneute Deformation eines anderen, des Analytikers, zu heilen versuchten, die Beziehungsdynamik von Hörigkeitsverhältnissen zu analysieren. Und dies an einer Reihe von exemplarischen Fällen. Inwieweit dies eine empirische Basis für eine Massenpsychologie des Nationalsozialismus oder für die partiell besinnungslose Nachkriegszeit ergeben könnte, ist eine Frage der weiteren Verarbeitung. Das Buch ist, von einem soziologischen Gesichtspunkt aus, absolut fragmentarisch, individualisierend, exemplifizierend. Viele Kritiker werfen ihr vor, keine Gesamttheorie des Nationalsozialismus geliefert zu haben. Sie hat dies ebensowenig beansprucht wie die Einzelbiographien, etwa die von Carola Stern oder von Renate Finckh und anderen oder die Interviewbücher von Dörte von Westernhagen oder Gabriele von Arnim. Ihr Fokus lag auf dem, was sie »ichsyntone Objektmanipulation« nennt, fürwahr ein dröhnender Begriff für ein nicht fachlich geschultes Lesepublikum. Gemeint ist, daß die Fähigkeit, ja die Notwendigkeit zum Manipulieren von »Objekten«, also von Mitmenschen, gar nicht mehr bemerkt wird, sondern wie selbstverständlich in den Charakter und die Alltagsgewohnheiten eingeht. Erst wenn die Manipulierten sich verweigern, etwa wenn die Partner nicht mehr mitspielen, die Kinder aufbegehren, die »Mitarbeiter« durchdrehen oder aufmucken oder scharenweise kündigen oder krank werden, dann gerät der Manipulierer, Antreiber, Kommandierer, der Überversorgte, Verwöhnte, der Parasit in die Krise. Aber mit verzweifelter Kraft versucht er noch einmal, seine Kraft am Therapeuten zu erproben: sich nicht selbst zu entdecken, sondern den Therapeuten in eine Rolle zu drängen, in der er sich verliert oder zum Diener, Komplizen, zum Hilfspersonal oder Verbündeten der Abwehr wird. Es steckt eine ganze Menge kaum verhüllter Wut in dem Buch, weil die zunächst eingenommene Analytikerrolle des geduldig-zuwartenden Verstehenwollens in eine leidvolle Sackgasse führt. Wer geht schon gern ein Hörigkeitsverhältnis ein, um an eigener Seele zu erfahren, was ganzen Völkern auf der politischen Ebene bedenkenlos zugedacht war: Beherrschung ohne minimale Menschenrechte, wenn es nicht, wie bei Juden, Zigeunern, Geisteskranken, Kommissaren, um Ausrottung ging. Die Erzwingung von seelischer Hörigkeit durch Manipulation, Propaganda und Terror ist ein Vorgang, der sich in einer Generation ohne Hilfe nicht rückgängig machen läßt dort, wo er eine ganze Familie seelisch durchsetzt hat. Eckstaedt spricht sogar von einem »Implantat«, das an die Kinder weitergegeben wurde durch ein »Aufpfropfen«, eine »Intrusion«, über Verführung und narzißtische Umschmeichelung, über Appelle an Loyalität und durch Abschottung der Familie nach außen oder, wie Horst Eberhard Richter es genannt hat, über die Konstruktion der Familie nach dem Bauplan einer sozialen Festung mit paranoider Abschottung nach außen und der Konservierung des früheren Freund-Feind-Denkens inmitten eines nach außen demokratischen Milieus. Aber selbst ein politisch seit langem so wacher Autor wie Richter hatte in »Eltern, Kind, Neurose« seine frühen Entdeckungen, etwa das Ausmaß der Manipulation, damals nicht mit dem Nationalsozialismus im Zusammenhang gesehen.

Anita Eckstaedt untersucht die Feinstruktur der Entstehung von Hörigkeit. Zugegebenermaßen ist Hörigkeit nicht ein ausschließlich auf die NS-Zeit bezogenes Phänomen. Auch dies hat ihr Vorwürfe eingetragen: Sie definiere die politischen wie die menschlichen Beziehungen im Nationalsozialismus durch einen Begriff, der ihm nicht absolut spezifisch sei. Aber wenn sie doch ein systematisch genutztes Massenphänomen gewesen wäre, sicher auch anderswo beobachtbar, doch dort mit Nachdruck und Zynismus instrumentalisiert? Und dies nicht nur in der politischen Propaganda und dem aufheizenden Aufgreifen der niedrigsten Instinkte, sondern auch in der Pädagogik, ja bis hinein in die Anleitungsbücher für die Mütter im Umgang mit ihren Säuglingen: Zurichtung und Manipulation von den ersten Lebensstunden an! Es scheint schwer, ein Buch zu akzeptieren, das das Verstehen an einem einzigen, aber wichtigen Fragment des Gesamtkomplexes vertieft, dem der Beziehungsform der Hörigkeit und der politischen Bewußtseinslage der Besessenheit. Vielleicht ergibt sich die Heftigkeit einiger Kritiken gerade aus der Wut über das unprätentiös Fragmentarische, das den Leser zum eigenen Weiterdenken, zum Anwenden zwingt. Der Text bringt nicht die gängige, entlarvende Empörung über die »braune Diktatur«, sondern er vertieft die Einsicht in die Verstrickungen der Nachgeborenen. Und subtile Forschung über den realen Nationalsozialismus in den Seelen oder den Familien erscheint vielen bereits als eine Relativierung, eine scheinbar intendierte Minderung der Schuld. Doch folgen wir noch einigen Thesen der Autorin: Sie wendet einen zentralen Begriff des englischen Analytikers und Schülers von Winnicott, Masud Khan, nämlich den der »symbiotischen Omnipotenz«, zum ersten Mal konsequent auf massenhaft wirksame und damit politisch tragende Beziehungsformen an, ohne doch daraus schon eine statistisch fundierte Sozialpsychologie des Faschismus konstruieren zu können. Der Begriff ist auch heute wieder bedeutungsvoll angesichts des rechtsradikalen Rassismus: Er bedeutet, daß ein Mensch sich nur stark oder halbwegs heil fühlt, wenn er eine enge, auf Ichgrenzen verzichtende Einheit mit der Mutter, einem Mutterersatz, dem Führer, der Gruppe, der Rasse, der Nation, dem Clan, nicht aufgibt. Die Erhaltung dieser Verschmelzung bedarf aber der Arbeit: Die zentrale Kategorie dieser seelischen Arbeit ist die Manipulation, also das Gegenteil von Individuation und Reifung. Das Bedrohliche an Eckstaedts Analysen ist vielleicht gerade diese Einsicht: Hörigkeit und Besessenheit sind gar nicht total spezifisch für den Nationalsozialismus, sondern es sind Grundversuchungen der condition humaine oder Fehlformen einer Entwicklung zum selbständigen Individuum. Gerade die genauere Erforschung der bis heute fortbestehenden Tiefenschichten verbietet es, den Nationalsozialismus als zwar grauenhaft in seinen Auswirkungen, aber als erledigt und nicht als unverändert fortwirkende Drohung anzusehen. Das macht eine andere Tendenz der Zeitgeschichte fragwürdiger: ihn als einen quasi außerhistorischen apokalyptischen Einbruch des metaphysisch Bösen in die Geschichte zu sehen, der die Deutschen zu seinen nicht mehr anderen Völkern vergleichbaren Vollstreckern auserwählte, weil sie, ihrer antisemitischen oder totalitären Tradition gemäß, anfällig dafür waren.

Die symbiotische Omnipotenz kann früh erzeugt bzw. erhalten und verlängert werden durch Erziehungspraktiken, die ihrerseits nicht rational gesteuert sind. Dies eben ist die wichtigste These: Nationalsozialismus, Krieg und die Folgen auf die Deutschen dürfen nicht deshalb in ihrer Schrecklichkeit übersehen oder in ihrer Wirkung zunehmend verharmlost werden, weil die Erforschung zu einer Minderung oder Aufrechnung der Schuld führen könnte. Sondern die Verstörungen der zweiten Generation müssen ernstgenommen und analysiert werden, weil sie auch erklären, wie es etwa zur »zweiten Schuld« kam, der »Unfähigkeit zu trauern« und dem jahrzehntelangen Schweigen. Nach Eckstaedts Buch können die Folgen von Nationalsozialismus und Krieg für die Deutschen nicht mehr für zweitrangig erklärt werden, selbst wenn die Apologeten der Deutschen in der Nachkriegszeit und bis heute diese Leiden zum Teil schamlos für die Schuldentlastung genutzt haben. Die Angst vor der Konstruktion der neuen Selbstgerechtigkeit der Deutschen ist für manche kritischen Autoren so groß, daß sie das Buch nur schmähen können, obwohl sie damit seine Zielrichtung verkennen.

Ich möchte diese fast tragisch zu nennenden Angriffe an einigen Beispielen verdeutlichen. Sie zeigen ein Verharren im Kollektivschulddenken, das einem Forschungs- oder Denkverbot gleichzukommen scheint. Doch zuvor sei der zentrale Punkt des Streits an einigen Sätzen aus der gelassenen Rezension des Buches von Rainer Hank in der »FAZ« noch einmal verdeutlicht (20. 9. 90). Hank schreibt zu den psychoanalytischen Erkenntnissen über die Kinder der Holocaust-Opfer: »Die ›Schuld‹, überlebt zu haben, nicht ertragen zu können, erwies sich dabei häufig als die schwerste Hemmung beim Weiterleben. Wenn Anita Eckstaedt nun zeigt, wie sehr auch die Kinder der Täter und Mitläufer traumatisiert wurden, so vermeidet sie doch jeden Verdacht, es gehe ihr um falsche Entschuldigung oder um neue Schuldzuweisung. Und doch bleibt der Ausgangspunkt der Analytikerin prekär, denn sie behauptet, daß die unbewußten Wunden ihrer Patienten etwas vom ›Wesen‹ des Nationalsozialismus als psychischer Struktur offenbar werden lassen.« Und noch ein zusammenfassender Satz, der die Wünsche nach klarer Scheidung von Gut und Böse auch über die NS-Generation hinaus aufgreift: »Nationalsozialismus in der ›zweiten Generation‹ bedeutet für diese Generation das Los, gleichzeitig Opfer und Täter zu sein.« Dies eben darf für manche Kritiker nicht gedacht und erforscht werden.

Die massiven Kritiken des Buches bewegen sich zwischen Analyse und Diffamierung. So versucht Karl Stockreiter im »Sigmund Freud House Bulletin« in Wien (Winter 1991) das Buch dadurch zu entwerten, daß er es reduziert auf eine Studie über »die Existenz von Übertragungs- und Gegenübertragungsformen bei narzißtischen Störungen...« und nicht über »die psychischen Grundlagen des Nationalsozialismus«. Er hegt den Verdacht, »daß hier das Bedrohliche des Faschismus auf eine bestimmte Krankheitsform verschoben wurde, um es dann gleichsam als technisches Problem der Analyse erledigen zu können«. Dies ist eine ziemlich schamlose Verdächtigung: aus der Tatsache, daß leidende Menschen zum Therapeuten kamen und Hilfe fanden bei der Dechiffrierung ihrer Störung, das Ziel ableiten zu wollen, die Autorin suche den Faschismus als Behandlungsproblem zu »erledigen«. Sie diskutiert ausführlich Behandlungsprobleme, weil Hilfe aus den verschiedensten Gründen schwierig war. Aber der Ton der Verdächtigung ist einmal angeschlagen, und so geht es dann bei Stockreiter auch weiter mit dem Vorwurf, Eckstaedt fördere im Grunde den NS-Geist: »Und so wird der Preis erkennbar, den die Autorin für die mangelnde Differenzierung zwischen innerer und äußerer Realität zu zahlen hat: indem der (therapeutische, T. M.) Exorzismus des Phantoms erfolgreich vollzogen wird, führt das Phantom des Faschismus, exterritorial und außerhalb der begrifflichen Auseinandersetzung, weiterhin sein dämonisches Dasein.« Ist es die unerfüllte Riesenerwartung an ein solches Buch oder an die Psychoanalyse, die zu solchen Tönen führt? Wo sitzt der Dämon, den die Autorin nicht erledigt? Sie versucht ihn in seinem Fortwirken zu erfassen, aber der Kritiker merkt es nicht. Forschung macht manchmal ohnmächtig, weil sie die Komplexität vertieft, während der geneigte Leser sich eine Keule für seinen Kampf gegen das gesellschaftliche Böse erhofft. Noch viel drastischer wird es in den beiden großen Rezensionen in dem Sonderheft »Hitlerdeutungen« (1992) der psychoanalytischen Zeitschrift »Luzifer-Amor«. Da scheint schlicht von Bitterkeit und Haß überschwemmtes Denken am Werk, aber das will bewiesen sein. Die Münchner Psychoanalytikerin Sieglinde E. Tömmel macht es zunächst wie Stockreiter: Sie bemängelt an dem Buch etwas, was es weder leisten wollte noch konnte, eine Totalanalyse des Nationalsozialismus von der politischen bis zur tiefenpsychologischen Ebene: »Der zwölf Jahre währende nationalsozialistische Terror und die Beteiligung der Elterngeneration an diesem Terror wird nicht analysiert, sondern diffus-vage vorausgesetzt.« (157) Da die *Objektmanipulation* nicht »typisch nationalsozialistisch« sei, habe die Autorin das Thema verfehlt. Dabei hat Eckstaedt nur behauptet, sie sei bei Kindern von Tätern intensiv auf dieses Phänomen gestoßen und führe es auf den unverarbeiteten Nationalsozialismus zurück! Die Autorin wolle verharmlosen und sei historisch, politisch und soziologisch naiv, heißt es weiter. Doch dann kommt es faustdick.

Eckstaedt analysiert auch einen Patienten, dessen Schwester vor den Augen des Patienten im Dresdner Feuersturm verbrannte, während die Mutter »Brandwunden bis heute« davontrug. Wörtlich heißt es in der Rezension nun empört: »Hier werden offenbar... die deutschen Mütter und Kinder zu Opfern, und zwar zu Opfern der britischen Phosphorbomben. Die Täter, ein Volk, das Hitler gewählt, ihm zur Macht verholfen hat..., werden hier zu Opfern.« (159) Die Kritikerin kann es gar nicht fassen, daß die Mütter von Dresden nicht in irgendeinem Krieg ausgebombt wurden, sondern in einem, dessen Greuel sich gegen das Volk wendete, das ihn begonnen hatte. Diese »archaische Strafe« für eine frühere Begeisterung für den Nationalsozialismus geht aber in die Geschichte der unbewußten Bewältigung ein. Das ist es ja, was Eckstaedt zeigen wollte: etwa das Ausmaß der späteren Verleugnung und Abspaltung. Deshalb will die Kritikerin dem Buch jeden Hinweis auf die NS-Zeit als illegitim absprechen und möchte dem Titel höchstens den allgemeinen Ausdruck »kriegstraumatische Neurosen« zugestehen. Denn, was das Schlimmste wäre: »So aber wirkt die Schilderung des Opfers, eines deutschen, von Feinden in Dresden bombardierten Kindes, als gewollte oder ungewollte Gleichsetzung mit den Traumatisierungen der... Verfolgten... und damit möglicherweise als Rechtfertigung oder Entschuldigung.« Politische Klarheit wird gefordert und gleich mitgeliefert: Wer nicht ständig betont, daß eine vor den eigenen Augen verbrannte Schwester unvergleichlich viel harmloser auf ein Kind wirken muß als eine im KZ ermordete, der sollte sich dem Thema nicht nähern. Argumentiert man aber gegen die suggestive Tendenz der Rezensentin, dann fühlt man sich natürlich sofort auf der falschen Seite und ist des Antisemitismus verdächtig. Der Denkstil von Sieglinde Tömmel folgt dem Muster einer moralischen Fallenstellerei: Man kann sich nur verstricken, wenn man nicht dauernd die gleichen Bekenntnisse ausstößt. Die Gehässigkeit des Verrisses läßt sich vielleicht daran ablesen, daß die Ergebnisse von zehn Jahren Forschung dargestellt werden als »individualisierende, überbordende und sich überschlagende Gegenübertragungsphantasien« der Autorin. Die Kritikerin stellt auch ungeniert klar, was sie als »fatal« ansähe: »eine ungewollte Gleichsetzung von den Nachfahren der im Nationalsozialismus Verfolgten mit den Nachfahren der Nationalsozialisten«. Eckstaedt liegt das fern, aber die Kritiker entdecken dann eben das Unbewußte der Autorin, das sich hinter ihrem Rücken durchsetze. Hauptsache, der Verdacht sitzt erst einmal.

Und nun kommt ein Argument, das immer mundtot macht, weil die deutschen Antiantisemiten das Recht der Geschichte immer auf ihrer Seite haben: »Daß das jüdische Anliegen, daß die Analyse und das Anliegen der Deutschen, die ein intensives Interesse daran haben, den nach wie vor nicht begriffenen Holocaust an dem jüdischen Volk aufzuklären... dabei notwendig auf der Strecke bleiben, liegt auf der Hand.« (163) Es war nicht das Ziel der Autorin, noch einmal den Holocaust zu erklären. Aber Frau Tömmel mag sich bestätigt fühlen: Mit diesem Text kommt nur ein Antisemitismus dem anderen zu Hilfe, ein gewollter oder ungewollter, je nach Bedarf. Auch in Tömmels Rezension verbirgt sich mit dem entsprechenden diffamierenden Unterton die Enttäuschung über ein Buch, dessen disziplinierte Fokussierung trotz aller wuchernden Fülle nicht die Totalentlarvung des Holocaust, sondern Fortschritte beim Verstehen einiger vielleicht typischer Angehöriger der »zweiten Generation« bringt: »Es wird wohl noch lange dauern, bis die Trauerarbeit, nicht der narzißtische Ehrgeiz, zu den wissenschaftlichen Ergebnissen führt, die wir brauchen, um Verbrechen wie den Holocaust und dessen Ausläufer auch mittels der Psychoanalyse verhindern zu helfen.« (163) Das hatte sich Anita Eckstaedt weder vorgenommen noch zugetraut. Sie wollte die Auswirkungen des unverdauten Nationalsozialismus untersuchen, oder vielmehr, sie stieß leidvoll darauf und hat sich den Deformationen der Patienten und ihren Angriffen auf die Psyche der Therapeutin unter eigenen Schmerzen gestellt.

Arbeitet man sich durch die Rezensionen durch, so wird deutlich, wie unbefragt in psychoanalytischen Zeitschriften an festgezurrten und ritualisierten Denk- und Bewertungtraditionen festgehalten wird, die die Mitscherlichs ein für allemal formuliert zu haben scheinen. So schreibt Christian Schneider in der »Psyche« (April 1991) zum Thema Opfer – Täter: »Der Rekurs auf die äußere (gemeint ist kriegsbedingte, T. M.) – in vielen Fällen unzweifelhaft leidvolle – Realität, in der ihre Patienten aufwuchsen, macht es möglich, die ›zweite Generation‹ gleichsam als internationale Leidensgemeinschaft zu konstituieren, in der folgerichtig die Differenz von Tätern und Opfern in der vorherigen Generation tendenziell hinfällig wird. Im Bereich der psychischen Realität ist, Eckstaedt zufolge, die zweite Generation ohnehin immer beides:

Täter und Opfer. Die Frage wäre ernsthaft zu stellen, ob auf diesem Wege nicht so etwas wie ein sekundärer Entlastungsmythos geschaffen wird.« (375) Fast infam wirkt die Unterstellung, in ihrer »Zwitterfunktion« der Angehörigen der zweiten Generation eigneten sich diese Menschen in der Sicht von Eckstaedt dazu, »die Geschichte der – im gesamten Buch seltsam blaß bleibenden – ›ersten Generation‹ dadurch zu beenden, daß sie versöhnend in die eigene überführt wird.« Ich konnte es zunächst gar nicht fassen, wie geläufig in wissenschaftlichen Rezensionen der Umgang mit Unterstellungen, Deutungen, Verdächtigungen, ungewollten Neben- oder Hauptwirkungen sich darstellt. Auch der bedeutende israelische Analytiker Rafael Moses nimmt in seiner Rezension für eine amerikanische Zeitschrift, deutsch abgedruckt in der »Zeitschrift für psychoanalytische Theorie und Praxis«, 1991, wie selbstverständlich an, daß das Buch sozusagen Etikettenschwindel betreibe mit dem Ziel, »Sympathie und Verständnis für die Leiden der Deutschen« zu erzielen. Da Eckstaedt davon spricht, daß der Zusammenbruch 1945 für die Nazi-Generation der Mitläufer und Täter eine narzißtische Wunde hinterließ, versteht es Moses so, als sei dies A. Eckstaedts eigene umfassende Sicht für alle Deutschen!

Noch schwieriger ist der Umgang mit der zweiten großen Rezension von Vera Treplin in »Luzifer-Amor«. Sie ist Jüdin, als Kind nach Theresienstadt deportiert worden, heute Mitarbeiterin einer internationalen Forschungsgruppe über die organisierte Verfolgung von Kindern. Aber auch ein solches Schicksal gebietet wenigstens den Versuch intellektueller Gerechtigkeit. Daß Eckstaedt nur aufzählt, was Deutschen in Krieg und Nachkrieg widerfahren konnte und was Familien- und also Kinderschicksale prägte, ist schon »erschreckend«. »Ist das nicht der altbekannte Leidens-Katalog der Tätergeneration? Ein Hinweis auf die zu verarbeitenden Verbrechen fehlt völlig.« Das stimmt nicht. Aber wenn die Autorin ihren Schrecken formuliert über die Folgen des Nationalsozialismus, dann kann das nur ein hohles Ritual sein: »Andererseits versucht sie, ihrem Über-Ich-Anspruch Genüge zu leisten, der sie in die Schuld- und Schampflicht aus dem Repertoire des bundesdeutschen Bildungsbürgers nimmt.« Wie hätte es Eckstaedt machen sollen, wo sie doch bereits entlarvt ist durch ihre Themenstellung und die Eingrenzung auf die kriegsgeschädigten Kinder von Tätern? Nicht einmal die Motive des Schweigens der Eltern dürfen miteinander verglichen werden. Trotzdem kann

Vera Treplin der Autorin zwischendurch eine gewisse Anerkennung nicht verweigern und stimmt ihr zu: »Inzwischen sind die internationalen Forschungsergebnisse der fast ausnahmslos jüdischen Autoren über die zweite und dritte Generation der Kinder der Verfolgten veröffentlicht, während die Vergangenheit der Verfolger und ihrer Kinder in deutschen Psychoanalysen, von wenigen Ausnahmen abgesehen, ausgeklammert bleibt.« (169) Richtig, und hier hat Anita Eckstaedt angesetzt und viel geleistet, aber die Wut der Kritikerin auf deren Verstehen ist so groß, daß die Fakten grob und voller Häme verdreht werden. Treplin unterstellt der Autorin schließlich aus Zitaten von Patienten: »Das Entsetzen der Autorin gilt dem verpaßten ›Endsieg‹, die Einfühlung gilt den enttäuschten Tätern.« In der Tat, in deren Kinder versucht Eckstaedt sich einzufühlen, sie stößt allerdings oft genug an ihre Grenzen. An anderer Stelle (»Psyche«, Mai 1992) habe ich aufzuzeigen versucht, daß gerade die Verweigerung der Einfühlung in dem Buch »Die Unfähigkeit zu trauern« von den Mitscherlichs dem Werk bei den Mitläufern die Wirkung genommen hat, weil es bei der psychoanalytischen Diffamierung der erstarrten Deutschen stehenblieb.

Wenn Einfühlung in die Kinder der Täter schon Schuld ist, dann soll man es aussprechen, aber es nicht voller Haß und Verdächtigung insinuieren. An anderer Stelle heißt es über die Fallberichte von Anita Eckstaedt: »Es scheint, hier wird das Dritte Reich im Analysezimmer reinszeniert«. Gerade die Reinszenierung machte Eckstaedts Leiden im anfangs rigide gehandhabten analytischen Setting aus. Aber hier klingt es nach aktivem Mitmachen der Autorin! Oder ihr wird vorgehalten, sie proklamiere die Schuldunfähigkeit der Täter (wobei konsequent Täter und Kinder von Tätern gleichgesetzt werden): »Trotz aller Konfusion, ein Ziel bleibt unverstellt: Der Täter auf der Couch ist jeweils ›ichsynton‹ gestört, er kann das Unrecht seines Tuns nicht erkennen. Der Sohn erscheint als ›Monster‹ und bekommt die Schuldunfähigkeit, den Über-Ich-Defekt tradiert.« (176) Auch hier das insinuierende Denken. Eckstaedt untersucht die Tradierung von Störungen, die Kritikerin unterstellt der Autorin als Ziel: Schuldunfähigkeit zu attestieren und freizusprechen. So werde schließlich auch die »Schuld- und Schamthematik entsorgt«. Was ist daraus zu schließen? Wer Psychoanalyse auf die Kinder von Tätern anwendet und die Mechanismen ihrer Prägung untersucht, hat zum Ziel, einen »alles verschleiernden ›*Opfer und Täter in einem*‹-Bastard« zu gebären, »mit dem die historische Realität verleugnet... und damit die Vergangenheit endlich ›bewältigt‹ scheint.« Und damit zur Schlußbilanz der Rezensentin über Anita Eckstaedts Buch: »Mit Psychoanalyse hat das alles, so scheint mir, kaum etwas zu tun, wohl aber mit den Symptomen jener schweren, altbekannten ›Krankheit‹, dem Antisemitismus, der eigentlichen Ursache für die sehr realen Taten und für die Folgen des NS.« Es fällt schwer, einer Verfolgten, in der das Ungeheuerliche fortlebt als Angst und als Mißtrauen, zu sagen, daß sie das Buch vorwiegend in paranoider Verzerrung gelesen hat. Nach der sinnentstellten Wiedergabe von Worten und Zitaten sagt sie selbst, sie verknüpften sich mit ihren eigenen Bildern. Wer es wage, die Assoziationen von Formulierungen des Eckstaedtschen Textes mit seinen Bildern zuzulassen, »weil er diese Bilder unauslöschlich in sich trägt, wird gewahr, daß sich die Türen der Gaskammern vor und nach dem ›Akt‹ noch einmal geöffnet haben«. Gott sei Dank ist das nicht so, aber ein Stück komplizierte und manchmal schwer lesbare Forschung über die Kinder von NS-Tätern ist nicht leicht zu rezipieren. Die Wunden und die Ängste brechen erneut auf, und selbst manchen nichtjüdischen deutschen Kritikern scheint es noch nicht legitim, die Täterkinder auch nur zu verstehen, auch wenn sie leiden und anderen auf der seelischen Ebene neue Leiden zuzufügen drohen. Wo der Haß das Denken verstellt, ist es nicht schwer, bei der Autorin teuflische Motive zu entdecken: Eckstaedt spricht von der »zweiten Generation« und rechnet Kinder, die seit Kriegsbeginn geboren wurden, dazu. Das würde nach Auffassung der Kritikerin heißen, sie illegitimerweise aus dem Kreis der schuldigen Täter herauszunehmen: »Das erste Kriegsjahr wiederum wird mit der Geburt der ›zweiten Generation‹ verkoppelt. Doppelt verfehlt ist nun das Thema, denn nach internationaler Konvention gehören diese Patienten noch zur ›ersten Generation.‹« (171) Sie unterliegen also noch der Kollektivschuld und können niemals Opfer sein. Werden sie aber trotzdem unter dieser Perspektive untersucht und findet die internationale Forschung sogar Analogien in den Biographien, dann entdeckt die Rezensentin eine Art Tarnung des Antisemitismus durch eine scheinheilige Annäherung der Autorin an die jüdischen Kollegen: »Die Überidentifizierung mit den jüdischen Autoren... mag aber ein weiterer Hinweis sein« für die raffiniert inszenierten Absichten der Autorin.

Das Entsetzliche des Holocaust wie des Hitlerschen Erobe-rungskrieges und dessen verdientes Ende in der totalen Niederlage haben einen Schatten geworfen, der offensichtlich Generationen braucht, um sich wenigstens teilweise aufzuhellen. Wenn jemand betont, daß sich das Licht der Sonne auch für Angehörige und Kinder des Tätervolkes verfinstert haben kann, muß er nicht ein intellektueller oder affektiver Verbrecher sein. Man darf ihm so-gar zugute halten, daß er nach Brücken sucht. Denn die Verweige-rung der Einfühlung noch für die Kinder der Täter und Mitläufer nährt oder konserviert ein destruktives Potential, das Unzähligen zum Verhängnis wurde.

Der braune Untergrund der Charaktere

Die deutsche Seele vor und nach der Einheit aus westlicher Sicht

Meine Damen und Herren, Hans-Joachim Maaz (»Der Gefühls-stau«, 1990) und andere Therapeuten wie Intellektuelle aus den neuen Bundesländern fordern in letzter Zeit und zu Recht immer lauter, daß eine »Bewältigung der SED-Vergangenheit« nicht ein-seitig aus dem Westen eingeklagt werden kann ohne eine Bereit-schaft in Westdeutschland, sich der unbewältigten Vergangenheit des Nationalsozialismus zu stellen, ebenso wie den politischen und sozialen Folgen des kalten Krieges. Sie bestehen auf den Paralleli-täten und der Komplementarität der geschichtlichen Entwicklung, dem Gemeinsamen bei allem Ausmaß der Unterschiede. Das meistgebrauchte Bild ist das der über Jahrzehnte getrennten Zwil-linge mit unterschiedlichen historischen Chancen, Auflagen und Behinderungen.

Die moralische Aggressivität der westlichen Forderung, »drü-ben« die SED-Vergangenheit zu bewältigen, ist kaum denkbar ohne eine affektive Verschiebung, ja den Versuch einer Delegation des »aufarbeitenden Umgangs« mit einem totalitären System, das, zur allgemeinen Überraschung, ohne Gewalt oder Krieg in sich zusammengefallen ist. Mit Delegation – ein familientherapeuti-scher Begriff – ist die Abtretung einer Last oder einer Aufgabe gemeint, die ein Familienmitglied stellvertretend für alle überneh-men soll. Ein sittliches und gleichzeitig kritisches neues National-bewußtsein, so die These im Osten, sei nur möglich, wenn die Komplementarität der historischen Prozesse anerkannt und in einer die Gegenwart übergreifenden Solidarität gesehen werde. Der innere Rückzug nicht nur vieler Intellektueller, sondern weiter Kreise der Bevölkerung aus dem anfänglich intensiven Gemein-schaftsgefühl vor und nach der Vereinigung macht dies besonders deutlich. Dazu ein Beispiel: In der alten Bundesrepublik wurde kein einziger Nazi-Richter verurteilt. Sie kamen trotz größter Un-rechtsurteile alle ungeschoren davon. Jetzt sitzen Richter aus den Waldheimprozessen von 1950 vor Gericht, vermutlich vollkom-men zu Recht nach dem rechtsstaatlichen Prinzip »nach 1945«.

Aber seelisch spielt dabei eben die »Delegation« der Bewältigung an eine neue Gruppe von Tätern eine Rolle.

Ich habe keinen Zweifel, daß die politische Integration einer großen Mehrheit vorwiegend von den ökonomisch-beruflichen Möglichkeiten abhängt. Doch eine mögliche Integration, mindestens einer kritischen Zusammenarbeit der Gebildeten an einer Neubestimmung der »deutschen Seele« — ich würde lieber von den deutschen Aufgaben und einem neuen politischen Selbstverständnis sprechen — ist nicht minder wichtig. Sie erfordert hingegen ein von »Seelenarbeit« und intellektuellem Verstehen getragenes Aufeinanderzugehen, das Fremdheit, Zorn und Polemik nicht ausschließt, aber doch die Chance läßt, *gemeinsam* aus der Geschichte zu lernen und ihren Kurs eventuell zu beeinflussen. Sicher bedingt durch meine berufliche Sicht halte ich dabei die Publikation, oder besser gesagt die allgemeine Zugänglichkeit von Biographien und vor allem Autobiographien aus der Zeit der Diktaturen und der Zeit danach für wichtig, aus Gründen der Erhellung, aber auch der Möglichkeit für viele Menschen, sich wiederzuerkennen und sich mit dem Mut zur Selbstbetrachtung zu identifizieren. Als zweites halte ich die Publikation von Fallgeschichten aus der psychotherapeutischen Praxis für wichtig, wie sie zum Beispiel in dem großen Buch von Anita Eckstaedt über »Nationalsozialismus in der ›zweiten Generation‹« zu finden sind, die Kinder von Mitläufern und Tätern untersucht hat, einige Jahrzehnte nach 1945.

Die Aufklärung, die wir durch solche »gefühlten« und durchdachten Lebensgeschichten erhalten, mag zweierlei erbringen: einerseits Einblick in die Mechanismen der Verstrickung wie der Chancen zum Widerstand, andererseits auch ernüchternde Erkenntnisse über Fragen wie diese: Wieviel von diesen unterirdischen und oft unbewußten Vorgängen der Verfallenheit an Ideologie, der Besessenheit, der Hingabe oder des opportunistischen oder des wehrlosen oder feigen Mitmachens wie auch das Weitergeben an die jeweils nächste Generation kann überhaupt in einem breiteren Maße bewußtseinsfähig werden? Und wieviel Seelenarbeit, individuelle wie kollektive, ist nötig zu einer Kultur, die das Wissen um die Vergangenheit lebendig hält und ins öffentliche Bewußtsein einbezieht? Und: Wie ist Demokratisierung und Aufarbeitung erfahrbar? Ablesbar? Meßbar? Gibt es auch ein Aufarbeiten von Verstrickung und Schuld durch Handeln?

Da ich den Anspruch ostdeutscher Kollegen für berechtigt halte, die historische Verwandtschaft — ja sogar die Zwillingsbeziehung — der beiden Teile ernst zu nehmen, die Schattenprojektionen und Delegationen als real anzusehen, habe ich mich gefragt, ob es realistische Chancen gibt, unseren westdeutschen Beitrag zur Entwicklung einer historisch aufgeklärten Nation zu leisten. Mit Schattenprojektion sind (meist unbewußte) Vorgänge gemeint, bei denen ungeliebte, gehaßte, gefürchtete Seelenanteile einem anderen untergeschoben und dort geliebt, verachtet, bewundert oder bekämpft werden können.

Mein Text handelt also von den Schwierigkeiten, eine wenn auch spät aufgehellte NS-Vergangenheit und ein weitgehend historisch bewußtloses Leben in der geschenkten oder verordneten Demokratie im Westen in die neue gemeinsame Seele einzubringen. Ich weiß aus eigener Erfahrung, wie schwierig es war, mir meine eigene Geschichte als »Mitläuferkind« bewußt zu machen. In meinen Psychotherapien als Patient tauchte diese Geschichte kaum auf.

Die Frankfurter Psychoanalytikerin Anita Eckstaedt hat in ihrem Buch »Nationalsozialismus in der ›zweiten Generation‹. Psychoanalyse von Hörigkeitsverhältnissen« (Frankfurt 1989) auf den außerordentlichen Widerstand selbst bei der Psychoanalyse als einer Institution der lebensgeschichtlichen Aufklärung hingewiesen, die Zeichen der nachwirkenden Verstrickung überhaupt wahrzunehmen und aufzugreifen. Eine generationenlange Verspätung haben wir also als geschichtliche Realität hinzunehmen. Wir können die Gründe erforschen, um wenigstens auf wissenschaftlichem Gebiet nicht der Resignation zu verfallen.

Im Fernsehen waren im Herbst 1992 erstaunliche Parallelbilder zu beobachten: auf der einen Seite die erschütternden Bilder des Hasses und der Zerstörungslust »rechtsradikaler« Jugendlicher, die im Namen der Reinheit »ihrer« Nation handelten, und Bilder, auf denen Lehrer mit Schulklassen oder Projektgruppen in ihren Städten NS-Geschichte erforschten und Gespräche mit Überlebenden, Tätern, Mitläufern und Opfern führten. Die tiefe Betroffenheit der Jugendlichen war ihnen anzusehen, eine Art schaudernder Neugier, die mir aber nicht mehr mit abwehrender oder befangener Haltung getränkt schien. Horst Eberhard Richter hat vor einigen Jahren nach vielen Gesprächen mit Studenten darauf aufmerksam gemacht (in »Die Chance des Gewissens«), daß erst die

51

Enkelgeneration in der Lage scheint, aufmerksam zu fragen, auf welchem historischen Untergrund wir leben.

Eine raschere Aufarbeitung in den neuen Bundesländern scheint diesmal aus den verschiedensten Gründen teilweise möglich. Was ihr entgegensteht, ist, analog zu den Nachkriegsjahren, der Kampf ums Überleben, dazu die Heftigkeit der westlichen Beschuldigungen und der hohe Grad von Herablassung. Man könnte vorläufig noch von einem weitgehenden Mangel an Einfühlung von seiten der Westdeutschen sprechen, aber der ist zumindest partiell verständlich, solange es noch darum geht, wenigstens eine gewisse Zahl von Menschen, die Unrecht in der Diktatur begangen haben, aufzuspüren, zu verurteilen oder zu einem selten freiwillig angetretenen Moratorium der öffentlichen Betätigung und Machtausübung zu zwingen. Das Ringen um die politisch vollständige Biographie von Ministerpräsident Stolpe ist, von den politischen Instrumentalisierungen abgesehen, auch ein Vorgang der Aufklärung. Sympathien und Wünsche nach einem Sturz von Stolpe sind auch im Westen über Parteigrenzen hinweg bei vielen Menschen ein Anzeichen für eine innere Beteiligung, ja für ein Bedürfnis nach Bereichen der Politik, in denen nach den Schillerschen Prinzipien vom Theater als moralischer Anstalt verfahren wird.

Doch zurück zum westdeutschen »Widerstand« gegen eine Einkehr bei sich selbst als Voraussetzung für die Fähigkeit zu sittlicher Solidarität, die die Möglichkeit zu Verurteilung und vorübergehendem Ausschluß vom öffentlichen Leben offenläßt. Bei der Untersuchung der Aufnahme des Buches von Anita Eckstaedt anhand der Rezensionen bin ich auf ein erstaunliches Phänomen gestoßen: Es gibt nur ganz wenige gelassene Besprechungen. Bei vielen fällt das Buch in ein Klima des Mißtrauens, der Verdächtigung. Es wird ihr vorgeworfen, sie versuche, die Deutschen zu entlasten und über die Eingemeindung der Täterkinder in eine »internationale Gemeinschaft« der Opfer auch die Täter zu entschuldigen. Es gibt also einerseits eine mächtige Denkströmung, die an einer globalen Beschuldigung der Deutschen für Krieg und Holocaust festhält, andererseits aber gar nicht daran interessiert ist, die Verstrickungen wirklich präzise zu erhellen und das Hineingleiten in das Unfaßbare zu verstehen. Wissenschaft und Aufklärung treten damit in einen Gegensatz zu einem politischen Credo: nämlich der ständig proklamierten Mahnung, die Nazi-Verbrechen der Deutschen als unhinterfragbar einmalig und geschichtstranszendent zu sehen. Differenzierung erscheint rasch als Verrat an den Opfern.

Auf der anderen Seite führt diese Verweigerung der Einfühlung gerade zu einer fortbestehenden Verweigerung der Aufarbeitung, die dann von den Anklägern wieder zur Steigerung der Anklage verwendet wird. Das ist wahrlich ein paradoxer Prozeß.

Verbindungen zwischen den Generationen

Es ließe sich auch sagen, daß noch bis vor wenigen Jahren auch die institutionalisierte Psychoanalyse sich nicht von der Ausblendung der Tiefenwirkung im Nachleben der Nazizeit lösen konnte. Eine der wichtigsten Thesen in dem Buch von Eckstaedt ist: Es wird immer schwieriger, die unterschwelligen Zusammenhänge zwischen dem Nationalsozialismus und dem Seelenhaushalt der nachfolgenden Generation zu erkennen. Die Autorin hat seit etwa 1975 Täterkinder analysiert. 1989 schreibt sie: »Heute kommen oft schon die Kinder der Kriegs- und Nachkriegskinder, die ›dritte Generation‹, in die analytische Praxis, deren Geschichten weiterhin allerdings nicht mehr rekonstruierbare Elemente der nationalsozialistischen Ideologie, des Krieges und seiner Folgen enthalten. Auch sie prägt die Reaktion auf die Reaktion ihrer Eltern. Gerade deshalb ist es mir so wichtig, die Herkunft der Schwierigkeiten, mit denen die ›zweite Generation‹ ringt, sichtbar werden zu lassen, solange es noch möglich ist.« (495)

Denn die bewußten wie die unbewußten Inhalte des Seelenlebens der Mitläufer- und Tätergeneration verwandeln sich bei ihrer Weitergabe: Der Pool des Unerledigten, aus dem Störungen über bestimmte innerfamiliäre Bindungsformen, oft unter Druck, Gewalt und Hörigkeit, weitergegeben werden, darf aus verschiedenen Gründen nicht bewußt werden.

Die Schweigegebote der ersten Generation sind uns inzwischen verständlich, fast vertraut. Aber auch für die zweite Generation gibt es Tabus der Erhellung: Loyalität, Scham, die Kränkung über die Einsicht in vielfältige Abhängigkeiten, Deformationen, Prägungen. Der Versuch der 68er-Generation, sich durch die Verurteilung der Eltern rein zu erhalten, ist noch gut erinnerlich. Das größte Problem ist aber die Tatsache, daß die unbewußte Weitergabe der unverdauten Auswirkungen der Nazizeit Einfluß hat auf die *Charakterentwicklung*. Wie ein Schutzwall sind noch immer die Verleugnungen und das Nicht-Wissen um sie herum gelegt, wenn auch aus anderen Gründen als bei den Eltern. Vermutlich werden wir gezwungen sein, einiges an der oft seelenlosen Tüchtigkeit, dem überraschend guten und von anderen Völkern beneideten Funktionieren beim Aufbau eines effizienten Kapitalismus als »Wirtschaftswunder« nicht nur dem blinden Wiederaufbauwillen zuzuschreiben, sondern auch einigen *Charakterdeformationen*, die gerade durch einen instrumentellen, manipulativen Umgang mit Menschen: Mitarbeitern, Untergebenen, Konkurrenten, verknüpft sind, aber auch mit konzentrierter Leistungsorientierung im Gegensatz zu Einfühlung und Mitmenschlichkeit, man denke nur an die unbarmherzige Rentenlösung für die sogenannten Trümmerfrauen.

Hermann Argelander hat in seiner Fallstudie »Der Flieger« (Frankfurt 1972) ein solches Manipulationsgenie beschrieben, ohne einen möglichen Zusammenhang mit der NS-Geschichte auch nur zu erwähnen. Die Studien von Eckstaedt machen es aber wahrscheinlich, daß extreme Tüchtigkeit, seelischer Selbstschutz, Arbeitswut und die Fähigkeit, andere Menschen zielstrebig zu manipulieren, zum Teil eine gemeinsame Wurzel im Nationalsozialismus haben. Sogar das willentliche Sich-Abschneiden von bürgerlichen Traditionen während und nach dem Krieg könnte auf etwas hindeuten, das ich vorsichtig eine *milde kapitalistische Bedenkenlosigkeit* nennen möchte. Ob wir in Westdeutschland nach dem Krieg ohne die Konkurrenz des Sozialismus im gleichen Umfang zu einem *sozialen* Rechtsstaat geworden wären, ist inzwischen von vielen Seiten bezweifelt worden.

Bei der Forderung nach Bewältigung als westdeutschem Beitrag zum gemeinsamen Aufarbeiten der totalitären Vergangenheiten, muß sicher unterschieden werden zwischen historischer Kenntnis, allgemeiner Präsenz der Erinnerung, auch Zugang zu affektiver Kenntnisnahme – Beispiel Schule, aber auch Filme, Bücher, Bilder usw. – und einer die eigene Verstrickung einschließenden Seelen- und Gedächtnisarbeit. Schließlich heißt es über die Täter- und Mitläuferkinder bei Eckstaedt, die ohne jedes Bewußtsein der Genese wegen massiver Störungen in die Therapie kamen: »Die Patienten kamen mit einer *Ahnung*, daß etwas in beziehungsweise mit ihnen nicht stimmt, ohne es in eine spezifische Klage fassen zu können.« (497) Es mag eine berufsspezifische Zuspitzung der

Autorin sein, die sie aber ausdrücklich in ihrem Schlußwort als These über die Schwierigkeiten aufstellt, die Wucht der Verstrikkungen überhaupt wieder ins Bewußtsein zu holen, nachdem familiäres und kollektives Schweigen als Überlebensprinzip es einige Jahrzehnte zugedeckt haben: »Die Aufklärung des Unbewußten in der Analyse, das Akzeptieren der eigenen abgelehnten Anteile, der eigenen Aggression und das Bemeistern dieser eigenen ungeliebten Seiten... sind für den Patienten einzig durch eine Analyse zu erreichen. Die Arbeit an sich, um zu sich stehen zu können, und das Ausbalancieren der Extreme bleiben eine lebenslange Aufgabe.« (498) Dies ist hinsichtlich einer wirklichen Aufklärung der westdeutschen Seelenlage in der Tiefe eine überaus pessimistische Sicht. Es würde nämlich bedeuten, daß ohne eine massenhafte Psychotherapie der Untergrund vergiftet bliebe und sich in Form von Neurosen, Charakterstörungen und Leiden, eigenem und zugefügtem, fortsetzte. Meine Hypothese ist die, daß die sogenannte »Psychotherapeutisierung« der westdeutschen Gesellschaft in den siebziger und achtziger Jahren eine unerkannte Spätfolge der NS-Zeit ist.

Will man nicht ganz verzagen, so muß man sich an die Hoffnung halten, daß die ›dritte Generation‹ zur Aufklärung fähig ist; daß publizierte Krankengeschichten wenigstens bei einer bestimmten Schicht von Lesern eine späte Wirkung haben, ebenso wie die als Taschenbücher zugänglichen Erlebnisberichte und Interviewsammlungen, die hohe Auflagen haben. Es ist auch zu hoffen, daß eine späte Trendwende in der Psychoanalyse doch noch die Zusammenhänge aufhellen kann, die die heute 45- bis 65jährigen Patienten in die Therapie mitbringen, ohne es zu ahnen. Daß hier eine gewisse Hoffnung besteht, möchte ich später an meinen eigenen Erfahrungen verdeutlichen.

Aber zunächst möchte ich den westdeutschen Teil der komplementären historischen Verarbeitung des Nationalsozialismus noch einmal aufgreifen anhand einer Publikation, der ich wegen ihrer Prägnanz und Allgemeinverständlichkeit einige Bedeutung beimesse. Es handelt sich um das kleine Buch von Heinz Bude mit dem Titel »Bilanz der Nachfolge. Die Bundesrepublik und der Nationalsozialismus« (Frankfurt 1992), das sich auch als kommentierter Forschungsbericht zum in verschiedenen Disziplinen angesammelten Wissen über die Bilanz der Nazizeit im heutigen seelischen Untergrund bezeichnen ließe. Dabei verweist eine Reihe von Formulierungen darauf, wie schwer sich die Nachwirkungen in den Einzel- wie im Kollektiv der Seelen, die Westdeutschland ausmachen, lokalisieren, ja begrifflich fassen lassen. So schreibt Bude: »Die Frage nach den seelischen Folgen umreißt schließlich einen vagen Gegenstandsbereich: Es geht um den Bereich zwischen offiziellen Deutungsmustern und inoffiziellen Deutungsbedürfnissen.« Dieser Bereich ist wiederum gekennzeichnet von Wünschen und Ängsten, »die zur Errichtung öffentlicher Kommunikationstabus einerseits und zur Anreizung einer endlosen privaten Rede andererseits führen« (14/15). Mit der endlosen privaten Rede sind u. a. die oft nicht enden wollenden Erzählungen der Heimkehrer vom Krieg und die Rechtfertigungstiraden von Mitläufern, Parteigenossen und Tätern gemeint.

Dieser »vage Gegenstandsbereich« des seelischen Untergrundes wird außerdem von Fachwissenschaftlern untersucht, die zwar wichtige Beiträge leisten, aber jeder nur im Rahmen seiner Begriffssprache, die durch die Ergebnisse der anderen Disziplinen erst erhellt werden müßte: Historiker, Soziologen und Psychoanalytiker. Budes Bilanz langer Jahre des eigenen Versuchs, interdisziplinär zu forschen, lautet: »Die historischen Erzählungen zeigen den Menschen als Beteiligten und Betroffenen von Umwälzungen, deren Sinn erst nach einem gewissen historischen Abstand zu sehen ist. Wer zu nah an die Erscheinungen herantritt, kann das Wesen der Sache nicht erkennen. Dieses Szenarium führt vor Augen, daß eine gewinnbringende interdisziplinäre Kommunikation zwischen Soziologie, Geschichtswissenschaft und Psychoanalyse über die psychosozialen Folgen des Nationalsozialismus eher unwahrscheinlich ist.« (24/25) Das Buch von Anita Eckstaedt und seine Rezeption scheinen diese Thesen zu bestätigen.

Läßt man sich einmal ein auf Täter- oder Täterkinderforschung, so steht man sehr bald vor schwer lösbaren Fragen, die in Form massiver Vorwürfe gestellt wurden: Läßt sich das NS-Spezifische an der Sozialisation der Kinder und Kindeskinder überhaupt fassen? Oder, um es mit Bude zu formulieren: »Die zentrale Problematik dieser Art von (psychoanalytisch orientierter, T. M.) Täterforschung ist darin zu sehen, daß sie zur Verwirrung der Zeiten mehr beiträgt, als daß sie sie löst. Die meisten vorliegenden Untersuchungen lassen Kriterien vermissen, nach denen beurteilt werden kann, was an dem auftauchenden Symptommaterial mit der verschwiegenen Geschichte und was mit den gemeinen Problemen der Individuation zusammenhängt. Als besonders mißlich erweist sich hier die außerordentlich auswählende Darstellung des Fallmaterials. Die kollektive Geschichte und die individuellen Geschicke können sich durch eine vorschnelle Analyse so vermischen, daß schließlich niemand mehr weiß, welche Vorwürfe der Kinder an die Eltern worauf bezogen sind und welche Phantasien woher stammen.« (35) Der psychoanalytische Einzelforscher wäre also gar nicht in der Lage, den seelischen Untergrund der zweiten Generation mit den gesamthistorischen Prozessen in eine präzise Verbindung zu bringen.

Und schließlich das gewaltige Problem, das sofort eher kämpferische als wissenschaftliche Impulse in allen Beteiligten hervorruft: Lassen sich Opfer und Täter, in den Grauzonen der Verstrickungen (nicht in der Klarheit nachgewiesener Verbrechen), ausreichend unterscheiden? Wir wissen, daß die Zuschreibungen, das Mischungsverhältnis von juristischem Schuldvorwurf, politischer Anklage, moralischem Vorwurf und psychologischer oder historischer Einfühlung bei den Verstrickten oder Schuldigen Folgen haben: in Form von Trotz, Verhärtung, Zusammenschluß, Leugnung oder aber Öffnung zu Anerkennung von Schuld, Reue und Trauer. Dies sind wohlgemerkt idealtypische Gegensätze. Auch Bude weiß sich bei diesem Definitionsproblem, in das man spätestens bei den Täterkindern, aber auch bereits bei den Mitläufern der ersten Generation gerät, nicht anders zu helfen als durch ein moralisches Bekenntnis. Er schreibt über die zunehmende Aufhellung der sozialen und ideologischen Zurichtung zum Täter oder Mitläufer: »Die Kinder sind einerseits Opfer ihrer Täter-Eltern, und andererseits sind sie durch die unbewußte Nachfolge Täter-Kinder. Es findet ein dauernder Rollenwechsel zwischen Tätern und Opfern statt, den man endlos weiterspielen kann. Gegen eine solche psychologische Auflösung der Unterscheidung muß festgehalten werden, daß es im Nationalsozialismus Täter und Opfer gab. Es gibt keinen Weg, sich dieser Differenz zu entwinden.« (36) Dies gleicht einer Proklamation von moralischen Urteilen, die daran festhält, ein Volk in Böcke und Schafe einzuteilen.

Nach meinen eigenen Erfahrungen, zum Beispiel anhand vieler brieflicher Reaktionen auf die Nachinterpretation des Mitscherlich-Buches »Die Unfähigkeit zu trauern«, bricht sich eine Flut von Gefühlen Bahn, wenn der Einfühlungsmangel der »offiziellen Deutungsmuster«, die sich gegenüber der »verbrecherischen braunen Diktatur« und dem »Völkermord« durchgesetzt haben, etwa hinsichtlich der Kriegs- und Vertreibungserlebnisse angesprochen wird: »Wir durften ja gar nicht davon sprechen, was wir erlitten haben!« Es galt in der Tat »offiziell« als so unmoralisch, Vernichtung durch Bombenkrieg mit Vernichtung durch Holocaust zu vergleichen, daß dieses Leben mit den Kriegsfolgen ebenso beschwiegen wurde wie die Kriegs- und Ausrottungstaten, aber: mit einem gewissen Groll und möglicherweise sogar mit einem latenten Antisemitismus. Dem entspricht etwas in den offiziellen Deutungsmustern, was implizit eine latente Kollektivschuld enthält. Die jahrzehntelang durchgehaltene unterschiedliche Gewichtung von Leiden — ich halte sie auf einer politisch-ethischen Ebene in einer nicht konkret faßbaren Weise für berechtigt, im Extrem Holocaust gegen Auslöschung der deutschen Städte — hat psychische Folgen. Sie führt gerade durch die einseitige Förderung, ja Forderung der Scham- und Schuldgefühle zu einem Widerstand, die vorgezeichneten oder erwarteten Bewältigungsformen zu wählen. Bude schreibt: »Es gibt in Deutschland ein bestimmtes hochemotional aufgeladenes Mißverständnis, wenn die Rede auf den Nationalsozialismus und seine seelischen Folgen kommt. Während die einen vom Krieg oder von der Vertreibung sprechen, sprechen die anderen vom Völkermord. Und man wirft sich gegenseitig vor, nur über das eine und nie über das andere zu sprechen.« (65) Hinzu kommt das Faktum: »Das Ausmaß und die Technik des Völkermords waren erst nach 1945 eine unbezweifelbare Tatsache. Aber die Belege wurden durch die Medien vermittelt, selten über die eigene Anschauung. Der Krieg hingegen war für alle eine konkrete Erfahrungstatsache.« (65)

Der rote Faden meines Textes ist immer noch die Frage, welche Chancen für die Anerkennung der Komplementarität zwischen der westdeutschen und der ostdeutschen Entwicklung des seelischen Untergrundes aufgrund der verschiedenen Wege nach dem Kriegsende bestehen und welcher Grad von Widerstand, Vergessen oder Unkenntlichkeit inzwischen herrscht. Am Schluß seiner Untersuchung kommt Bude sogar zu der These, die gleichzeitig einen Gemeinplatz oder eine erkenntnistheoretische Position darstellt. Sie läßt sich ihrerseits von der politisch-moralischen Seite rasch wieder als eine Position der Vernebelung deuten. Bude verknüpft nämlich das Erkennen der Nachwirkungen mit dem sozialen Ort des Fragenden, und zwar radikal. Dies mag ein resignatives

Ergebnis der Beobachtung sein, daß fast alle Forschung streitbaren Denkschulen folgt und in ihrer Würdigung sofort irgendeiner Tendenz verdächtigt wird, die durch das Verhältnis von Leid und Schuld bestimmt wurde. Bei Bude liest sich das so: »Man kommt zu dem Schluß, daß es keinen absoluten Beobachter gibt, der die Frage nach den seelischen Folgen des Nationalsozialismus stellen und beantworten könnte. Hier gilt in besonderer Weise die... Einsicht, daß jeder Beobachter sich als Beobachter unter anderen Beobachtern begreifen muß. (Man könnte sogar hinzufügen, als beobachteter Beobachter unter anderen beobachteten Beobachtern, T. M.) Nur so kann man der Gefahr moralischer Naivität begegnen, die nur in unangenehmer Selbstgefälligkeit endet... Wahrscheinlich ist letztlich alles eine Frage des empirischen Materials, von dem aus man spricht. Es kommt darauf an, ob man Fälle entdeckt hat, die etwas Eigensinniges und Fremdes repräsentieren, was die normalen Verständigungsdiskurse stört.« (103) Vielleicht finden wir auf diesem Symposium zu einer Form von Offenheit, die das fremde Subjekt in uns mit der Summe des vorhandenen gesammelten Wissens in Verbindung zu bringen vermag. Mir scheint: wenn wir offen miteinander reden, finden wir sogar in der Kontroverse ein Stück gemeinsamer Geschichte. Denn im suchenden Streit können sich die verlorenen Seelenteile einander zeigen.

Eigene psychoanalytische Erfahrungen aus der letzten Zeit

Seit ich mich in das Thema der Fortwirkung des Nationalsozialismus im seelischen Untergrund einzulesen begann, bemerke ich Veränderungen in meinem therapeutischen Verstehen und in der Bereitschaft der Patienten, über ihre NS-Familiengeschichte zu sprechen. Erstaunt und erschreckt nehme ich wahr, in welchem Ausmaß ich an dem Schweigepakt zwischen Tätern, Mitläufern und deren Kindern und der Psychoanalyse beteiligt war. Ich hatte die Seelenarbeit des eigenen Rückblicks auf den NS-Hintergrund in meinem Leben noch nicht geleistet. Ich bin auch nur darauf gestoßen, weil ich in die zusammenbrechende DDR fuhr, um zu studieren, wie Menschen in meinem Alter und jüngere wie ältere unter einer ideologisch gestützten totalitären Diktatur lebten. Ich habe Vergangenheitsbewältigung zuerst durch politisch-ethnologische Interviews in der DDR betrieben und wie viele Westdeutsche versucht, delegierend von den Ostdeutschen eine saubere Bewältigung zu verlangen.

Der Schweigepakt zwischen Psychoanalyse und verdrängenden Westdeutschen findet in der bisherigen Theorie der therapeutischen Technik eine bemerkenswerte Stütze: galt es doch im Interesse der analytischen Neutralität des Therapeuten als ungünstig, durch eigenes Fragen das auftauchende Material in eine bestimmte Richtung zu lenken und die Freiheit der Assoziationen wie der Erinnerungen einzuschränken. Die Technik der *psychiatrischen Interwievs*, in denen gezielt Lebensdaten abgefragt werden, stand für ein abschreckendes Bild der lenkenden Befragung. Reimut Reiche hat dies in seiner Rezension des Eckstaedt-Buches auf den Begriff gebracht. Ein Patient der Autorin eröffnet die erste Therapiestunde mit den Worten: »›Das sind meine Hände, das sind die Hände meines Vaters. An den Händen meines Vaters ist Blut.‹ Die Analytikerin verleugnete zunächst die in diesem Auftakt enthaltene, an sie gerichtete unbewußte Morddrohung − zum Beispiel dadurch, daß sie mit dem Patienten das Tabu teilte, genauer nach dem Vater zu fragen, als ihr beiläufig mitgeteilt wurde, daß dieser Kriegsrichter gewesen war und im Feld Standgerichte abzuhalten hatte. Unheilvoll spielten das psychoanalytische ›Tabu‹ der Exploration des Patienten und das Tabu des Patienten, nach seinem Vater zu fragen, Hand in Hand. Dadurch entstand die Gefahr der Erschaffung einer gemeinsamen Pseudo-Realität im psychoanalytischen Raum.« (»Listen«, Winter 89, Heft 18, S. 56) Die Analytikerin, die nicht nachfragte, wußte sich im Einklang mit bester (bürgerlich-)psychoanalytischer, neutraler oder passiver Tradition. Sie konnte dadurch aber auch ihre eigene Abwehr aufrecht erhalten. Der Preis, den sie zahlte, war das Erleiden der undurchschauten manipulierenden Neuauflage des Unbewältigten statt seiner Erinnerung. Es klingt vielleicht grotesk, aber man könnte das Leid, das Tausende von Patienten mit Hunderten von Therapeuten in stagnierenden oder sich verstrickenden Behandlungen in den letzten Jahrzehnten erlebt haben, ohne einen Ausweg zu finden, noch als ein Stück Sühne der Deutschen bezeichnen.

Seit ich mich getraue nachzufragen, öffnen sich Schleusen, wenn auch nicht ohne Widerstand. Wie die Patienten habe auch ich mich verdächtigt, plötzlich eine private und eine wissenschaftliche Neugier in den ruhigen Gang der Behandlungen einzuführen und der hochgehaltenen »freiwilligen« Selbstthematisierung des Unbewußten nicht mehr zu trauen. Es war manchmal mühsam, das Befremden einiger Patienten zu ertragen, die sich fragten, woher plötzlich mein so aktives Interesse an der Vergangenheit ihrer Eltern stamme. Und ohne die wissenschaftliche Neugier, besser die Überzeugung, daß da wichtiges Material verborgen liege, hätte ich nicht so hartnäckig fragen können. In den meisten Fällen lohnt es, gegen die Widerstände anzufragen. Nach der manchmal mühsamen Überzeugungsbildung, daß es erlaubt, förderlich, tapfer und ehrenhaft sei, diese Tabus zu brechen, kommen ganz neue Leidenserfahrungen zum Vorschein, aber auch Loyalitäten und Identifikationen. Das durch Judith Kestenberg in Analysen von Kindern von Holocaust-Opfern entdeckte »Telescoping«, das Ineinander-Schieben der Generationserfahrungen ohne klare Zeit-Unterscheidung, läßt sich hervorragend dadurch darstellen und sogar zu Hilfe nehmen, daß man Methoden der Familientherapie folgt. Man ordnet den Clan − Kinder − Eltern − Großeltern und andere wichtige Personen − räumlich an, als Familienskulptur oder als psychodramatische Inszenierung mit mehreren Generationen. Und man kann sie miteinander sprechen lassen, real, mit Mitspielern oder in der Phantasie. Die Verstrickung zwischen den Generationen ausschließlich in der Analyse der verworrenen Übertragungen bei Einzelpatienten zu entwirren, halte ich für sehr schwierig, aber nicht für unmöglich. Mit Übertragung, einem zentralen Konzept der Psychoanalyse, ist gemeint, daß der Patient am Therapeuten wichtige Figuren seiner Kindheit wiedererlebt, was besonders dann schwierig ist, wenn übermächtig böse Personen (Hitler, Stalin) oder gar Institutionen (Gestapo, Stasi, Partei, Lagerleitung etc.) eine Rolle spielen. Wie soll man Hitler, SS-Leute, Stasi-Verfolger und Folterer in die Übertragung bringen?

Als einziges Beispiel aus meiner Praxis möchte ich einen Ingenieur anführen, dessen Ehe dadurch bedroht war, daß er sich in die Arbeit vergrub und mit dem dringlichen Appell seiner Frau, doch über Gefühle zu sprechen, nicht viel anfangen konnte. Als ich ihn wiederholt in der Gruppe mit seinem Vater sprechen ließ und auch auf körpersprachliche Zeichen der Kommunikation achtete, konnte er nach einiger Hilfestellung schließlich ihm, dem NS-engagierten Anwalt, sagen, und dies war eine Neuentdeckung: »Dein oberstes Ziel im Leben war Tarnung. Dem hast du alles untergeordnet. Selbst deine Menschenfreundlichkeit war noch

Tarnung!« Auch die Mutter hatte sich dem Imperativ nach Abschottung der Familie nach außen, nach Verbergen des familiären Untergrundes, untergeordnet. Die Folge war Entwirklichung, sowohl der Vergangenheit wie der Gefühlswelt, und Kontaktverlust zu den Mitmenschen in der Gegenwart. Dies wirkte sich aus bis in erstarrte Körperhaltungen und eine starke Scheu vor wirklicher Begegnung mit anderen Menschen.

Die meisten Patienten gehen durch eine Phase des Staunens, wenn sie spüren, in welchem Ausmaß eine frühere Epoche in ihre Lebenszeit herüberragt. Haben sie doch die Fiktion der Familien vom »Neubeginn« nach 1945 mitgemacht. Ich verwende hier den Ausdruck Neubeginn des ungarisch-englischen Psychoanalytikers Michael Balint, der in diesem Zusammenhang eine grotesk-tragische Note enthält, statt den der vermeintlichen »Stunde Null«. Bei Balint bedeutet Neubeginn das Einsetzen eines neuen Wachstums, wenn es gelungen ist, den Patienten an den seelischen Ort seiner ursprünglichen Verletzung, oder zeitlich sogar vor diesen, zurückzubegleiten. Die Nachkriegszeit bedeutete für die Westdeutschen zum Teil die Karikatur eines Neubeginns, weil sie sich aus seelischen Überlebensgründen, wie es ihnen selbst die Mitscherlichs, wenn auch anklagend, zugestanden, ihren Taten wie ihren Traumatisierungen nicht stellen konnten. Deshalb tragen sie »das Fremde« weiter in sich, obwohl es bis in die feinsten Seelenfasern ihr »Eigenes« ist.

Das Ost-Bild vom Westen

Ich habe bisher von westdeutschen Hindernissen für den eigenen historischen Beitrag zur Vergangenheits-Bewältigung auf dem Weg zur Einheit gesprochen. Es gibt Widerstände sowohl auf der individuellen wie der kollektiven, der psychologischen wie der sozialen und politischen Ebene. Dazu gehört auf westlicher Seite nach der Wende die Möglichkeit, täglich einem Panorama neuer Enthüllungen zuzuschauen, was die Mühsal, vor der eigenen Tür zu kehren, nicht eben verlockender macht. Die moralische und wirtschaftliche Selbstherrlichkeit vieler Westdeutschen brauche ich hier nicht noch einmal zu beschreiben. Eine gewisse Verhärtung gegen die Einkehr bei sich selbst kommt aber auch zustande durch die klagende, anklagende und fordernde Haltung vieler

Ostdeutschen. Es ist dort gerade unter Intellektuellen üblich, die Vereinigung beharrlich unter dem Aspekt der Übernahme, der Kolonialisierung, der Eroberung zu sehen. Man geht vielleicht nicht ganz fehl, wenn man vermutet, daß es auch große von früher angestaute Wut auf die Machthaber oder die Partei gibt, die nun auf die Westdeutschen verschoben wird: so als seien sie am gegenwärtigen Leid *vorwiegend* schuld. Dagegen tönt dann der Chor der westlichen Medien über das Ausmaß der ökonomischen, politischen und moralischen Verrottung des früheren Systems und das Gewicht der zu übernehmenden Erblast. Es ist manchmal schwer, sich an Romain Rollands Versuch zu erinnern, »Au dessus de la mêlée«, also außerhalb des Beschuldigungskampfes, zu bleiben und darauf zu vertrauen, daß vernünftigere Kräfte zum Tragen kommen.

Die wechselseitigen Vorwürfe werden vielleicht in absehbarer Zeit abklingen, soweit sie nicht durch politische Instrumentalisierung verlängert werden. Der kalte Krieg ist oft als Entschuldigung verwendet worden für das Tempo und die Bedenkenlosigkeit, mit der alte Nazis im Westen fast bruchlos (man denke an die Juristen, Verwaltungsleute, Lehrer usw.) als Funktionseliten übernommen wurden. Der Aufbau der Demokratie scheint trotzdem geglückt. Der Schaden wird eher in den Seelen vieler verletzter Menschen liegen, die sich dadurch tief gedemütigt fühlen mußten. Dieser Schaden schien lange politisch kein Gewicht zu haben. Heute erscheint mir die politische Bitterkeit im Osten brisanter, vielleicht, weil sie durch die Vielfalt der Medien aufgeheizt wird und schlechter zu verdrängen ist. Als Intellektuelle und Therapeuten sind wir, wenn wir unseren Einfluß nicht überschätzen wollen, eher zuständig für die emotionale und geistige Seite der Vereinigung, dafür, daß das Fremde in uns und im anderen angeschaut und nicht verschwiegen wird. Aber selbst in therapeutischen Gruppensituationen fällt es oft schwer, ausbrechende Feindseligkeiten immer wieder als Zeichen aufbrechender Verletzungen zu sehen. Haß und Mißtrauen haben es an sich, eher ansteckend und verstrickend zu wirken, als Gelassenheit zu erzeugen. An der permanenten Seelenarbeit führt, wie man sieht, kein Weg vorbei. Derzeit scheinen auch Intellektuelle vorwiegend noch der Lust an der Polarisierung zu verfallen. Sich im Recht zu wähnen ist so viel angenehmer als die Anstrengung der Einfühlung wie der Differenzierung.

Eine Schlußthese

Im seelischen Untergrund der Westdeutschen schlummert in zum Teil unkenntlicher Form die Erblast der Nazi-Zeit, die nicht wirklich bewältigt wurde. Erst die Enkel können unbefangen fragen, wie es war. Die Kinder der Täter, Mitläufer und Opfer sind in Familien aufgewachsen, die äußerlich wie innerlich beschädigt waren, ohne die Beschädigungen emotional zu verarbeiten. Sie wurden weitgehend beschwiegen, überwachsen oder durch die Vorwürfe der 68er-Generation auch in Trotz und Abwehr verkehrt. Fordert man aus dem Osten eine parallele und solidarische Bewältigung der gemeinsamen, aber gespalten erlebten Geschichte, so muß man erst fragen, in welcher Form sie in den Menschen weiterlebt und wie sie ins Bewußtsein gebracht werden kann. Es droht nicht direkte Wiederholung, sondern eher stille und unerkannte Deformation, so wie auch die ausländerfeindlichen Taten der rechtsradikalen Jugendlichen nicht »Wiederholungen« sind, sondern Produkte aktueller Not und bis in die dritte Generation weitergeschleppte NS- und Kriegsrelikte.

Derealisierung als Abwehr

Die Wiederkehr des Verdrängten
am Beispiel des Nationalsozialismus

Meine Damen und Herren, über die seelische und geistige Bewältigung der NS-Zeit läßt sich immer noch nicht sprechen, ohne daß Lagermentalitäten angesprochen werden. Es gibt Reizworte und Reizthemen, bei deren Auftauchen rasch die Zuordnung des Sprechers beginnt. Ich kennzeichne vereinfacht die polaren Haltungen: wer für ein fortbestehendes und vielleicht sogar zu vertiefendes Verständnis der Schrecken des Holocaust eintritt, gilt bei vielen noch immer als ein Nestbeschmutzer, Bewältigungsdeutscher und Bußprediger; wer die Schicksale der Kinder und Kindeskinder von Mitläufern, Heimatvertriebenen, Ausgebombten, Kriegsopfern untersucht, gilt als latenter oder offener Antisemit oder großdeutscher Nationalist. Die Fronten kehren bereits wieder in den Versuchen der Deutung des neuen Rechtsradikalismus. Die Theorien werden instrumentalisiert oder denunziert, es werden alte Rechnungen beglichen, die Achtundsechziger etwa, wie immer man zu ihnen steht, werden seit dem Frühjahr 1993 zu den geistigen Eltern der Brandstifter und Mörder von Mölln und Solingen erklärt.

Ich bin mir bewußt, daß auch dieser Beitrag in einem vielpoligen politisch-geistigen Spannungsfeld steht. Theorien unterliegen erkenntnisleitenden Interessen, von ökonomischen bis biographisch-psychischen. Aber sie können solche Interessen auch erst hervorrufen oder mindestens artikulieren, indem sie klärende oder vernebelnde Polarisierung fördern. Horst Eberhard Richter äußert in seiner Autobiographie »Die Chance des Gewissens« (Hamburg 1986) die Überzeugung, daß erst die Enkel der Opfer, Täter und Mitläufer ohne massive defensive oder aggressive Verzerrungen fragen können, wie es zum apokalyptischen Ausbruch des Bösen kam. Wie sehr aber Alexander Mitscherlich mit seiner »Unfähigkeit zu trauern«, die den Abwehrmechanismus der Entwirklichung eingeführt und bekannt gemacht hat, noch immer zu aufgewühlten Haßreaktionen führt, zeigt das ganzseitige Pamphlet von Eckhard Henscheid vom 12. Juni 1993 in der FAZ unter dem Titel »Die Unfähigkeit zu trauern oder so ähnlich«. Aber auch die unablässigen Beschwörer der Kollektivschuldthese haben gelegentlich Schaum vor dem Mund und fürchten fast panisch um ihre Positionen der Daueranklage, selbst wenn diese in ihrem Sinn absolut kontraproduktiv wirkt. Damit meine ich, daß es Anklageformen gibt, die so massiv sein können, daß sie Verstocktheit erzeugen oder prolongieren. Auch die Thesen, die ich Ihnen vortragen möchte, könnten wieder instrumentalisiert oder ins rechte Lager abgedrängt werden. Deshalb möchte ich mich ganz Horst Eberhard Richter in seiner Entgegnung auf Henscheids unflätiges Geschrei anschließen (Leserbrief FAZ vom 24.6. 93), wenn er schreibt: »Nun mag man − wie ich selbst − in Zweifel ziehen, ob die Verinnerlichung Hitlers als Ich-Ideal die überragende Rolle gespielt habe, wie es Alexander und Margarete Mitscherlich angenommen haben, ob es sich nicht vielmehr um eine − nicht minder peinliche − Hörigkeit im Sinne einer massenhaften Selbstentmündigung handelte, die als Untertanengeist in der Adenauer-Ära noch nachwirkte. Aber dieser Einwand schmälert die Bedeutung des Mitscherlich-Buches sowenig wie die Zusammenziehung des Mehrfachsinnes von Verleugnungsarbeit in dem Titelnamen Trauerunfähigkeit.«

Der Bedeutungsgehalt von Derealisierung

Mein Thema lautet *Derealisierung als Abwehr* und klingt recht wissenschaftlich. Also beginne ich wissenschaftlich und beobachte, wie weit uns das führt. In Anna Freuds Diskussion der Abwehrmechanismen (1936)[*] als Schutzfunktionen gegen unliebsame oder traumatische Einwirkungen von innen oder außen auf das Ich kommt die *Derealisierung* oder auch Entwirklichung nicht vor. Auf ihr basiert Alexander und Margarete Mitscherlichs These von der »Unfähigkeit zu trauern«, so der Titel des 1967 erschienenen Buches.[**]

Die Mitscherlichs selbst geben keine Herleitung des Begriffs, es bleibt in ihrem Buch also unklar, woher der Begriff stammt oder ob er eine Neuschöpfung der Autoren ist.

[*] Anna Freud, Das Ich und die Abwehrmechanismen. Kindler Taschenbücher, München 1964

[**] Alexander Mitscherlich, Die Unfähigkeit zu trauern. München 1967, zitiert nach A. M., Gesammelte Schriften, Bd. IV, Sozialpsychologie 2, Frankfurt 1983

Am ehesten finden sich die darunter zu verstehenden Phänomene, wenngleich ohne jede kollektive oder politische Dimension, bei Anna Freud unter dem Begriff der Verleugnung: mit ihrer Hilfe weigert sich das Kind, »den peinlichen Eindruck aus der Außenwelt zur Kenntnis zu nehmen.« (S. 70) Wichtig ist jedenfalls, daß Verleugnung – im Gegensatz zur Verdrängung, die gegen eine von innen kommende Triebgefahr wirkt – als nach außen gerichtet erscheint. Andere Hilfsmechanismen unterstützen schon bei Anna Freud ihre Wirkung, so der »Besetzungsentzug«, die »Vermeidung« (73); die »Isolierung« und das »Ungeschehen-Machen«, die zur Zwangsneurose gehören; ferner die »Ich-Einschränkung« (74). Über sie heißt es: »Die Methode der Ich-Einschränkung... wehrt aktuelle unlustvolle Außeneindrücke ab, die das Wiederaufleben vergangener unlustvoller Außenwelteindrücke zur Folge hätten.« (79) Hier ist bereits die Zweistufigkeit der Abwehr angesprochen, bei der zwangsläufig auch Erinnerungen ausgeblendet werden, die einen früheren unlustvollen Eindruck wieder heraufbeschwören und aktualisieren könnten.

Die Frage muß offen bleiben, ob innen und außen, etwa beim Problem von Schuld und Scham, immer so klar geschieden werden können. Es ist bei Anna Freud immer klar, daß sie von neurotischen Mechanismen spricht, die ein einzelnes Individuum in einer bedrohlichen Situation verwendet. Im »Vokabular der Psychoanalyse«* von Laplanche und Pontalis wird, außer Freud und Anna Freud, als Theoretikerin von Abwehr nur noch Melanie Klein zitiert mit Mechanismen, die den Zugang zu vielen tieferen seelischen Störungen einschließlich kollektiver Phänomene eröffnet haben, wie sie etwa Herbert A. Rosenfeld in seinen Analysen der NS-Zeit verwendet hat**: »Objektspaltung, projektive Identifizierung, Verleugnung der psychischen Realität« (1972, S. 32).

Es war die Ungeheuerlichkeit der NS-Diktatur, des Angriffskrieges und des Holocaust sowie die weitgehend ausbleibenden Reaktionen der Deutschen auf die Schuld, den Zusammenbruch, die Unterwerfung unter Hitler wie sein fast spurloses Fallenlassen, vor allem aber das Ausbleiben der Trauer, die die Autoren dazu führten, nach einem Mechanismus zu suchen, der auch neurotisch fundierte Massenphänomene, ein politisches Klima, den Gesamt-

---

* J. Laplanche und L.-B. Pontalis, Das Vokabular der Psychoanalyse. Frankfurt 1972
** Ausgehend von: Herbert A. Rosenfeld, Zur Psychoanalyse psychotischer Zustände. Frankfurt 1981, und spätere Aufsätze.

zustand eines Volkes erklären könnte. Hier darf man sicher von einer *Pionierarbeit* sprechen, auch wenn sich zeigen wird, wie problematisch es ist, Derealisierung als einen einheitlichen Abwehrmechanismus zu fassen. Das Verdienst der Autoren ist es vor allem, einen unbezweifelbaren kollektiven Tatbestand erkannt und immer wieder deutend umkreist zu haben, auch wenn das ungelöste Problem der Verschiebung der Begriffe aus der individuellen Neurose auf den Zustand eines ganzen Volkes viele Unklarheiten mit sich bringt. Um nur die wichtigsten zu nennen: auf der kollektiven Ebene führte die Verschiebung zu einer dramatischen Moralisierung der Psychoanalyse, auf der individuellen Ebene zu einem ebenso dramatischen Abzug der Einfühlung ins Individuum, das nur noch als Teil eines schuldigen und affektiv verhärteten Kollektivs gesehen wurde. Ich möchte aber betonen, daß die Herausforderung der Problemstellung der Mitscherlichs vielleicht noch immer nicht angemessen aufgenommen worden ist. Sie ist ohne interdisziplinäre Forschung vermutlich auch nicht ertragreich anzugehen. Eine recht ernüchternde Bilanz zum Stand der Dinge gab 1992 Heinz Bude.*

Die Tiefenhermeneutik der Psychoanalyse müßte sich verbinden mit sozialpsychologischen Befragungstechniken sowie mit dem Wissen von Politologen und Historikern über die Wirkung der jeweiligen politischen Rahmenbedingungen und ihres tief eindringenden Einflusses auf die individuellen Abwehrformen. Die Mitscherlichs haben sich ganz auf Freuds Massenpsychologie verlassen, in der Propaganda, Terror, ökonomische Krise und Rassismus als Lösungsversuch noch kaum begrifflich integriert waren, ebensowenig wie die von den Autoren an einer einzigen Stelle erwähnten Phänomene der »Ansteckung«, die individuelle Dispositionen erst zur kollektiven Neurose oder Psychose machen.

Studiert man den Text in der »Unfähigkeit zu trauern« genauer, so wird einem das eindrucksvolle Ringen der Autoren um begriffliche Klarheit gegenüber der von ihnen diagnostizierten Stumpfheit eines ganzen Volkes deutlich, die sie in abwertenden, verzweifelten und aufrüttelnden Worten beklagen.

Ich möchte zunächst das Anwachsen des Bedeutungsgehaltes im Text verfolgen. Ich habe an anderer Stelle (»Psyche«, Mai 1992)

---

* Heinz Bude, Bilanz der Nachfolge. Die Bundesrepublik und der Nationalsozialismus. Frankfurt 1992

zu zeigen versucht, daß die Übertragung eines individual-neuroti-
schen Begriffs auf ein riesiges Kollektiv in einige theoretische
Sackgassen wie therapeutische Ausweglosigkeiten führen kann. Es
sei aber hier kurz die Hauptthese der Mitscherlichs hervorgehoben, nach der die Deutschen nach dem Zusammenbruch 1945 aus
Angst und zur Abwehr einer Depression ihre Geschichte, ihre
Taten wie ihre Gefühle dazu »entwirklicht« haben, was zu einer
kollektiven Starrheit und Fühllosigkeit führte.

Ich folge nun der Entfaltung des Begriffs bei den Autoren, bei
der sie vom aus der Neurosenlehre Bekannten, nämlich der Verleugnung und ihren Hilfsmechanismen, allmählich ins Neue, Glo-
balere vorstoßen, wenn sie vom Umgang mit dem Dritten Reich
und seinen Folgen sprechen. So heißt es noch in der Vorbemer-
kung von 1967: »de facto ist unser Verhalten von unbewußt
wirksam gewordenen Verleugnungen bestimmt« (13).

Auf dem Weg von der Verleugnung zur Derealisierung reichert
sich der Inhalt an, man könnte sagen, die Derealisierung wird eine
Art Oberbegriff, unter dessen Klammer sich eine Vielzahl von
Hilfsmechanismen bündeln lassen, die mit erheblicher schöpferi-
scher Sprachkraft benannt werden. So ist von einer »Sperrung
gegen eine Gefühlsbeteiligung« die Rede (14), ferner heißt es: »Wo
wir höchste Aufmerksamkeit erwarten dürfen, stoßen wir auf
Indifferenz« (20) oder auf »Abstumpfung eines neuen Typs. Er
läßt sich als Verarmung in den Objektkontakten ... charakterisieren.« (22)

Doch dann kommt unvorbereitet schon ein gewagter Sprung
vom Individuellen zum Kollektiven, nämlich im Begriff der »Ich-
Entleerung unserer Gesellschaft« (24), die mit »Bewußtseinsspaltung« verbunden ist (27). Man ahnt, was gemeint ist, aber man
erfährt nicht, was das »Ich« einer ganzen Gesellschaft ist, ebensowenig, wo und wie eine kollektive Bewußtseinsspaltung psychisch
verankert ist: in der Summe der Individuen, im Geist der Institutionen und dem Inhalt öffentlicher Diskussion, in der Gesetzgebung
oder in einer Mischung von all dem. Das klingt kritisch und ist es
in intellektueller Hinsicht auch. Aber ich möchte immer wieder
das Ausmaß des aufgegriffenen Problems hervorheben, das auch
später kaum angemessen differenziert wurde. Als Ursache der
auch von Mitscherlich beklagten Wirkungslosigkeit des Buches
könnte dabei die apodiktische Moral eine Rolle gespielt haben, die
die Rezeption weniger auf ein wissenschaftliches als auf ein publi-

zistisch-polemisches Terrain geführt hat. So war das Buch vermutlich auch als eine aufrüttelnde Beschwörung im Sprachgewand der Psychoanalyse gedacht gewesen, was dazu führte, daß es für die Achtundsechziger zur Kampfschrift werden konnte und auf der Gegenseite bis heute zu gehässigen, drohenden oder geradezu unflätigen Angriffen führte.

Ich kehre zurück zur *Derealisation*. Es gibt bei ihr eine »Trennung in genehme und nicht genehme Erinnerung« (29), die viel seelische Energie verbraucht. Die Rede ist auch von der »Spaltung in Siegesbegeisterung und Massenvernichtung« während des Krieges. Dann heißt es weiter über die Entwirklichung: »Die wichtigste kollektiv geübte Abwehrhaltung ist der Rückzug der Besetzungsenergien aus all den Vorgängen, die mit der Begeisterung am Dritten Reich ... zu tun haben.« (33) Oder: »Die Nazivergangenheit wird derealisiert, entwirklicht« (37) vom Kollektiv dadurch, »daß es die affektiven Brücken zur unmittelbar hinter sich liegenden Vergangenheit abbrach.« (40)

Bei affektiven Verdichtungen im Text verstärkt sich die diagnostische Pathologisierung der Deutschen und damit einhergehend die Drastik der gebrauchten Abwehrmechanismen, die der Entwirklichung beigeordnet werden: Der genannte Affekt-Abbruch etwa führe zu einer »autistischen Haltung ... einer großen Zahl, wenn nicht der Mehrheit der Bewohner unseres Staates ...« (41) Damit verbunden ist »Gefühlsstarre« (42) und der »Ausfall an Mitgefühl« (44). Doch wird immer wieder betont, daß die Derealisierung als »Notmaßnahme« dafür dient, einen unerträglichen Zustand nach 1945 abzuwehren. Die Gefährlichkeit der drohenden Melancholie wird daran deutlich, daß es beim Versagen der Abwehr der Entwirklichung zu »wahnhaften Realitätsauslegungen« (60) kommt.

Da auch um Hitler als Person, als inneres Bild und als das mit ihm verbundene kollektive Ich-Ideal nicht getrauert wurde oder werden durfte, es also nicht zu einer vom Ich geleisteten Trennung vom Idol kam, besetzt es einen unbekannten Platz im Innern: »Der Mangel an Trauerarbeit läßt ihn als eingekapseltes psychisches Introjekt weiterbestehen« (62) – mit unklarer Wirkung. Nicht umsonst wird hier ein medizinischer Begriff gebraucht, ein eingekapselter Abszeß oder, in der Diagnose einer partiell verheilten Tuberkulose, ein eingekapselter Infektionsherd.

Es kommen bei der Derealisierung hinzu: die »kollektive Regression« (66) als Zuflucht oder aufgezwungener Zustand, mit den damit verbundenen »Denkhemmungen« (116), ein »Ungeschehenmachen« (129) durch Beseitigung aller sichtbaren Spuren; und schließlich taucht als Vorform aller kollektiven, überindividuellen Abwehr ein nicht intrapsychischer, sondern interaktioneller Mechanismus auf: die »Ansteckung«. Sie wird nicht weiter präzisiert, hat aber sicher mit mangelnder Autonomie und Abgrenzung der Individuen zu tun; ebenso wie mit Kommunikationsformen, wie wir sie vorfinden bei Trends, Moden, Stimmungen, Strömungen des Zeitgeistes, ideologischen Verhärtungen und Schlimmerem, für die sich kaum tragende Subjekte, wohl aber Zeichensysteme, Partizipation, Symbole, Ausblendungen, Phänomene der Ansteckung usw. festmachen lassen. Lloyd de Mause hat dieses Phänomen kollektiver Stimmungen in seinem Buch »Reagans Amerika« am Indikator der Karikaturen untersucht.

Damit will ich auch auf den Kontrast verweisen zwischen der Intensität der Propaganda im Dritten Reich mit ihren klar zurechenbaren politischen Subjekten und Mitteln der Indoktrination in Verbindung mit Terror, und der eher stimmungshaften und doch so massiven Abkehr von der NS-Zeit nach dem Krieg, die die Mitscherlichs ja zu dem Begriff der Entwirklichung geführt hat.

In der Derealisierung ist ferner enthalten eine »Hemmung der basalen Selbstkritik« und eine »Verzerrung der Realitätswahrnehmung« (273), und wenn alles nichts hilft, kommt es zu einer »Ritualisierung« des Denkens und Handels (277) und einem Stillstand der Reifung.

Wie Sie sehen, ist Derealisierung ein seelischer Breitbandmechanismus, und deshalb ist es wichtig, ihn noch einmal unter neurosenpsychologischen Gesichtspunkten anzusehen. Die Autoren betonen mehrfach, daß sie den Ausdruck »Neurose« bewußt für den Seelenzustand der Deutschen verwenden: »Das Wort ›Neurose‹ wird mit voller Absicht gebraucht. Es soll uns daran erinnern, daß ein aktuelles pathologisches Verhalten – wie die Verleugnung von Kriegsschuld und der Verantwortung für die Kriegsfolgen – mit Reaktionsweisen in Verbindung steht, die in früher Kindheit erworben wurden.« (88)

Die Autoren attestieren den Deutschen also eine nach klaren psychopathologischen Kriterien zu fassende kollektive Neurose, die durch den viele Techniken der Abwehr umfassenden Mechanismus der Derealisation gekennzeichnet ist. Die Neurose baut auf

auf einer ebenso kollektiven Schädigung in der Kindheit, wie sie an den Fallbeispielen aus der Psychosomatischen Klinik Heidelberg als charakteristisch exemplifiziert wird.

Damit komme ich zur zentralen diagnostischen Aporie dieses kollektiven Neurosebegriffs, den ich nicht so sehr den Autoren anlaste als vielmehr dem Stand der Forschung sowie der Ungeheuerlichkeit des Problems. Es handelt sich nämlich um eine kollektive Neurose, die auf der individuellen Ebene nicht mehr begrifflich faßbar oder subjektiv erlebbar ist, auch nicht in Mitscherlichs Klinik, wo bis 1967 sehr viele Menschen behandelt und untersucht wurden. Das würde aber bedeuten, daß der Abwehrmechanismus der Entwirklichung eine so gewaltige Kraft entfaltet hat, daß er die Subjekte mit ihrer abgespaltenen Biographie und ihren individuellen Verarbeitungsmöglichkeiten quasi total in sich aufgesogen, sie gleichsam überindividuell neutralisiert hat.

Die Mitscherlichs würden dieser These wohl zustimmen, wenngleich mit dieser Entsubjektivierung der Adressat des Buches fraglich wird und eine paradoxe Unsicherheit hinsichtlich jeder Form von Therapie entsteht. Das Problem ist nur zu fassen, wenn man zwischen öffentlicher und individueller Abwehr zunächst einmal unterscheidet, bis der Nachweis einer Verzahnung glücken würde. Am sozialpsychologisch-politischen Phänomen der Entwirklichung kann gar kein Zweifel bestehen. An welchem seelischen Ort es beschreibbar und analysierbar wird, bleibt offen.

Es könnte sogar sein, daß die spätere strukturalistische »Abschaffung des Subjekts« hier ihren historischen Ursprungsort hat. Wenn das Verschwinden des Subjekts zuerst in Frankreich im Strukturalismus diagnostiziert wurde, spricht dies noch nicht gegen die Wirksamkeit der Derealisierung von Schuld im Gefolge des Nationalsozialismus. Die Franzosen haben das Ausmaß der Kollaboration und ihren Beitrag zum Zusammentreiben der Juden noch viel länger »derealisiert«, ebenso wie viele französische Intellektuelle die Wahrheit des Stalinismus entwirklicht hatten. Es scheint von massenhafter Zustimmung getragene historische Katastrophen oder Ungeheuerlichkeiten zu geben, die die Verarbeitungskraft von Individuen und Kollektiven dermaßen übersteigen, daß eine »Aufarbeitung« wirklich erst Generationen später erfolgen kann.

Aber zurück zur Aporie der Entwirklichung als dem zentralen Begriff der kollektiven Nachkriegsneurose auf dem Unterbau der

Neurose des autoritären Charakters und ihrer individualneurotischen Auffindbarkeit oder gar Therapierbarkeit. Die Mitscherlichs konkretisieren noch einmal ihre von professionellen Annahmen getragenen Erwartungen:

»Für den Forscher auf dem Gebiet psychoneurotischer und psychosomatischer Krankheiten mochte die Voraussage naheliegen, daß sie nach dem Zusammenbruch in nicht kleiner Zahl auftreten würden. Verschiedene psychische Prozesse könnten dabei ineinandergreifen: die Charakterformung durch die kulturspezifische Kindheitsneurose, die mit dazu beitrug, daß man Glaubender, gehorsames Werkzeug der Aggression und des Größenwahns geworden war, und die Reaktionen auf das aktuelle Trauma, das eine weitere Regression zu infantilen Verhaltensweisen, unlösbare innere und äußere Konflikte schaffen und psychisch bedingte Krankheiten auslösen würde.« (46)

Doch dann schreiben die Autoren, und dies im Ton eines fassungslosen Befremdens: »Erstaunlicherweise kam es keineswegs zu einer solchen massenhaften Vermehrung von Versagenszuständen, die bis zur klinisch faßbaren Krankheit geführt hätten. Aus den Aufzeichnungen über rund 4000 Patienten, die... die Psychosomatische Klinik... aufsuchten, geht hervor, daß sich nur extrem wenig Anhaltspunkte für den Zusammenhang ihrer gegenwärtigen Symptome mit Erlebnissen der Nazizeit fanden. Diese Vergangenheit lastet offenbar nicht so, daß sie nur unter Zuhilfenahme seelisch motivierter Symptome zu bestehen war.« (46/47) Die Entwirklichung hätte also zu einer symptomlosen kollektiven Charakterneurose geführt, die für den einzelnen Betroffenen trotz analytischer Hilfe nicht mehr dechiffrierbar war.

In meiner früheren Auseinandersetzung mit der »Unfähigkeit zu trauern« habe ich zu zeigen versucht, daß die Instrumente der damaligen Psychoanalyse — besonders angesicht der inkriminierenden, schuldsuchenden Haltung der Analytiker — noch gar nicht geeignet waren, die tieferen Formen der Abwehr in ihrer individuellen Ausprägung zu erkennen und aufzuarbeiten. Dies ist der Psychoanalyse als ganzer auch in den darauffolgenden Jahren noch nicht gelungen, bzw. sie hat es gar nicht erst versucht. Sie war, grob gesprochen, mit der Rezeption der internationalen theoretischen und behandlungstechnischen Entwicklung beschäftigt und hat sich der deutschen Sonderaufgabe noch nicht stellen können. Die »Entwirklichung« hatte sich also auch der Disziplin bemächtigt, die zur Erhellung biographischer Wahrheit angetreten war. Die internationale Psychoanalyse hat, soweit sie sich der Traumatisierung von Menschen durch politische Einwirkungen, Terror und Vernichtung zugewandt hat, begreiflicherweise ihr Potential der Erforschung der Folgen des Holocaust zugewandt.

Erst in den achtziger Jahren sind mit der Erforschung der Schicksale von Täterkindern neue Perspektiven aufgetaucht, die uns die »symptomlosen« Entwirklichungsneurosen im intergenerativen Zusammenhang besser verstehen lassen. Die Vorarbeit dazu wurde jedoch vorwiegend von Publizisten, Historikern und Betroffenen geleistet in Form von Interviewreihen und Lebensberichten. Die relative Hilflosigkeit in der Analyse und Bewertung des heutigen Rechtsradikalismus dürfte mit dieser Forschungslücke zusammenhängen, die sich erst langsam schließt, etwa durch Arbeiten von Thea Bauriedl, Werner Bohleber oder Annette Streeck-Fischer, Almuth Massing u. a.

Die Transformation von Entwirklichung in eine moralische Kategorie

Die Entwirklichung des fortwirkenden seelischen Untergrundes bis in die Psychoanalyse hinein war so stark, daß es für das beschwörende Buch der Mitscherlichs zusätzlicher Motive bedurfte, um seine vehemente Einmaligkeit zustandezubringen. Ich spreche damit erneut eine Art moralischer Verzweiflung an, die den selbst einige Monate von der Gestapo inhaftierten Alexander Mitscherlich erfüllte. Seine Erfahrungen bei der Beobachtung der Nürnberger Ärzteprozesse und das Schicksal seines Buches »Medizin ohne Menschlichkeit« (1948) dürften diese Fassungslosigkeit begründet und später verstärkt haben. Die biographischen Motive entwerten nicht das Engagement. Wir alle brauchen erkenntnisleitende Interessen. In der Regel eröffnen sie, intellektuelle Redlichkeit vorausgesetzt, neue Erkenntnishorizonte. Es ist das bleibende Verdienst der Autoren, den gültigen Aufriß der politischen Apathie der Deutschen geliefert zu haben. Allerdings glaube ich, daß das Ausmaß der latenten wie der offenen Affekte bei allen Beteiligten ein empathisches Forschen noch gar nicht ermöglicht hat.

Als tragisch bezeichne ich jedoch folgende Tatsache: die politisch-moralische wie psychologische Diagnose der kollektiven Neurose auf der Basis der Entwirklichung beruht in ihrem anklagenden Ton auf eben jenem Mechanismus, den Anna Freud so klar herausgearbeitet hat. Es ist die Identifizierung mit dem moralischen Aggressor: sei es mit der inneren Stimme der Schuld, die zur Stimme des globalen Beschuldigens wird, sei es mit der umfassenden Kollektivschuld-These. Ihre Übernahme stellt den Diagnostiker auf die Seite des fast erbarmungslosen Angreifers, mit den entsprechenden Gegenreaktionen der Angegriffenen. Die diagnostisch abgesicherte moralische Attacke wurde ihrerseits wieder zum Ausgangspunkt von Denk- und Beschuldigungsschulen, während die Forschung über die Seelen- und Bewußtseinszustände eher zu stagnieren begann, vor allem, was die Binnenvorgänge in den Familien betrifft. Die Spaltung der Deutschen in Angreifer und Angegriffene hat sich in der Folgezeit institutionalisiert bis hinein in die Medien, und die Zeit der Spaltung ist noch längst nicht vorbei. Sie hat sich seit der Wende nur verschoben auf die delegierende Bewältigung des Sozialismus mit der moralischen Selbstgerechtigkeit der Westdeutschen, die endlich in den »Brüdern und Schwestern« im anderen deutschen Staat die Prügelknaben globaler schuldhafter Verstrickung gefunden haben.

Die Dimension der Einfühlung in vierzig plus zwölf Jahre Diktatur im Osten ist genausowenig entwickelt wie in den Jahrzehnten nach 1945. Einfühlung bedeutet wohlgemerkt nicht vorschnelles Verzeihen und Ungeschehenmachen oder gar das Verbleiben der diktaturtragenden Eliten in führenden Rollen. Sondern es ist gemeint die Bereitschaft zur Frage: Wie sieht es auf der Seite des Erlebens aus? Daß diese Fragehaltung erschwert wird, wie nach 1945, durch die Dreistigkeit und Larmoyanz der Wendehälse oder der defensiv sich rechtfertigenden Doktrinäre, braucht kaum betont zu werden.

Das Ausmaß kollektiver, interaktioneller, den einzelnen übergreifender Abwehrmechanismen ist uns erst in den letzten Jahren allmählich bewußt geworden. Die Verschüttung der biographischen Wahrheit, also die Entwirklichung von Mitläufertum, Täterschaft, Haß und Angst, von Scham und Schuld, hinter der das eigene Leiden, das zur »kulturspezifischen Kindheitsneurose« der Deutschen geführt hat, erst ermittelt werden müßte, war massiv. Sie war aber lange Jahrzehnte eingebettet in kollektive Verschüttungen mit einer öffentlichen Tabuisierung von Themen, die eine offene Auseinandersetzung verlangt hätten. Manche Historiker haben die These aufgestellt, daß Holocaust, Krieg und Zusammenbruch gar nicht ohne massive Verdrängungen und kollektive Entwirklichung zu bewältigen waren. Auch die individuellen Neurosen der Entwirklichung hatten im kollektiven Maßstab keinen Ort zu ihrer Reinszenierung in der Therapie, in Rollenspiel oder Übertragung und in einem Klima wenigstens halböffentlicher Toleranz.

Dies führte auch zu einer Entwirklichung der Zusammenhänge zwischen den schweren psychosomatischen Symptomen der vielen Patienten und dem biographischen Hintergrund, der die NS-Zeit und ihre Folgen einschloß. Kurz gesagt: Für die therapeutisch wirksame Dechiffrierung der Entwirklichungsneurosen gab es keinen Raum.

Erst Bücher wie »Nationalsozialismus in der ›zweiten Generation‹. Psychoanalyse von Hörigkeitsverhältnissen« von Anita Eckstaedt (Frankfurt 1989) eröffnen Jahrzehnte später durch die Analysen von Kindern von Tätern und Mitläufern die Augen für das Ausmaß unterirdischer Gewalttradition durch die Generationen. Der Begriff der Entwirklichung läßt sich nicht anwenden, ohne daß Bezug genommen wird auf die für die »kulturspezifische Kindheitsneurose« der Deutschen wichtige Tatsache, daß es von Wilhelminismus bis Nationalsozialismus kaum Einfühlung in den Zustand des Subjekts gibt. Das erklärt auch Alice Millers späten Erfolg mit der Analyse der »Schwarzen Pädagogik« unter dem Buchtitel »Du sollst nicht merken«. Affektive Entwirklichung trat nicht erst ein mit dem Zusammenbruch 1945, sie prägte den Untergrund von Generationen. Das wird auch von den Mitscherlichs betont. Anita Eckstaedt arbeitet an eindrucksvollen Fallbeispielen heraus, daß *Einfühlung* in sich selbst noch in der zweiten Generation von NS-Verstrickten zunächst als Gefahr erlebt wird, die mit Manipulation und seelischer Gewalt beantwortet wird; dies macht eine jahrelange Widerstandsanalyse notwendig. Das unbewußte Ausagieren, also ein Umsetzen in seelisch blindes oder ungesteuertes Handeln und das untergründige Tradieren, ja Implantieren von Destruktivität ist die Lösung, die generationenlang antrainiert war.

Entwirklichung und seelischer Notstand

Wie wir gesehen haben, schließt Entwirklichung ein ganzes Bündel von Abwehrmechanismen ein, die einander ergänzen oder sich kumulieren. Es trifft also zu, daß die Entwirklichung ein gesellschaftlich-politisches wie massenhaftes Phänomen auch auf der individuellen Ebene war. Sie war dies so sehr, daß sie auch bei längeren analytischen Interviews und Therapie mit der klassischen Theorie und der damaligen schuldsuchenden Haltung nicht mehr erkennbar und rückgängig zu machen schien. Das bedeutet aber zweierlei: Notmaßnahmen in diesem Ausmaß ergreift das Ich nur, wenn es sich in erheblichem Umfang bedroht fühlt. Schließlich riskiert es innere Spaltung, eine Diskontinuität in der Persönlichkeit, Verarmung, Erstarrung, Fragmentierung, Energieverlust und vermutlich eine hohe Dauerspannung, weil nach der psychoanalytischen Theorie die Erinnerungen und die Affekte ja nicht einfach verschwinden, oder aber einen seelischen oder familiären Zusammenbruch.

Damit kommen wir zu einer zweiten Aporie im analytischen Zugang: entweder das Trauma, das zur Entwirklichung führte, war massiv, die Gefahr der Desintegration oder Depression also groß, dann wäre die neurotische Versteinerung aber moralisch nicht vorwerfbar. Oder aber man nimmt an, daß die Entwirklichung doch eher ein Kollektiv-Phänomen ist, das dem psychischen Notstand einer großen Gruppe und ihren kollektiven Selbstschutzreaktionen entspringt. Dann wäre der Ansprechpartner eher eine kollektive Identität, sozusagen die Volksseele, wie sie sich in der öffentlichen Meinung und den Institutionen widerspiegelt. Dann hat man es aber mit einem absolut unklaren Subjekt zu tun. Wahrscheinlich handelt es sich um eine Mischung mit selbstinduzierten Verstärkungen zwischen den Subsystemen, die interdependent sind: öffentliche Meinung und individuelle, aber massenhaft neurotische Dispositionen.

In diesem Zusammenhang ist es deshalb wichtig, wie die Mitscherlichs selbst die psychische Lage der Deutschen nach 1945 eingeschätzt haben, um etwas über die Dimensionen des kollektiven Traumas als Ursache der Entwirklichung aussagen zu können. Und da stoßen wir auf recht massive Aussagen, die ich in einer Auswahl zitiere. Dabei ist hervorzuheben, daß bei der Bewertung des Traumas nur Holocaust und Angriffskrieg mit Kapitulation, nicht aber der Krieg auf eigenem Boden, eigene Tote, Gefangene, Verstümmelte, Verlust der Heimat, Flucht, Zerstörung, Hunger und vieles mehr eine nennenswerte Rolle spielen, die, so »verdient« sie gewesen sein mögen, immense psychische und vitale Energien aufgezehrt haben. Die Autoren scheinen den Verlust des Führers und die Verschmelzung mit ihm weit höher zu bewerten als den Krieg mit all seinen auch für die Deutschen furchtbaren Folgen. Wenn Sie mir die bittere Pointe erlauben, so verweise ich auf folgende, bemerkenswerte Tatsache: In dem Buch »Auf dem Weg zur vaterlosen Gesellschaft« (München 1963), das der »Unfähigkeit zu trauern« um einige Jahre vorausging, wird die Vaterlosigkeit noch dem allgemein gefaßten kulturellen Wandel wie dem Unsichtbar-Werden des Vaters in der Industriegesellschaft zugeschrieben. Der Autoritätsverlust wird nicht im Zusammenhang mit der NS-Zeit und dem Zusammenbruch gesehen. Es ist, als ob nach den *Untaten* der Deutschen das *erlittene Trauma* noch gar nicht thematisiert werden dürfte. Erst im Anhang unter dem Kapitel »Vater und Väterlichkeit« wird das Schicksal der »Kriegskinder« auf knapp drei Seiten abgehandelt, sicher erstaunlich angesichts der Tatsache von Millionen Familien mit gefallenen, vermißten oder gefangenen wie geschlagenen, gebrochenen, spät heimgekehrten oder verstümmelten Vätern.

Aber trotzdem gibt es in der »Unfähigkeit zu trauern« bei der Bewertung der Seelenlage nach 1945 Ansätze zur Einfühlung. So heißt es, nach der Diskussion der voraufgehenden jahrelangen Dehumanisierung des Gewissens gegenüber Juden, Zigeunern, Volksfeinden, Russen, Polen u. a.: »Die bedingungslose Kapitulation, der Einmarsch von Gegnern, die bis zum äußersten lächerlich gemacht oder verteufelt worden waren, ruft massive Vergeltungsängste hervor. Es ist diese Realangst, die das Gewissen neu zentriert. Bis zum Ende des Krieges bestanden Gewissenspflichten nur gegenüber dem Führer. Sein Sturz bedeutet darüber hinaus eine traumatische Entwertung des eigenen Ich-Ideals, mit dem man so weitgehend identisch war.« (33) Die Folge müßte, angesichts der Holocaust- und Kriegsschuld, Verleugnung oder »*Rückzug in eine Depression*« sein. Es ist von Beängstigung, Ratlosigkeit und Desorientierung die Rede, von einer »melancholischen Verarmung des Selbst« (38), von der drohenden Gefahr der Melancholie. Dabei ist klar, daß die Autoren von einer nahezu alle Individuen umfassenden Kollektivschuld ausgehen, denn: »Wir erinnern uns daran, daß es uns um die Abwehr von Schuld in einer Größenordnung geht, die nur mit Melancholie der Massen zu beantworten gewesen wäre.« (71) Es ist ferner vom »Erlöschen eines symbiotischen Zustandes« zwischen Hitler und den Deutschen die Rede (77), noch drastischer von einem daraus herrührenden »submoralischen Notstand«, »in dem nur mehr biologisch vorbereitete Selbstschutzmechanismen Erleichterung bringen können.« (60) Oder: »Die Mechanismen, um die es hier geht, sind Notfallreaktionen, Vorgänge, die dem biologischen Schutz des Überlebens sehr nahe, wenn nicht dessen psychische Korrelate sind.« (38) Es geht also klar darum, sozusagen das bedrohte psychosomatische Überleben der Deutschen zusammenzudenken mit der kollektiven Mittäterschaft an Holocaust und Angriffskrieg und der ungeheuren Schuld, für die es plötzlich keine Subjekte zu geben schien.

Die Mitscherlichs wählen mit dem Gebrauch ihrer Dimension der »Entwirklichung« zur Lösung der Aporie die Ebene der Moral und des appellativen Postulats: Mit beinahe naturwissenschaftlicher Sprache wird der biologisch-psychische Notfall dargestellt, und trotzdem sprechen die Autoren zum Teil auf den gleichen Seiten von der Pflicht zur Trauer, wobei wiederum im gleichen Zusammenhang auf die drohende Gefahr einer »krankhaften Steigerung der Trauer, die Melancholie« hingewiesen wird (39).

Forschung, Verstehen, Entschuldigung?

Was will ich mit diesen Zitaten aussagen, deren Zusammenstellung sofort den Verdacht erzeugt, ich wolle Entlastung und Entschuldigung der Deutschen propagieren, sie gar in Schutz nehmen oder den Holocaust gegen die Kriegsleiden und den Verlust der symbiotischen Führerbeziehung aufwiegen. Nein, das Thema ist der Stellenwert der Derealisierung als des von den Mitscherlichs herausgearbeiteten Hauptbewältigungsmechanismus der Deutschen in Sachen Nationalsozialismus und seine psychoanalytische wie sozialpsychologische Begründung wie seine moralische Beurteilung. Es geht um die Aporie zwischen Verstehen und Verurteilen bei einer moralischen Katastrophe, die alles Bisherige sprengte. Ich betone noch einmal die Größe des Entwurfs einer Verbindung von Mahnen und Erkennen, von Diagnostik und Beschwörung, die in ihrem Impuls grandios und berechtigt war. Ihre Vergeblichkeit ist es ja gerade, die mich untersuchen läßt, ob sich Gründe dafür ermitteln lassen.

Die von den Mitscherlichs angestrebte Verbindung von Aufrütteln und Forschen hat, was wir vielleicht erst heute sehen, gedankliche wie sozialtherapeutische oder volkspädagogische Folgen, die ebenso erst heute genauer zu analysieren sind. Der Abwehrmechanismus der Derealisierung hat seinen Platz zwischen der individuellen Neurosenlehre, dem moralischen Appell und einer Massenpsychologie, die bei Freud noch fast als geschichtslos erscheint. Er spricht von Kollektiven wie Kirchen und Armeen, Horden und Stämmen. Wir dürfen aber nicht vergessen, in welchem Ausmaß zwischen Individuum und Volk oder zwischen Ich und Masse, Vermittlungsinstanzen, Institutionen, Rituale, »Beeinflussungskörperschaften«, Normen, Ideologien, Medien getreten sind, die auf das Ich einwirken, über die meinungs- oder normbildenden Subjekte aber auch wieder auf die Gesellschaft Einfluß nehmen. Damit will ich sagen, daß der erkenntnistheoretische wie der metapsychologische Ort der »Entwirklichung« weitgehend ungeklärt ist. Ich bezeichne ihn deshalb als eine geniale heuristische Idee, die an unzähligen Einzelfällen, aber auch an Reaktionen von Kollektiven erforscht werden müßte. Vielleicht ließe sich das aufgeworfene Dilemma, um das Verhältnis von individueller Derealisierung und Entwirklichung als Massenreaktion als mögliche Ergänzungsreihe zu kennzeichnen, so darstellen: Ein zur Revision der Entwirklichung bereites Individuum vermöchte nichts ohne Helfer und ohne ein begünstigendes öffentliches Klima. Ein in seiner intellektuellen oder politischen Führungsschicht buß- oder affektbereites Volk vermöchte wenig ohne die individuelle Bereitschaft seiner Mitglieder zu einer inneren Bewegung, die ja die Dimension von massenhaften Charakteränderungen erreichen müßte.

Zusätzliche Faktoren der politisch-psychologischen Entwirklichung

Wenn ich von der unzulässig vereinfachenden Anwendung der Freudschen Massenpsychologie auf die NS-Bewegung ohne Berücksichtigung von Propaganda, Machtapparat und Terror im Dritten Reich, und nach dem Zusammenbruch von den Kriegsfolgen, der Teilung und dem kalten Krieg sprach, dann meine ich folgendes: Ich will, nicht zur Entschuldigung, aber doch zur Förderung des Verstehens, auch auf das Ausmaß überindividueller, also die Charakterpathologie der Deutschen übersteigender Faktoren aufmerksam machen. Da die Psychoanalyse selbst nach dem Krieg streng familialistisch ausgerichtet war, sind mir keine Fallgeschichten bekannt, in denen die Figur von Adenauer als sinnstiftender rettender Großvater im moralischen Chaos der Nachkriegszeit analysiert worden wäre. Er muß aber, da er auch politisch in eine den meisten unbekannte politische Vorzeit zurückreichte, eine solche, ich möchte sagen nüchtern-charismatische Rolle gespielt haben. Da er selbst von den Nazis als Oberbürgermeister von Köln kaltgestellt wurde, galt er, in abgeschwächter Form, selbst als Verfolgter. Seiner Entscheidung zur Reintegration der Mitläufer und kleinen Täter kommt, selbst wenn sie von der Mehrheit der Wähler gewollt war, deshalb eine immense, legitimierende Funktion der Entwirklichung von Schuld zu. Die *Reduktion von Schuld* auf Schulden, also in gewissem Sinn der Kommerzialisierung der politischen Moral in der finanziellen Wiedergutmachung gegenüber dem Staat Israel, hat aber, so wichtig sie war, auch einen höchst dubiosen symbolischen Charakter: den der Abzahlung. Damit will ich nicht einer erneuten Schuldverschiebung weg von den Deutschen hin zu einer Führergestalt das Wort reden, sondern das Gewicht intervenierender Faktoren betonen, die sich leicht mit der »demokratischen Obrigkeitshörigkeit«, von den Kirchen nach 1945 gefördert, verknüpfen lassen.

Einen zweiten Faktor der Entwirklichung habe ich erst bei der Lektüre von Ralph Giordanos Buch »Die zweite Schuld oder Von der Last Deutscher zu sein«* voll verstanden. Es geht um die innerfamiliären Prozesse, genauer um Ausmaß und psychologische Gründe des »großen Schweigens« in den Familien, dargelegt an einem einzigen von Giardano zitierten Beispiel. Solche Beispiele lassen sich aber gehäuft finden in der Psychotherapie von heute lebenden Patienten, die Kinder waren in der NS- und Nachkriegszeit. Sie scheinen die These von der »hörigen Liebe zum Führer« zu bestätigen, auch wenn Giordano sie ganz im Mitscherlichschen Vokabular des verlorenen Ich-Ideals abhandelt. Mit einer fast

---

* Ralph Giordano, Die Zweite Schuld oder Von der Last Deutscher zu sein. München 1987, zitiert nach Taschenbuchausgabe, Hamburg 1990

archaischen Wucht lastet das Schweigen auf Familien von Tätern, in die der israelische Psychotherapeut Dan Bar-On durch Interviews mit den erwachsenen Kindern in den späten achtziger Jahren Einblick gewann.* Sein Buch bringt eine solche Fülle von erschütterndem Material, daß ich es in einer eigenen Arbeit diskutieren möchte.

Bei Ralph Giordano ist die Rede von Friederike S., die sich von ihrem NS-Engagement auch anfangs der sechziger Jahre, als der Autor mit ihr viele Gespräche führte, nie getrennt hatte. Ihre Tochter, die oft dabei war, war damals etwa zwanzig. Die Mutter hatte sie nicht in ihre Anschauungen eingeweiht. »Offensichtlich hatten Friederike S. und ihr Mann die Tochter nicht im Sinne ihrer politischen Überzeugungen erzogen.« (233) Und: »Über Friederike S. und ihren Mann, der einst die SA-Uniform getragen hatte, wußte ich bald mehr als ihr eigenes Kind.« (233) Und dann heißt es: »In all den seit Jahren andauernden Gesprächen hatte Friederike S. den Namen dessen, um den ihre Ausführungen kreisten, den eigentlichen Mittelpunkt ihrer politischen Biographie... nie genannt – *Adolf Hitler*!

Zwar bekannte Friederike S., daß sie *seinem* Programm angehangen hatte, *seiner* Partei, *seiner* Sache, und sie beschwor *seine* Zeit – aber ihn selbst nannte sie nicht. Nicht zufällig, denn hier beginnt Intimsphäre, Lustkomplex, das Libidinöse ihres Daseins, ihr politisches Schamzentrum: *die Liebe zum ›Führer‹!* « (233/234)

Giordano spricht von dem »Schrecken über die einstige Hingabe« (238), nachdem Hitler als »Feind der Menschheit« entlarvt war, und von der unerträglichen »moralischen Erniedrigung« (239) und dem »intensiven Schamgefühl«, das nicht auszuhalten war. Giordano scheint der einzige Mensch gewesen zu sein, mit dem sie das Schweigen darüber brach: »Nur durch besondere Umstände machte Friederike S. mit mir eine Ausnahme, die selbst für ihr eigenes Kind nicht galt...« (240) Als Giordano sie fragt, warum sie von Hitler nie spreche, »erschrak sie zuerst, faßte sich dann rasch und – schickte ihre Tochter... hinaus. Gleich darauf bat Friederike S. mich, künftig über ›diesen Punkt‹ nur noch zu sprechen, wenn ihr Kind nicht dabei sei.« (237/38) Hier scheint mir verdichtet ein Geheimnis verborgen, das auch dann gilt, wenn

---

* Dan Bar-On, Die Last des Schweigens. Gespräche mit Kindern von Nazi-Tätern. Frankfurt/New York 1993

wir das Tabu in den Familien nicht auf die hörige Liebe zum Führer begrenzen. Die Adressaten der Scham, die Objekte des Schweigens sind, neben der Angst vor der inneren Fragmentierung und der Depression, nicht so sehr die Öffentlichkeit, sondern die Kinder. Das muß erklärt werden: Kinder sind, wenn sie nicht das Glück haben, wirklich als eigene Wesen erkannt zu werden, Projektionsflächen, Selbstanteile oder Garanten einer Utopie. Diese ist am bekanntesten unter dem Stichwort: »Meine Kinder sollen es besser haben.« Und gerade diese Mechanismen: Kinder als utopische pädagogische Subjekte oder Objekte nicht nur des Aufstiegs, sondern einer Freiheit von *Befleckung*, Scham und Verstrickung zu wählen, scheinen funktioniert zu haben. Der »Neubeginn« als pädagogische Utopie, ja als wiederzufindendes Paradies der Unschuld, galt einer Projektion der entwirklichenden Idylle. Deren Aufhebung, für die es kein Vokabular gab, wäre vielen Eltern aber auch als destruktiv erschienen, wie illusionär das Projekt »Verschonung« auch gewesen sein mag. Die Kinder verschonten ihrerseits die Eltern und wagten nicht, aus einer ebenso tiefen Angst, die Träger der Idylle zu verstören, weil sie spürten, wie sehr sie sie brauchten. Die Entwirklichung funktionierte als Generationenvertrag.

Aber es kommt noch etwas hinzu, neben der Anklammerung an die Utopie des heilen Kinderlandes, des Wiederaufbaus und des Hausbaus, von dem es immer hieß: »Das tun wir doch nur für euch!« Kinder sind auch gefürchtete Subjekte möglicher Beschuldigung und Rache. Das heißt: Ein Teil des Gewissens wird projiziert in die Nachkommen, von denen man nicht weiß, wie sie urteilen würden. Die Kinder erben Urteilsmacht, weil sie Träger unbewußter Gewissensinstanzen durch die Intimität der Zugehörigkeit sind. Also müssen die Taten vor ihnen verborgen werden. Und nun kommt die tragische Pointe der Instrumentalisierung des Buches der »Unfähigkeit zu trauern«. Es wurde häufig zur gefürchteten Anklageschrift der Kinder gegen die Eltern und half mit, den Generationenvertrag des Schweigens und der Entwirklichung zu stören. Das mag man gesamtgesellschaftlich begrüßen. Es geschah aber in Umständen und zu einer Zeit, als die Chance der fragenden Einfühlung in den Familien noch nicht bereitlag. Für die Wirklichkeit hinter dem Vorhang der Derealisierung gab es noch keine seelischen Gefäße, kein innerfamiliäres seelisches Fassungsvermögen.

Ein dritter, sowohl individuell wie familiär wirksamer Faktor der Anklammerung an die NS-Ideale, also der Entwirklichung des Untergangs des Dritten Reiches, tauchte bei der Diskussion dieses Vortrags auf. Er hat ebenfalls mit der Abwehr von Depression und Verzweiflung zu tun. Eine Diskutantin berichtete von ihrem Vater, der mit nur noch einem Bein aus dem Krieg zurückkehrte. Sie schilderte in bewegten Worten, daß der Verlust des Beines für den Vater absolut unerträglich würde, sobald die Idealisierungen Hitlers und der Kriegsziele zusammenbrächen. Das »Opfer« der Gesundheit (aber man könnte hier sicher viele als »Opfer« erlebte Verluste einreihen) erzwingt die Aufrechterhaltung der Bindung an den Führer und die wahnhafte Opferbereitschaft, mindestens aber an die damaligen »Ideale«, die gegen das »Verbrecherische« an der NS-Zeit festgehalten werden. Dabei wurde mir ebenfalls deutlich, daß der Begriff des »Opfers« für Führer und Vaterland in einem Ausmaß in den letzten Kriegsjahren verbraucht und mißbraucht war, daß er nur schwer mit den angemessenen Inhalten: den Opfern von Terror und Völkermord, zu füllen war. Eine Perversion der Propagandasprache hatte möglicherweise für viele den Wortsinn zerstört. Dies müßte aber in einer eigenen Untersuchung geklärt werden.

Wir können heute oder konnten in den vergangenen Jahren im Freundeskreis oder in Therapien verfolgen (aber auch in Schulen oder Gemeinden), unter welchen Anstrengungen der innerfamiliäre, innergemeindliche Dialog, soweit die Eltern, Verwandten oder Repräsentanten von damals nicht gestorben sind, noch in Gang kommt. Vielleicht ist es sogar nur der Druck der Erschütterung durch die Rechtsradikalen und die Flut der Bilder mit Hitlergruß und Fahnen, der aufdeckende Gespräche in Gang bringt. Der Boden ist vorbereitet durch eine Aufhebung der Entwirklichung in der Öffentlichkeit, den Medien, der Forschung, der Pädagogik.

Viele Achtundsechziger haben es nicht ausgehalten, Kinder von Tätern und Mitläufern zu sein. Sie haben aus Entsetzen die Generationenbindung quasi gekündigt, um selbst rein zu bleiben, und damit eine andere Form der Entwirklichung betrieben: die ihres Geprägt-Seins.

Ich möchte damit auch noch einmal deutlich machen, daß Derealisation eine ungeheuer fruchtbare Kategorie ist. Ob sie einen klassischen Abwehrmechanismus darstellt, ist nicht so wichtig, vorausgesetzt, es gelingt, den gewaltigen heuristischen Wert durch vieldimensionale Forschung anzureichern. Dazu gehört heute meiner Meinung nach auch, die historisch verständliche moralische Aufladung, die ein dezidierter politisch-intellektueller Akt war, langsam aufzuheben, weil sie, so tragisch das ist, kontraproduktiv wirkte. Das Verstehen geht nicht ohne Einfühlung in die Bedingungen der Entwirklichung. Wir sind längst in Gefahr, in neuen politischen Konstellationen neuen Entwirklichungen zu verfallen. Das Subjekt wie das Kollektiv brauchen Bedingungen, unter denen nicht durch moralische Vernichtung Verhärtung produziert wird. Das kann nicht heißen, daß Verstehen die notwendige Eindämmung destruktiven Handelns lähmen darf.

Noch die schlimmsten Fallgeschichten der Mitscherlichs in der »Unfähigkeit zu trauern« zeigen, daß die Täter und Mitläufer von einer Einfühlung in ihre Kindheitsgeschichte selbst weit entfernt waren. Das gleiche hören wir von den neuen Brandstiftern und ethnischen Rettern der Nation. Wir werden es wiederfinden in der kollektiven Vorgeschichte der ethnischen Säuberer im ehemaligen Jugoslawien.

Die größte Anerkennung des Mitscherlichschen Ansatzes wäre: Ihre Fragestellung wie ihr Engagement zu bewahren, aber nicht bei den damaligen Erkenntnismöglichkeiten der Psychoanalyse wie ihrer politisch-moralischen Einbettung in die reine Anklage zu verharren. Die Mechanismen der Entwirklichung sind zu universell beobachtbar und wirksam, als daß sie ein politischer und pädagogischer Kampfbegriff bleiben sollten. Die Aporie ist, daß der Begriff etwas aufdeckt, das wir an uns und anderen verachten und hassen mögen und das wir bekämpfen wollen. Aber da er gleichzeitig der Neurosenpsychologie entnommen ist, können wir nicht so tun, als ließe er sich praktisch oder publizistisch einfach wirksam verpflanzen, ohne seine therapeutische Dimension zu verlieren. Der Sprach- und Denkstil der Mitscherlichs in diesem Werk ist gelegentlich apodiktisch und unbarmherzig. Aber Entwirklichung in diesem Ausmaß entstammt, obwohl schuldbeladen und als »zweite Schuld« der Deutschen apostrophiert, aus einem kumulativen Trauma von Gesellschaftsstruktur und Erziehung, für das das Dritte Reich ein apokalyptischer Rettungsversuch war. Vermutlich werden noch weitere Generationen um den Umgang mit dem zu ringen haben, was hinter dem Schleier der Entwirklichung zu sehen und zu fühlen ist.

In gewissem Sinn fördere und fordere ich die »Historisierung«

des Mitscherlichschen Versuchs, die »Unfähigkeit zu trauern« zu erklären und zu beschwören. Und ich tue es mit einer gewissen Trauer, daß die geistige wie die moralische Anstrengung nicht die Früchte getragen hat, die sie verdient hätte. Es sieht wirklich so aus, daß das Potential der verlorenen Einfühlung nachwachsen muß. Einige der von Dan Bar-On interviewten Täterkinder sind *nach* den Gesprächen und durchaus als Folge von ihnen in eine Psychotherapie gegangen. Die meisten bekunden, daß sie ohne den Raum des forschenden Gesprächs sich den inneren Abgründen nicht mehr gestellt hätten. Die Wiederkehr des Entwirklichten war noch in der *Generation danach* ohne fremde Hilfe zu bedrohlich. Alexander und Margarete Mitscherlich haben den ersten großen Aufriß des Problems geliefert. Er bleibt als ein weiterwirkender Auftrag erhalten.*

---

* Das ausgezeichnete Buch »Das kollektive Schweigen. Nationalsozialistische Vergangenheit und gebrochene Identität in der Psychotherapie«, Hg. Barbara Heimannsberg und Christoph J. Schmidt, Köln 1992, habe ich erst *nach* Fertigstellung dieses Textes gelesen.

Über die Größe des politischen Umdenkens

Zu Günter Schabowskis Autobiographie
»Der Absturz« (1991)

Gespannt beobachtet man an den in regelmäßigen Abständen stattfindenden Parteitagen und seltener gewordenen Grundsatzreden Fidel Castros, ob sich an seinem politischen Credo, von dem das Schicksal so vieler Menschen abhängt, etwas ändert. Aber die Starrheit der revolutionär-sozialistischen Position scheint unaufhebbar, auch wenn die Isolierung der ganzen Nation dadurch wächst. Auch in Nordkorea scheint sich Ähnliches abzuspielen: eine Mischung aus Verhärtung, Trotz, Angst und Verleugnung der Entwicklungen in der Welt. Der ganze Erdkreis blickte gebannt auf die allmählichen Wandlungen in Gorbatschows Einschätzung von Diktatur, Planwirtschaft, Geheimpolitik, Parteimonopol. Glasnost und Perestroika wurden zu Symbolbegriffen eines Übergangs zu mehr Freiheit. Gorbatschow blieb glaubhaft. Illusionär war nur seine Vorstellung, daß die eigene Wandlung auch die Wandlung einer erstarrten Gesellschaft bewirken und steuern könnte und daß man ihn als den großen Steuermann der Veränderung an der Macht lassen würde.

Viele kommunistische oder andere Diktatoren sind an der Macht geblieben, sie haben sogar Wahlen gewonnen, gewendet nur oder innerlich verändert. Manchem mag geholfen haben, daß sich Zweifel schon längst eingeschlichen hatten, ob die Völker wirklich zu einem ideologisch verklärten Glück gezwungen werden müssen, das doch oft nur in neuer Ausbeutung und Verarmung endete.

Aber was ist, wenn ein Umsturz, eine Wende, eine gewaltlose Revolution die ideologisch verbohrte und schuldig gewordene Riege der Machthaber beseitigt? Wie leben sie weiter? Wie gehen sie mit ihrer Erstarrung, ja Verblendung um? Gibt es ein glaubhaftes und öffentlich relevantes Umdenken, das sie geistig an der Wende teilhaben läßt? Das seelische Substanz vermittelt? Eine innere Wandlung verrät? Das Achtung erzeugt, so wie jede begründete und erlittene Umkehr, auch des Verbrechers, Achtung erzeugt? Die Unfähigkeit der NS-Größen, von Albert Speer abge-

sehen, auch nur einen Funken Bedauern, Schuld, Reifung zu be-
zeugen, verdeutlicht, was ich meine. Der eigene wie der Untergang
des Volkes waren für viele von ihnen die einzige Denkmöglichkeit.

Und die Tausende kleiner Täter und die Millionen Mitläufer?
Sie haben umgeschaltet. Der historische Bruch hat ihr verblendetes
Denken verschüttet. Viel erkennende Wandlung hat es nicht gegeben. Dafür fehlte auch eine verstehende Öffentlichkeit. Der Druck
der Reedukation hat viel Trotz erzeugt. Ähnlich geht es in der früheren DDR zu: Die moralische Aggression und arrogante Einfor-
derung einer »Bewältigung der Vergangenheit« aus dem Westen,
sozusagen in Stellvertretung der eigenen raschen Verschüttung der
Geschichte, führt ebenfalls zu Trotz und Verbarrikadierung. Kollektive Mechanismen der Selbstrechtfertigung setzen ein. Irrtum
und Schuld werden nicht auf der individuellen Ebene angegangen,
sondern auf Gruppenebene, mit neuen Ideologisierungen.

Umkehr braucht einen seelischen Raum. Die Größe besteht
darin, ihn sich zu schaffen, auch wenn er in der politisch ange-
spannten Öffentlichkeit umkämpft und von Häme und Denunzia-
tion bedroht ist. Es steht uns Westlern schlecht an, moralische
»Umkehr« einzuklagen, weil es impliziert, wir hätten alle in einem
höheren Sinne moralisch recht gehabt mit dem Kapitalismus. Für
die meisten von uns wäre es stimmiger zu sagen: Wir sind in ihn
hineingewachsen, die individuellen moralischen Verdienste an der
Freiheit halten sich bei vielen in Grenzen. Wir sind schlicht nicht
sehr stark geprüft worden in unserem Freiheitswillen.

Deshalb ist es uns auch nicht sehr vertraut, was es heißt, sich
seine politischen Irrtümer und seine Schuld anzuschauen und sie
zu durchdenken. Um so stärker berührt ein Buch, in dem ein hoher
Politiker der alten DDR bekennt: Ich habe mich geirrt, ich bin
schuldig geworden, und ich will verstehen, auf welche Weise und
warum. Dieses Buch kontrastiert in einer auffallenden Weise mit
der Praxis der Stasi-Spitzel, bis zum letzten Augenblick vor ihrer
Aufdeckung zu leugnen. Es steht auch im Gegensatz zu der lar-
moyanten Anklage der Westdeutschen, in die sich viele alte
»Kader« drüben stürzen: »Wenn die ungehobelten, arroganten
Kolonisatoren kommen und einen plattmachen, wie soll man da
umdenken?« Das Verhalten des Westens war in vielem schlimm
genug! Aber in welcher Weise es klagend instrumentalisiert wird,
um *nicht* die eigene Schuld zu sehen, macht das Gewicht von
Günter Schabowskis Selbstanalyse einer kollektiven politischen

Erstarrung deutlicher. Ich betrachte sie als *ein* Beispiel politischer Neubesinnung in einem selbstgeschaffenen öffentlichen »therapeutischen« Raum.

Absturz und Neubeginn
Zu Günter Schabowskis Autobiographie nach der Wende

Mit Ostberliner Freunden habe ich sofort Streit bekommen, als ich ihnen im Herbst 1992 von meiner verspäteten Lektüre der Autobiographie »Der Absturz« von Günter Schabowski (1991) erzählte. Schabowski war 1. Parteisekretär von Berlin, Mitglied im Politbüro, langjähriger Sekretär für Agitation im Zentralkomitee und lange Jahre stellvertretender, später Chefredakteur der Parteizeitung »Neues Deutschland«. Er ist ein intimer Kenner des Innenlebens der SED wie der gesamten Politik der DDR. Er galt in den letzten Monaten des Regimes als ein Neuerer, verhielt sich zuletzt konspirativ, soweit es das gab, war beteiligt an der Absetzung Honeckers und machte sich zum Teil groteske Illusionen über ein Überleben von SED und DDR-Sozialismus bis nach der Wende. Noch den Parteiausschluß vor dem Umwandlungsparteitag von SED zu PDS erlebte er als demütigende, aber notwendige Katastrophe.

Das Herausragende an Schabowskis Bericht ist, soweit das ein unbefangener Leser aus dem Westen beurteilen kann, seine Aufrichtigkeit, das Staunen über die Verbohrtheit des Systems und seiner Träger, die Realitätsverkennung, den Unrechtscharakter und die lange Fixierung auf einen längst diskreditierten Stalinismus. Es ist der Neubeginn im Denken und Fühlen, der informiert, erhellt, aber auch menschlich anrührt.

Die Ostberliner Freunde, viel tiefer verbittert und desillusioniert vom Personal des Sozialismus, meinten: »Er hat viel zu schnell die neue Masche kapiert, die ankommt; die neue Sprache angenommen, den neuen Denk- und Fühlstil. Besinnung ist in! Ein bißchen Reue, ein bißchen Scham, ein bißchen Umkehr, ein bißchen Bestürzung, ein bißchen Anbiederung!« Mir blieben die »Bißchen« fast im Halse stecken beim Ost-West-Frühstück, und ich dachte an den Peter-Alexander-Kitsch von »Ein bißchen Frieden«. Schabowski wurde mit den Knüppel- und Verhaftungsaktionen im November 1989 anläßlich der Demonstration um den Alexanderplatz in Verbindung gebracht. Meine Freunde waren ebenfalls unter demütigenden Umständen festgenommen und verhört worden. Schabowski hat sich gewehrt, aber die Hinweise auf Tonbandaufnahmen von späten Brandreden verstummten nicht. Ich kann es nicht klären. Von seinen früheren Genossen wird er inzwischen auch als Verräter gehandelt, weil er so viele Interna preisgab und weil sein neuer Denkstil als Abfall und manchen als Anbiederung an die neuen Herren gilt.

Aber ich hatte bei der Lektüre nicht den Eindruck. Ich fand, bis auf Spuren von Larmoyanz, keine unglaubwürdigen Gedankengänge, keine aufgesetzten Gefühle. Soll ich denn keinem glauben dürfen, daß er umdenkt? Müssen Zweifel, Erschütterung, innerer Hader, Desorientierung, Neuorientierung zurückgewiesen werden? Weil sie die Motive des Hasses verringern? Es gibt doch genügend Betonköpfe, die auf ihrem Rechthaben beharren. Die Äußerungen von Erich Honecker sind ein abschreckendes Beispiel. Es gibt Seilschaften, die ihren Vorteil auf der Basis alter Solidaritäten suchen, Überläufer und Wendehälse zuhauf, denen man den raschen Schwenk der Fahne anmerkt.

Schabowski muß sich keine neue politische Existenz erschreiben. Öffentliche Rollen fallen wohl aus. Wie soll denn Umdenken sonst aussehen, wenn alles politisch instrumentalisiert wird, was einer über seine Vergangenheit äußert. Meine Freunde versuchten aus verständlichen Gründen, ihn im Zustand des »Verdachts« festzuhalten, im Lager derer, denen man nicht zu schnell eine Wandlung zutrauen möchte. Sie hatten zuviel Opportunismus erlebt, und gleichzeitig zuviel Starrheit. Aus beiden Richtungen kamen also ihre Zweifel: aus der vertrauten Starrheit vieler Genossen wie aus der allzu schnellen Verflüchtigung der Standpunkte bei vielen anderen.

Schabowski selbst setzt sich auch auseinander mit dem autobiographischen Schnellschuß von Krenz, dem letzten Staatsratsvorsitzenden der alten DDR, »Wenn Mauern fallen«. Und er hatte Krenz noch gewarnt vor seinem Kommentar- und Memoirenvertrag mit der Bild-Zeitung. Aber Krenz ist aus anderem Holz, aus weniger überzeugendem oder eher aus biegsamer Plastik, in DDR-Sprache: Plaste und Elaste. Er hat zu seinem Schaden auf Schabowski, der ein Gefühl für Würde hat, nicht gehört.

Ich habe in meinem Buch »Besuche bei Brüdern und Schwestern« (1992) aufrichtige Biographien verlangt als Hilfe zur Identifizierung bei dem schmerzhaften Prozeß des Bilanzziehens. Außer Albert Speers spät erschienenen Memoiren über seine Geschichte mit Hitler und dem Nationalsozialismus habe ich keine Autobiographie von NS-Größen kennengelernt, die mit Irrtum und Schuld so aufrichtig verfahren wären wie Schabowski. Deshalb öffnet er, dessen Text inzwischen als Taschenbuchausgabe bei Rowohlt vorliegt, einen »öffentlichen therapeutischen Raum«. So habe ich die Möglichkeit genannt, in aller Öffentlichkeit über die Verstrikkungen in den eigenen Biographien zu reden, ohne Angst vor Häme, Verurteilungen, Spott oder kränkendem Unglauben. Demjenigen, der sich wirklich »wenden« will, gehört ein Stück Vertrauensvorschuß. Und der ist bei mir gewachsen, während ich den Text zu Ende las.

Eines meiner ersten Argumente gegenüber den Freunden war spontan entstanden und vermutlich aus meinem Beruf als Psychotherapeut erklärlich: Schabowski redet mit echter Einfühlung über sich als Kind, über die Situation seiner Eltern. Die Freunde versuchten zunächst, auch dies als schnell gelernte Masche zu diagnostizieren. Aber auf diesem Gebiet bin ich hellhörig für falsche Töne. Da steht nichts von den gestanzten Kinderbildchen anderer apologetischer oder parteitreuer Politbiographien, wie sie Monika Maron in »Stille Zeile sechs« schon sarkastisch aufs Korn genommen hat: genormte Klischees fürs parteifromme Schulbuch. Aber auch die neue Weinerlichkeit ist nicht zu vernehmen. Bilder der Bindung an die Großmutter, vom Trennungsschock, als die Eltern ihn in Berlin zu sich nehmen konnten und ihn von einem Tag zum andern holten.

Die Bestürzung über die inneren Versteinerungen nehme ich ihm ab, das Erschrecken über den politischen wie moralischen Wirklichkeitsverlust, und dies nicht zuletzt, weil verschüttete Einfühlung dem Kind gegenüber wieder zum Vorschein kommt. Es klingt, als habe einer wieder Zugang gefunden zum Subjekt und seiner versunkenen Geschichte, die nicht in Planzahlen, Antifaschismus und Treue zur Sowjetunion aufgeht, in kollektivistischem Verzicht auf ein individuelles Schicksal und in Larmoyanz über die verlorene Macht.

Dies führt zum zweiten Grund dafür, daß ich den Lebensbericht für ein authentisches Zeichen von Scham, Erschrecken und geistigem Neubeginn halte: Der gesellschaftlich-therapeutische Raum öffnet sich durch die Figur eines Zeugen. Er wird nicht namentlich benannt. Es ist ein Journalist, der offensichtlich zuhören und fragen kann, der die Rückbesinnung in Gang hält, ermutigt, der sokratische Fähigkeiten zum Weiterfragen hat. Schabowskis Dankbarkeit wird an mehreren Stellen deutlich, auch wenn er sich zur Nüchternheit zwingt, weil er nicht als naiv erscheinen will.

Er hatte nur den Kommandojournalismus kennengelernt und weitergegeben, die ewig frisierte Scheinwirklichkeit, die die Herrschenden schließlich mit der wirklichen Wirklichkeit verwechselt hatten. Um die Wendezeit heißt es: »Presseleute vermitteln mir gelegentlich die Illusion, nicht nur eine abgetakelte Fregatte der Politik zu sein. Auch im Strudel der Wende sind mir Journalisten häufige und wichtige Partner gewesen. Journalisten haben mir geholfen, meine eigene Befindlichkeit deutlicher zu bestimmen, als die Krisenflut, die wir zu bändigen hofften, über uns selbst zusammenschlug. Gespräche, Befragungen oder einfach kollegiales Räsonieren brachten Erkenntnisgewinn. Wunden blieben nicht aus.«

Hier stehen die Journalisten noch im Plural, es geht um die Fülle von Interviews in der Zeit der Wende. Vom narzißtischen Kitzel des Gefragt-Seins bis zur Vertiefung in die eigene Biographie, die Ziele, die Mittel, die Verstrickungen reichen die Themen. Aber es muß einer auch in der Lage sein, sich befragen, herausfordern, zum Denken zwingen zu lassen. Es muß einer den Raum zur Selbstbefragung spüren und wollen, daß er sich ihm öffnet.

Die Parallele zu einer Psychotherapie ist offensichtlich: Es braucht den Leidensdruck und einen Begleiter, um Veränderungen in Gang zu setzen. Aus den vielen Interviewern schälte sich schließlich einer heraus, der der Selbstbefragung eine kontinuierliche Gestalt gab: »Sch. war für mich ein Testfall für Tatsachentreue und Moralität eines westlichen Journalisten. Erst jetzt hatte ich die Möglichkeit und die Unbefangenheit, das im Selbstexperiment herauszufinden. Natürlich ist das Teil seiner Professionalität. Damit zieht er das Objekt seiner Befragung sacht über die Hemmschwelle. Der Täter packt aus. Im Gespräch wirkt Sch. kaum anders als der schlichte neugierige Kumpel von nebenan.«

Ich bin nicht so naiv, dieses Bild für das Durchschnittsbild eines westdeutschen Journalisten zu halten, der sich nach Osten aufgemacht hat, um Kunde zu geben über Gesehenes und Erlebtes. Zu viel Arroganz und Häme sind zurückgeschwappt. Aber ich halte fest: Hier setzt ein Befragter seinem Befrager ein Denkmal, weil der ihm zu einem Neubeginn verholfen hat im politischen Fühlen und Denken. Der strukturierende Zeuge erlaubt das »Selbstexperiment« einer neuen Begegnung mit der eigenen Person, die partiell verloren ging oder ihrer selbst gar nicht mehr ansichtig werden konnte im alltäglichen Druck, in den falsch gewordenen Bühnenbildern und einstudierten Szenen, in der unverständlich gewordenen Loyalität gegenüber den Denkfiguren und Denkverboten der eigenen, in Wandlitz ghettoisierten Gruppe. Insofern könnte Schabowskis Bericht sich auch hilfreich auswirken auf manche Psychotherapie im Osten (wie im Westen, wo es inzwischen um die Eltern und Großeltern der Patienten geht).

Das Umdenken, das nach 1945 so weitreichend und folgenreich ausfiel, braucht einen Boden und braucht Hilfe. Es braucht einen vorwurfsfreien Raum, in dem sich neue Kategorien bilden können. Ich hörte über viele Ecken von Ministerpräsident Stolpe sagen: er sehne sich insgeheim, mit seiner wirklichen Biographie, auch seiner vielleicht notwendigen Schuld, zu Rate zu gehen, auch im stillen Kämmerlein lange und ausführlich darüber zu sprechen. Aber die Instrumentalisierung des politischen Kampfes um seine Verstrickung, der Jagdinstinkt wie die notwendige Verteidigung lassen das gar nicht zu. Er gerät zwangsläufig ins falsche Selbst der Defensive, nimmt Selbstsicherheit und Pose zu Hilfe, verliert vielleicht sogar den Kontakt zu seiner tieferen Person.

Die Vertreibung aus dem Amt scheint bei Schabowski etwas anderes in Bewegung gebracht zu haben: eine Art Beichte, Einkehr und Totalrevision von Denken und Erleben. Um noch einmal zu seiner Wahrnehmung des hilfreichen Zeugen zurückzukehren und zu dem Versuch, nüchtern zu bleiben bei aller dankbaren Verwunderung: »Mit ihm zu arbeiten machte mir Spaß, selbst wenn es – um einen heute gängigen Euphemismus zu verwenden – eine Verwertungspartnerschaft war, bei der ich ausgeweidet wurde. Vielleicht spielte bei mir die sentimentale Erwägung mit, daß man vor vielen Jahren als Journalist im bunten Menschenmilieu so hätte herumstöbern mögen und sollen.

Für heute haben wir beide voneinander genug, vom Verhör, vom gegenseitigen Abtasten, vom Abtauchen in die Vergangenheit.«

So könnte ich an manchen Tagen sprechen, wenn ich die therapeutische Praxis hinter mir zuschließe, und so hätte ich oft als Patient mich äußern können, wenn ich von einem begleiteten Abstieg in unbekannte Zonen meiner Biographie wieder auftauchte. Ich verwechsle Schabowskis Bericht samt seiner Begegnung mit dem Zeugen nicht mit einer Psychotherapie, sehe darin aber etwas Analoges: Raum für einen Neubeginn. Sein Mut flößt mir Respekt ein. Er sei zur Nachahmung empfohlen. Es wäre schön, auch vom Zeugen etwas über diese Begegnung zu hören. Er hat auf jeden Fall einen wichtigen Beitrag geleistet zur deutsch-deutschen Verständigung, ja vielleicht sogar zum Umgang mit totalitärer Geschichte. Schabowski hebt die Fairneß seines Zeugen hervor. »Fairneß muß nicht absterben in diesem Klima. Es war keine Fairneß, die unsere Entartungen verzeiht, sondern die mir half, meine Beweggründe tiefer auszuloten. Ich hatte, wie ich in einem Interview sagte, Beistand in einer Auseinandersetzung mit mir selbst. Das ist der subjektive Gewinn, den ich unter Einheit verbuche.«

Das könnte noch egozentrisch klingen. Aber das Geheimnis radikaler Subjektivität, wenn es gelingt, sie zu dokumentieren, ist ein Gewinn an objektiver Erkenntnis, an Einblick in ein Stück condition humaine. Ich bin nicht sicher, ob es viele *Bürger West* gibt, die hinsichtlich der eigenen historischen Verstrickungen ähnlich gut vorbereitete Bürger der neuen Bundesrepublik Deutschland geworden sind.

Die Begegnung des Zeugen mit dem nach sich selber Suchenden endet wie manche therapeutische Begegnung, unpathetisch, mit dem Gefühl, die Arbeit sei getan: »Sch. mußte zurück nach Hamburg. Bei mir waren es nur die paar hundert Meter Luftlinie vom Palast-Hotel zur neuen Berliner Behausung.«

Wie schwer ein öffentlich eingestandenes Umdenken ist, mag jeder an kleinen Schritten seiner eigenen Biographie ermessen: dem langsamen Herauswachsen aus einer kirchlichen Bindung, einem Verein, dessen Maximen ihn zu befremden beginnen, einer Gruppe, deren finanzielles oder politisches Gebaren ihm fragwürdig wird, einer langjährigen Freundschaft, die zu kompromittieren anfängt. Dabei ist immer vorausgesetzt, daß der Bruch eine innere Veränderung notwendig macht, die mit Scham beginnt, wenn die Bindungen schon viel zu lange aus Egoismus und Verleugnung ihres unerträglich gewordenen Inhalts aufrecht erhalten wurden. Viele Menschen nehmen sich gar nicht ernst genug, um eine Wandlung zu thematisieren. Aber auch das Nicht-Thematisieren kann Teil einer Feigheit sein. Der Opportunismus beruht dann auf der Vertuschung oder Verheimlichung des Wandels in der Hoffnung, die Krise bleibe unbemerkt. Der Mut beruht darauf, die moralische Krise öffentlich zu machen, ohne aufdringlich zu wirken. Mir scheint, dies ist Schabowski gelungen. Und deshalb bin ich in gewissem Sinn stolz, daß er, ohne daß ich ihn kenne, ein Mitbürger geworden ist, den ich achte und bewundere und der es mir erleichtert, »gesamtdeutsch« zu fühlen.

Psychoanalyse West – Psychotherapie Ost

Erfahrungen in gemischten Kollegengruppen

Die folgenden Überlegungen sind das Ergebnis vieler Gespräche mit ostdeutschen Psychotherapeuten, westdeutschen Kollegen, aus Eindrücken auf Kongressen in Ost und West, vor allem aber aus Diskussionen in Gruppen, in denen ost- und westdeutsche Psychotherapeuten eine gemeinsame Standortbestimmung versuchten zum Thema: Wie taucht Politik auf in Psychotherapien? In welcher Weise drängt der seelische Untergrund der Deutschen nach oben, der seit der NS-Zeit, aber vielleicht sogar schon früher, und später in Westdeutschland und in der DDR, getränkt oder gar vergiftet wurde, und wie wird er sichtbar in den Nöten, Symptomen, Erkrankungen, mit denen Menschen in die Psychotherapie kommen?

Vor der Krise der Patienten, so stellte sich heraus, gilt es, sich der Krise der Therapeuten bewußt zu werden. Im Osten ist sie offensichtlich. Sie fragen sich nicht nur, wo ihr Standort, was ihre Funktion war in der repressiven sozialistischen Gesellschaft. Sie fragen sich auch, ob und wie sie den Anforderungen gewachsen sind, gleichzeitig mit Opfern und dekompensierten Tätern oder aus dem Gleichgewicht geratenen Mitläufern oder jener Mischung von Opfern und Tätern in einer Person umzugehen, wie sie sogar die Mehrzahl der Patienten darzustellen scheint. Den westdeutschen Analytikern ist zum Teil noch gar nicht bewußt, wie wenig sie sich in ihrer eigenen Ausbildung dem NS-Untergrund gestellt und wie wenig sie ihn aufgearbeitet haben, und sie sind oft ziemlich blind gegenüber den Zeichen, mit denen sich der NS-Untergrund in den Therapien meldet. Im Osten führte der staatlich verordnete und staatstragende Antifaschismus dazu, daß gar nur in einer bestimmten Richtung geforscht werden durfte. Dort überlagern sich bis zur Unkenntlichkeit die Schichten von NS-Zeit, sowjetischer und SED-Repression. Für den Westen gilt, nur stichwortartig, Wirtschaftswunder, Konsumorientierung, touristische Welteroberung und die für viele Familien oft über lange Jahre dominierende Zentrierung aufs »Eigenheim«.

Auf beiden Seiten haben sich unbewältigte Vergangenheiten bis in die Strukturen der therapeutischen Institutionen und Ausbildungskanons hineingefressen. Idealisierungen, Spaltungen und Entwertung bestimmen noch immer das Bild. In tausendstündigen Psychoanalysen wird das individuelle Unbewußte bis in die feinsten Verästelungen aufgedeckt, ohne daß die historischen Verstrickungen auch nur berührt werden müßten.

Die Gedanken in diesem Text sind nicht systematisiert. Ich folge einzelnen Themen, wie sie in den Gesprächen auftauchten, und mische Berichte, Kommentare und Anregungen für den Umgang mit dem umfangreichen Thema der Nachwirkungen totalitärer Vergangenheit. Die Krise der ostdeutschen Therapeuten mag zeigen, durch welche Krisen wir westdeutschen Analytiker gar nicht erst gegangen sind: In der bundesdeutschen Psychoanalyse, wie in Politik und Gesellschaft, herrschten Wiederaufbau, Schweigen und institutionelle Neuetablierung vor, später die Kämpfe um kassenrechtliche Anerkennung und bei den Freudianern um die Wiedererlangung der internationalen »Honorigkeit«. Die Fetischisierung der »Standards« führt bis heute dazu, daß es eine politische Solidarität mit den Ostkollegen kaum gibt, sondern eher eine Haltung der überlegenen »Entwicklungshilfe«.

Man könnte von einer Wiederaufbau-Psychoanalyse sprechen, von einer Psychoanalyse der Adenauerzeit, von sozialliberalen Tendenzen, von der Amerikahörigkeit, auf die Horst Eberhard Richter immer wieder hingewiesen hat. An einzelnen Instituten gab es Versuche einer Aufarbeitung der Vergangenheit, die aber oft wieder im Sande verlaufen sind. Die Rivalität der verschiedenen Schulen mit den beschuldigenden Zuschreibungen hat die Aufrichtigkeit nicht gefördert, sondern behindert. Die Imagepflege schien wichtiger als der Blick auf die wirkliche Geschichte. Die späte publizistische Verfolgung einzelner verstrickter Personen aus der Zeit des Göring-Institutes ersetzte den Blick auf das große Schweigen vor den normalen massenhaften Verstrickungen der Lehrer wie der Schüler und ihrer Familien.

Affektive Probleme, vor denen sich ostdeutsche Therapeuten sehen

Im Schutze kleiner Gruppen konnten ostdeutsche Kollegen mit erstaunlicher Offenheit über ihre gefühlshaften Reaktionen auf unterschiedliche Patienten sprechen. Ich beginne mit Reaktionen von Therapeuten, die im SED-Staat eher auf der Seite der Verfolgten standen. Es gibt da Äußerungen freimütiger Art, die die Notwendigkeit aufzeigen, je nach der eigenen seelischen Kapazität und dem Grad der eigenen Aufarbeitung des Leidens, Patienten von vornherein auszuwählen, zurückzuweisen, an andere Kollegen zu überweisen: »Wenn zu mir arbeitslos gewordene Offiziere der Volksarmee kommen – sie mögen leiden, an was sie wollen – dann erstarre ich. Und wenn sie dann noch jammern über ihr Los, dann ist es ganz aus!« Oder: »Wenn auf einmal Stasi-Ehepaare oder Paare, bei denen ein Patient Mitarbeiter des Ministeriums für Staatssicherheit war, über ihre bedrohte Beziehung sprechen, dann spüre ich nur Schadenfreude. Ich kann nicht so tun, als könnte ich mich mit ihren Nöten identifizieren.« Im ersten Moment möchte man als westdeutscher Therapeut, der sich dem Gedanken an Aufarbeitung, Besinnung, Leidensdruck, Neubeginn verpflichtet fühlt, erschrecken. Aber die Offenheit der affektiven Reaktion ist sympathisch: Sie ist die *gegenwärtige seelische Wirklichkeit* bei einer Reihe von Therapeuten, die nicht versuchen, ihr Berufsideal mit überzogenen Forderungen zu strapazieren. Die Offenheit hilft vor allem, Haltungen zu vermeiden, wie sie in der Mitscherlichschen »Unfähigkeit zu trauern« zu finden sind: Schein-Einfühlung mit dem Therapieziel der Erzeugung von Scham, Reue und Trauer und die Verwendung der Patienten zur »negativen Diagnostik« der Deutschen als mit unverbesserlichem Volkscharakter geschlagen.

Andere Therapeuten klagten mehr über die Unmöglichkeit von Psychotherapie mit Patienten, die beruflich und sozial ums Überleben kämpfen. Mit ambivalenter Haltung wird berichtet, daß es sich eher um Sozialarbeit, Ermutigung, Trost und Aushalten von Klage und Anklage gehe. Dabei erweist es sich als besonders irritierend, wie viele Patienten aus früheren Partei- und Staatsstellungen, auch bei ausreichender Bildung, ihre Klagen vorwiegend gegen Helmut Kohl und die westdeutschen Kolonisatoren und Abwickler richten. Die Kindheit als primärer Ort der Fundierung seelischer Störungen, die die Therapeuten »im Hinterkopf« haben, die Schulzeit, die Geschichte der Anpassung in FDJ und Partei oder Staatsämtern sind kaum ansprechbar; die beschuldigenden Affekte sind weitgehend an die Gegenwart gebunden. Es gibt Proteste, Abbrüche, Befremden, Wutausbrüche und das Gefühl, nicht verstanden, ja »verarscht« zu werden vom Therapeuten, wenn er mit der Suche nach biographischen Grundlinien beginnen will. Das Subjekt des Patienten scheint vollkommen aufgesogen und ausgefüllt von erdrückender und als verfolgerisch und ungerecht wahrgenommener Gegenwart.

Das lebendige, beschädigte, verbogene Selbst ist kein Thema. Es fehlen ganze Dimensionen der Selbstbegegnung. Der partiellen westlichen Ausblendung von Politik und Geschichte entspricht hier die *Ausblendung von persönlicher Identität*. Diese war eingeübt durch die Überbetonung des Kollektivs, aber sie dient jetzt auch zur Abwehr von »Betroffenheit«, Schuld, Ratlosigkeit, dem schmerzhaften Orientierungsverlust und der Hilflosigkeit der eigenen Lebensgeschichte gegenüber.

Kollegen aus psychiatrischen Kliniken berichten, daß sie frühestens gegen Ende einer mehrwöchigen oder mehrmonatigen stationären Zeit beginnen könnten, Leitlinien der Lebensgeschichte unter Einbeziehung der Elternfiguren zu thematisieren. Dabei wird die konfuse und wechselhafte, zwischen Kumpanei und Mißtrauen pendelnde Übertragungslage hervorgehoben. »Ich habe oft keine Ahnung, als wen der Patient mich sieht. Und wenn ich nachfrage, spüre ich, wie er ausweicht vor dem Thema. Zu tief sitzt die Angst vor einer verbindlichen affektiven Beziehung und vor einer Auseinandersetzung im ›persönlichen Raum‹.«

Viele Therapeuten in den stationären Einrichtungen, aber auch bei den Beratungsstellen sind jung, oft zwanzig und mehr Jahre jünger als ihre aus angesehenen Berufsrollen im Apparat herausgefallenen Patienten. Das schafft auf beiden Seiten Unsicherheit, Fremdheit, beim Therapeuten mangelndes therapeutisches und lebensgeschichtliches Kompetenzgefühl, beim Patienten Achselzucken, Gefühle von Demütigung, Entwertung, Mißtrauen, aber gelegentlich auch unerwartetes Vertrauen, wenn nämlich dem Patienten klar wird, daß der Therapeut nicht tief verstrickt sein kann; wenn ihm Unvoreingenommenheit angetragen wird, eine Haltung ohne Haß und Rachegedanken oder ohne eigenen Rechtfertigungszwang, Mitschuld und Mitscham. Dann auch wieder Neid auf eine als sicher angenommene Stelle, auf die Position des seelischen Konkursverwalters, wer weiß, in wessen Diensten!

Es gibt aber viele Kollegen, die es als spannende Herausforderung erleben, gleichzeitig Täter und Opfer wie Mischtypen zu behandeln. Sie fühlen sich nur am Abend »hin- und hergeschleudert« durch die widersprüchlichsten Identifikationen und Abwehrbewegungen, sie schwimmen in einer Übertragungskonfusion, die nicht leicht zu klären ist. Wie es scheint, sind hierbei Therapeuten aus früheren (weitgehend) »staatsfreien« Stellen noch am besten dran (kirchlich bestimmte Stellen, Universitätsinstitute mit angesehenen und halbwegs liberalen Chefs, z. B. alte Ordinarien mit Vorkriegsausbildung). Zu ihnen kamen auch schon vor der Wende staats- oder parteitragende Funktionäre in Not, viel häufiger aber deren Frauen, wenn sie nicht, angesichts ihres Ranges, ohnehin in Regierungskrankenhäuser gingen.

So habe ich Therapeuten kennengelernt, zu deren Ideal es durchaus gehört, bei aller politischen Mißbilligung einen therapeutischen Raum anzubieten, der eine neue Selbstbegegnung zuläßt.

Diese politische Bandbreite der therapeutischen Klientel stellt eine ganz besondere, auch faszinierende Herausforderung dar, und manchen Therapeuten ist zu Recht der Stolz anzumerken, mit dem sie ihren eigenen Innenraum ausweiten und eine neue politische Identität, wenn auch im stillen Kämmerlein, erwerben. Gedruckte Fallgeschichten gibt es noch kaum, die Verschwiegenheit und die Vorsicht sind noch selbstverständliche Voraussetzung für eine generelle Vertrauensbildung. Man versteht es, obwohl man sich aus Gründen der »Aufklärung« im besten Sinne Fallgeschichten wünscht, nicht nur wegen der biographischen Linien und eines auch tiefenpsychologischen Verstehens von Verstrickung, sondern auch, um die technisch-therapeutische Diskussion voranzutreiben. Die Therapeuten arbeiten im stillen wie an einem Puzzle, aus dem sich ein Überblick über die Bandbreite politisch getränkter Pathologien ergibt.

Therapeutisch-technische Überlegungen von mir

Viele Therapeuten drüben arbeiten mit einer hohen, oft idealisierenden Einschätzung der psychoanalytischen Haltung, selbst wenn sie kaum Selbsterfahrung darin haben. Es gibt allerdings viele, die in den Westen fahren, um sich – oft nach langem Zögern – auf eine westdeutsche oder Westberliner Couch zu legen. Über die Ängste, Erlebnisse, Mißverständnisse, Fremdheiten, Idealisierungen und Enttäuschungen ließen sich eigene Forschungen anstellen. Auf jeden Fall wird eine enorme behandlungstechnische Unsicherheit spürbar, wenn es sich nicht um erfahrene Kollegen handelt, die sich im Lauf von Jahrzehnten eine beachtliche eklektische Sicherheit im Umgang mit einem breiten Patientenspektrum angeeignet haben. Jedes wertende Urteil stößt auf eine hohe Verletzbarkeit. Es wäre auch absurd, auf einem therapeutischen Sektor, der uns Westdeutschen so fremd ist, urteilend zu sprechen. Das schließt nicht aus, daß Supervision als gemeinsamer Such- und Lernprozeß eine fruchtbare Wirkung hat. Es sind längst durch abschätzige Beurteilungen enorme Verletzungen eingetreten, so daß im Augenblick bei vielen ein starker emotionaler Rückzug von Wessi-Therapeuten zu beobachten ist. Es kommt hinzu, daß auf westlichen Couchs und Ausbildungsplätzen eine Reihe von linientreuen Kollegen oder gar früheren Spitzeln gelandet ist, von denen einige wiederum auf Kredit schnell die Ledergarnitur für eine Privatpraxis im Mimikry-Stil erworben haben. Wenn früher bespitzelte Kollegen die westlichen Ausbildungsinstitute auf die Situation aufmerksam machen, geraten sie schnell in die Rolle von empört als Verfolger beschuldigten Racheaposteln, und die früher Verstrickten finden sich mit erheblichem Larmoyanzpotential in der Rolle von Opfern wieder.

Allein mit den Instrumenten von Übertragung und Widerstand ist derzeit nicht viel auszurichten. Die Übertragungsformen sind diffus und wechselnd, die Therapeuten oft nicht geschult im freien Umgang mit der Gegenübertragung. Das ist nicht wertend gemeint: Es gab einfach nicht viele länger dauernde Einzelbehandlungen, in denen man es unter Supervision hätte lernen können. Die durchschnittliche Behandlungsdauer lag zwischen 15 und 20 Stunden. Dafür gibt es aber hohe Spezialerfahrungen in »politischer Gegenübertragung«, d. h. eine Schulung in der Wahrnehmung untergründiger politischer Spannungen, aber auch der feinen Reaktionen auf den politischen oder ideologischen Standort des Patienten, ein Potential, das von westlicher Seite wenig gewürdigt wird, das aber in den kommenden Jahren in Überlegungen über die Technik neuer Behandlungsformen einfließen muß. Das teilweise hohe analytische, quasi aufgepfropfte Ideal (schon aufgrund der weitgehenden Monopolisierung der Kassenzugänge im Westen) verhindert häufig, daß mit den Methoden des Psychodramas oder der Gestalttherapie, in Verbindung mit analytischen »Leitlinien«, frei experimentiert wird. Nach meiner Erfahrung sind aber die »dramatisierenden«, also »inszenierenden« Therapieformen besser geeignet, in der unklaren Konfliktlage wie bei der fast generalisierten Abwehr von Übertragung eine Orientierung und ein Durcharbeiten zu erreichen.

Dafür ein konstruiertes Fallbeispiel mit einem Begriff von mir, den ich dem »telescoping« etwa bei Heinz Kohut oder J. Kestemberg analog gebildet habe: Die Autoren verstehen darunter ein Zusammenschieben der Zeitachse, so daß Erlebnisse wie übereinandergelegte Bilder und Erinnerungsfetzen erkennbar werden, ohne daß zunächst eine klare Zeitlinie zu erkennen wäre.

Die Konfliktverdichtungen können dann einander stellvertretend darstellen, sie können authentisch erlebt werden, aber auch als »Deckerinnerungen« voreinander treten, das gleiche symbolisieren, aber auch ein Verwirrspiel mit dem Patienten treiben, der keine wirkliche zeitliche Kontinuität mehr erlebt. Also spreche ich von einem *telescoping der Affekte* im Rollenspiel, ein Konzept, das hilfreich sein kann bei der vertikalen Durchwanderung der Affektschichten. Es hat, in Verbindung mit der direkten Konfrontation der negativen Affekte mit den im Bewußtsein an der Oberfläche liegenden Haßobjekten, den Vorteil, daß die Affekte in ihrem »Rohzustand« zum Vorschein kommen können; gleichzeitig kann ein Heraustreten des Patienten aus dem Zustand des Klagens und der Larmoyanz erfolgen, der für den Therapeuten oft belastend ist. Außerdem ist es leichter, mit klaren Affekten umzugehen, auch wenn sie sich gegen Personen richten, die dem Therapeuten selbst nicht als die »primären« (im lebensgeschichtlichen Sinne) Objekte erscheinen. Er ist Regisseur einer Szene, die ihm mehr Freiheit der Selbstwahrnehmung läßt, als wenn sich die unklaren Übertragungen auf ihn richten würden. Es kann erleichternd sein, mit der »bestgehaßten« Person oder Gruppe zu beginnen; in anderen Fällen mag es sinnvoll sein, mit geringerem Affektbetrag sozusagen bei »Nebenfeinden« zu beginnen.

Also, unser Patient, ein früherer höherer Parteifunktionär aus einer Bezirksleitung, läßt erkennen, daß er Helmut Kohl für den Zerstörer der DDR wie ihrer Wirtschaft hält, einen Mann der falschen Versprechungen und der zynischen Abwicklung und Industrievernichtung. Er ist mit Depressionen, Schlafstörungen, Suizidgedanken, aber auch Jähzornsdurchbrüchen und Alkoholproblemen auf die psychotherapeutische Station einer Nervenklinik eingeliefert worden. Er kann einen Teil seines Hasses auf Helmut

Kohl bündeln und greift ihn mit scharfen Worten an, dabei aber immer wieder unsicher, ob er das »darf«. Der Therapeut muß hier Zeuge und Ermutiger sein, weil er ahnt, Kohl (oder die Treuhand) ist der »Feind im Vordergrund«. Dabei wäre es ungerecht und verletzend, Kohl nur als Übertragungsfigur zu sehen. Für sehr viele Menschen in den neuen Bundesländern verbinden sich mit seinem Namen ökonomische und soziale Einbrüche. Der Therapeut muß fähig sein, die Deutung der Wut in der Schwebe zu halten. Aber er darf sich und kann sich einfühlen, weil er spürt, wieviel Verletzung (aus vielen Quellen) in diesen Haß eingegangen sind. Er darf wissen, daß an andere Affekte schwer heranzukommen ist, wenn diese Vordergrundsaffekte, die aus der Sicht von früheren Parteifunktionären auch ihre realistische Seite haben, nicht anerkannt, ausgedrückt und validiert sind.

In einer ruhigeren Phase könnte gefragt werden: »Haben Sie ähnliche Gefühle schon einmal erlebt?« Es ist denkbar, daß Szenen auftauchen, wo sich der Patient auf einer Wirtschaftskonferenz im Westen von einem westlichen Manager gedemütigt gefühlt hat, der über die Gängelung der Wirtschaft und die Produktivität oder den technischen Standard höhnte. Der Therapeut wird ihm helfen, auch diesen Affekt ausreichend zu zeigen. Schon von diesem Ausgangspunkt an ist es wahrscheinlich, daß auf der Schiene der erlebten Affekte der Demütigung eine innerparteiliche Szene hochkommt: eine Zurückstufung, ein Krötenschlucken, eine Verdächtigung, eine öffentliche Demütigung. Das ist ein krisenhafter Moment, weil sich der Haß vom politischen Außenfeind zu einem innerparteilichen oder innerstaatlichen Feind wendet. Der Therapeut mag bekunden, daß er verstehen kann, wie sehr die Begegnung mit den westlichen Machthabern an alte Wunden rührt. Inzwischen haben Verständigungen darüber stattgefunden, »wo« der Therapeut politisch steht. Dies ist ein wichtiger Punkt der Orientierung, dem ich einen eigenen Abschnitt widme. Der Patient beginnt aber zu verstehen, daß der Therapeut ihn durch eine *Affektlandschaft* begleitet und nicht durch eine *affektverzerrte politische Realität*. Das vertieft das Arbeitsbündnis. All dies ist, wie der fachkundige Leser merken wird, stark vereinfacht.

Der nächste Affektgegner mag ein Lehrer oder ein Jugendfunktionär sein, vielleicht Honecker oder ein hoher Funktionär, der die Hoffnungen auf Gorbatschow zunichte machte. Man kann annehmen, daß zwischendurch viele andere Erinnerungen hochge kommen sind, auch weichere Gefühle, Enttäuschungen, vielleicht ein erstes persönliches Versagensgefühl, menschliche Enttäuschungen. Flexibilität ist wichtig. Vielleicht läßt sich inzwischen sogar mit Übertragungsfragmenten arbeiten: Der Therapeut erinnert den Patienten inzwischen an einen der wenigen Freunde, die aus der Schulzeit erhalten geblieben sind, mit denen man über Lehrer lästern konnte. Ein Entfremdungs-Einbruch steht bevor, wenn der Vertrauensbruch des Freundes in die Übertragung kommt. Der Therapeut bittet den Patienten, den Freund auf den leeren Stuhl zu setzen. Hier taucht vielleicht Trauer auf, Tränen, Entscheidungen der inneren Verhärtung, weil »in der Politik« Solidarität ja doch nichts zählt, trotz aller Propaganda. Irgendwann stellt sich eine Frage nach der Familiengeschichte, nach den Eltern, nach verlorenen Idealen wie von selbst ein. Die Entdeckung der Biographie kann sich auch an den Personen der Eltern vollziehen; Einfühlung wird oft an anderen Menschen wiederbelebt. Den eigenen Kindern wurde oft mehr Subjektivität zugestanden als der eigenen Person. Schließlich landet man bei einer Szene aus dem Schulhort oder bei den Jungen Pionieren, und dann kommen vielleicht sogar Erinnerungen an die frühmorgendliche Hetze mit der Mutter zur Krippe und an die endlosen Streitereien mit dem Vater über das Geld.

Ich breche diesen Idealverlauf hier ab, weil ich nur den Begriff des Affekt-Telescoping mit den psychohygienischen Vorteilen für Patient wie Therapeut verdeutlichen wollte, und die Technik des Rollenspiels, die die Arbeit mit Übertragungsfragmenten nicht ausschließt, ja vielleicht als Vorbereitung dient für einen mehr analytischen Prozeß. Ich habe diesen Abschnitt sehr didaktisch formuliert, weil ich glaube, daß manches sich analog auch auf westliche Verhältnisse übertragen läßt, vor allem bei intergenerativen Verstrickungen über einen längeren historischen Zeitraum.

Das Problem der Jugendlichkeit vieler Therapeuten in der Arbeit mit älteren Patienten

Voraussichtlich wird das Durchschnittsalter der Patienten im Osten noch für eine Reihe von Jahren höher sein als bei uns im Westen. Die Altersgrenzen bei uns sind zwar flexibler geworden, während es noch nicht lange her ist, daß man über Vierzigjährige nicht mehr gerne in Therapie oder Analyse nahm: Verdacht auf mangelnde Flexibilität. Seit ich selbst auch mit Menschen von 60 Jahren und darüber arbeite und über die Entwicklungen staune, nehme ich an, daß auch im Westen diese Probleme der Altersdifferenz von Therapeut und Patient verstärkt auftauchen werden. Deshalb gelten die Beobachtungen und Gedanken, die im Gespräch mit Osttherapeuten entstanden, auch für uns im Westen. Dies um so mehr, als anzunehmen ist, daß mit wachsender Information über den NS-Familienuntergrund auch vermehrt Patienten von 50 und mehr Jahren noch in Therapie und Analyse kommen, die endlich eine Erklärung für viele diffuse Beschwerdezustände erhalten und damit eine gewisse Hoffnung, daß mehr Therapeuten sich auf diese bisher verdeckten Störungen und ihre Ursachen einlassen. Ich verstehe diesen Text auch als einen Appell an westdeutsche Therapeuten, viel gezielter ihre Aufmerksamkeit auf diesen Untergrund zu lenken und Fragen zu stellen. Die passive Neutralität wird inzwischen auch bei der Behandlung von Adoleszenten zunehmend aufgegeben. Eine Reihe von Kollegen berichtet, daß sie auch bei erwachsenen neurotischen oder Borderline-Patienten zunehmend aktiv nach Erlebnissen und Konflikten in der Pubertät fragen, weil sie sonst, ohne Nachfrage und Ermutigung, nur sehr zögerlich angesprochen werden und in die Übertragung kommen. Offensichtlich verhindert die hochgradige Verletzbarkeit des jungen Menschen in der Pubertät, die doch schon nahe an bewußter Erwachsenheit liegt, solche Verletzungen »freiwillig« wieder in die Beziehung einzubringen. Die Unterscheidung zwischen Übertragung und Realität ist schwieriger.

Zurück zu den jungen Therapeuten und ihren zwanzig Jahre älteren, »politischen« Patienten. Ich plädiere für einige bedeutsame Veränderungen im Setting: Der jüngere Therapeut muß gar nicht so tun, als sei er kompetent, was Geschichte, politische Strömungen, Kurswechsel, moralische Konflikte angeht. Im Gegenteil, er darf die Schwierigkeiten des Alters- und Erfahrungsunterschiedes ansprechen, die Nachteile und Vorteile thematisieren. Er darf vor allem – und dies wird Teil der Therapie – »sich erzählen lassen«. Er bringt dem Älteren die Neugier des Jüngeren entgegen, validiert die Bereitschaft des Älteren, ihn zu informieren. Das Setting enthält eine veränderte Rollenverteilung, weil es nur funktioniert, wenn die beiden gemeinsam am Setting arbeiten. Die Illusion, Fachmann und »unwissender« Patient säßen sich gegenüber, muß fallengelassen werden. Die Kompetenz des Therapeuten wird noch wichtig genug, aber sie ist begrenzt. Sie ist weniger von Gefälle getragen, vielmehr: das umgekehrte Gefälle von Lebenszeit, Lebenserfahrung, aber auch größerer politischer und menschlicher Prüfung, Täuschung, Schuld wird benutzt. Es kommt zu einem Kooperationsverhältnis, in dem der Jüngere die Verantwortung dafür behält, wieviel er sich erzählen läßt, ohne doch starr steuern zu wollen. Er nutzt aber auch hier die Kompetenz des Älteren, indem er ihn fragt: »Was halten Sie aus dieser Zeit, die ich nicht selbst bewußt erlebt habe, für wichtig?« Oder: »Was haben Sie Ihren Kindern darüber erzählt?« Oder: »Was hätten Sie gerne erzählt, wenn Sie gedurft hätten?«, womit das Thema der Geheimhaltung, ja vielleicht der Geheimniskrämerei, aber damit auch der menschlichen Isolierung angesprochen ist, in der so viele leben mußten. Der junge Therapeut oder die junge Therapeutin dürfen sich der Tatsache ruhig bewußt sein, daß sie zwangsläufig Teile einer Elternübertragung durchleben. Ja, diese kann sie sogar tragen bei ihrer Neugier, ihrer Einfühlung. Sie haben die Chance, fragend etwas nachzuholen: das Schweigen der Eltern in der eigenen Lebensgeschichte zu durchbrechen.

Ihre therapeutische Rolle wird sich erst allmählich herauskristallisieren. Sie wird in gewissem Umfang von beiden bestimmt. Natürlich ist es wünschenswert, daß die jungen Therapeuten Begleitung durch einen Supervisor (Lehrer) oder Intervisor, also einen befreundeten Kollegen in ähnlicher Situation haben. Der Patient wird durch das Nachfragen, Sich-Erzählen-Lassen durch den Therapeuten eine neue menschliche Erfahrung machen: die Beachtung von erlebter Geschichte in der Brechung seiner, des Patienten Persönlichkeit. Insofern handelt es sich, wie natürlich in den meisten Psychotherapien, um eine gemeinsame Entdeckung des Subjekts des Patienten, aber die Umstände sind doch verändert. Was von aufgeschlossenen Therapeuten immer wieder betont wird: daß auch der Therapeut sich verändert oder verändert wird, findet hier in einem stärkeren Maße statt. Er darf sich prägen lassen von den Begegnungen, ist lernender Zeuge, darf sich innerlich prüfen, wie er in analogen Situationen gehandelt oder gefühlt hätte, und er mag dies sogar mit dem Patienten »besprechen«: »Was wäre passiert, wenn ich, so wie ich mich kenne, anders reagiert hätte als Sie?« Dann lotet der Patient auch seine ungelebten Alternativen aus, freilich oft sich rechtfertigend, mauernd, behauptend, es habe keine Alternativen gegeben. Der jüngere Therapeut ist in stärkerem Maße Forscher, Lernender. Auch hier gilt, daß die Konstellation jüngerer Therapeut und älterer Patient, der mit seinem Leben in dem Jüngeren unbekannte Zeiträume zurückreicht, für den Westen Bedeutung hat, auch wenn sie im Osten zur Zeit sich akuter zeigt. Sie wird im Westen sogar zunehmend wichtig werden, wenn die heute 50jährigen und älteren Patienten über ihre NS- und Kriegskindheit zu sprechen beginnen.

Der ältere Patient darf ruhig Zugang zu dem Gefühl haben, daß er dem Jüngeren die Welt erklärt, jedenfalls den Ausschnitt, den er durchlebt hat. In der Regel hat er ohnehin mit Scham, Rechtfertigungsbedürfnissen, Unsicherheit, Gefühlen des Scheiterns zu kämpfen, und so mag wenigstens die Rolle des Informierenden ihm einen partiellen Vorteil für den Wiederaufbau seines Selbstwertgefühls bringen. Oder um es ein wenig philosophischer zu sagen: Er spürt, daß er für den »Juniorpartner« wichtig ist, er ist an dessen Konstituierung als hilfreiches Subjekt beteiligt. Und beim Jüngeren scheue ich mich nicht, angesichts der Selbstoffenbarung eines erheblich Älteren das Wort vom andächtigen Zuhören zu gebrauchen, selbst wenn es eine Andacht mit gelegentlichem Schrecken, Befremden, Widerwillen, Wut oder auch Haßgefühlen ist. Das lernende Interesse des Jüngeren mildert auch den Neid des Älteren auf ein weniger vergebliches, nicht einer Idee oder einem Regime geopfertes Leben. Es erleichtert in der Therapie den Weg vom überwältigenden Ertrinken in der Zeitgeschichte hin zur Lebensgeschichte in der historischen Zeit.

Fragen der Orientierung
von Therapeut und Patient übereinander

Ausgehend vom Ideal der analytischen Neutralität und der Unerkennbarkeit der realen Person des Therapeuten kommen viele Fragen auf, z. B. wie mit den unterschiedlichen politischen Standpunkten umzugehen sei. Das Pendel der Erfahrungen schwankt zwischen zwei Extremen: Manche Patienten gehen ohnehin voller Mißtrauen für längere Zeit davon aus, der Therapeut werde sie verurteilen oder geringschätzen, sie hätten kaum eine Chance, sich ihm so verständlich zu machen, daß Anteilnahme und Einfühlung zustande kommen. Hier verkleinert eine Orientierung über den politischen Standort des Therapeuten, seine Erfahrungen und seine Haltung die Kluft, die der schuld- oder schambehaftete Patient, aber auch der, der ohne Schuldgefühl Verfolgung im weitesten Sinne phantasiert oder erwartet, zwischen sich und dem Therapeuten sieht. Analytische Neutralität in Therapien mit politischem Hintergrund kann den Anteil der verfolgerischen Ideen und Stimmungen erhöhen und eine Tendenz zur Vernebelung verstärken. Also: Orientierung über den Standort des Therapeuten, natürlich dosiert und überlegt, führt zu einer vorsichtigen Verringerung übermäßiger Distanz.

Im umgekehrten Fall, der bei gutgehenden Therapien häufiger genannt wurde, entsteht das Problem symbiotischer Nähe: der Patient möchte, um seiner Sicherheit und Geborgenheit willen, den Therapeuten ihm so ähnlich wie möglich oder gar ihm gleichend erleben. Das mildert seine Angst vor Fremdheit, Verurteilung, Individuation. Hier hat die vorsichtige Orientierung über den politischen und lebensgeschichtlichen Erfahrungshintergrund des Therapeuten die gegenteilige Wirkung. Sie vermittelt dem Patienten, wenn auch gegen sein anfängliches Widerstreben, das Gefühl: Man kann zusammen überleben, auch wenn man nicht im gleichen Lager lebt oder zur gleichen Nischengruppe oder Seilschaft gehört. Der Patient erlebt den Therapeuten als jemanden, der sagt: »Ich kann anders oder ganz anders sein als Sie, und Sie doch verstehen, tolerieren, nach Ihnen suchen.«

Im Grunde ließe sich sagen: Hier mischen sich Therapie und Erziehung zu Toleranz, Pluralismus, Demokratie und Menschenwürde. Das Paradox ist aber, daß der Therapeut gar kein »überlegener« Lehrer sein muß. Denn er selbst lernt in diesem Prozeß auch erst Toleranz und Einfühlung in bisher schwer Einfühlbares, wenn er politisch an einem anderen Ort steht. Oder er selbst lernt die inneren Prozesse kennen, die sich aus der allmählichen Distanzierung von einer Ideologie ergeben, der er nahegestanden haben mag. Eine Reihe von Leitern von Kliniken und therapeutischen Einrichtungen wäre gar nicht in ihre Stellen gelangt, wenn sie nicht ein gewisses Maß von Konformität, ideologischen Aktivismus oder Parteizugehörigkeit mitgebracht hätten. Dies war auch nach 1945 in vielen Therapien der Fall, auch wenn die Freudianer sich lange Zeit und bis heute nur in einer Identität der Verfolgten gefielen und sich einfach, in Identifikation mit den emigrierten Kollegen, immer auf der richtigen Seite fühlen konnten. Den

Opportunismus, der sie dabei trug, haben sie in der Regel gar nicht bemerkt. Man könnte es die Konstruktion eines die Unschuld und die Opferrolle wahrenden Familienromans nennen. In krassen Fällen geht dies bis zu einer falschen oder Leih-Identität. Ähnliche Prozesse der Umidentifikation werden jetzt auch in den neuen Bundesländern gehäuft vorkommen.

Die fehlende Neugier zwischen Ost und West, das Ende des Exotismus und die Abwehr von Ansprüchen

Es kam nach der Wende vor, daß Westtherapeuten, wie ich auch, zur Besichtigung der freigelassenen Exoten in die Noch-DDR oder die neuen Bundesländer fuhren. Es war ihnen selbstverständlich, daß die Ostkollegen über ihre Erfahrungen in der Diktatur berichteten und sich selbst politisch »thematisierten«. Als es an die Umkehr der Besichtigung und der Thematisierung ging, fielen die ins Auge gefaßten Veranstaltungen aus. Inzwischen wird darum gerangelt, wer zu welchen Bedingungen welche Anerkennungsscheine bekommt. Die Ostdeutschen verrennen sich allerdings manchmal in ein Anspruchsdenken, was im Westen wieder zu Verhärtungen führt: Es ist einfach irreal, daß drüben Therapeuten rasch zu »Analytikern« ernannt werden, womöglich noch mit sofortiger Ausbildungskompetenz, ohne vertiefte analytische Selbsterfahrung und Erfahrung mit längerfristigen Einzeltherapien. Da sind inzwischen auf beiden Seiten Prestigepfosten eingeschlagen, und es hat ein enttäuschter Rückzug voneinander stattgefunden. Hilfreich wäre nur Kooperation, gemeinsames Voneinander-Lernen, um die Fronten wieder aufzuweichen. Die Ostdeutschen sollten nicht einfach Dinge geschenkt erhalten wollen, die sie sich nicht »erworben« haben, aber sie sollten auch nicht das geringschätzen, was sie selber können. Das analytische Gold, das ihnen aus dem Westen so entgegenglänzt, ist in bezug auf ihre therapeutischen Nöte oft genug Katzengold und wird methodisch den Anforderungen der Versorgung und Aufarbeitung nicht ausreichend gerecht. Und die westlichen Lehranalytiker sollten verstehen, wie demütigend es sein kann zu hören: Kommt erst einmal für ein paar Jahre herüber zu uns auf unsere Couchs, dann können wir überlegen, ob wir euch anerkennen! Zwischen den Verbänden stehen nicht die gemeinsamen Fragen der therapeutischen Bewährung in politisch schwieriger Zeit, sondern Fragen des Ranges, der Etikette, der diplomatischen Feinheiten und der Status- und Rechtsprobleme.

Die aktuelle Geschichte bedrängt die Ost-Kollegen so sehr, daß sie oft mit Verwunderung, ja auch Neid, auf die gelassene Distanz der Westler zu politischen Fragen reagieren. Sie hören zwar, daß sich einige gegen Umweltverschmutzung, gegen Atomwaffen und Rassismus engagiert haben, aber es sind Themen weit weg von ihrer beruflichen Praxis. Eine Solidarität gegenüber der Geschichte finden sie nicht. Auch Ost-Kollegen, die als einzelne in den Westen fuhren und freimütig berichteten, sprechen von ihrem Gefühl der Leere, ja des Katzenjammers, wenn der Reiz des Exotischen vorüber war. Sie fühlten sich »abgeschöpft«, aber die Selbstthematisierung wurde fast nie wechselseitig. Vielleicht sind sie auch noch nicht in der Lage, mit Nachdruck politische Fragen zu stellen. Aber der Widerstand der Westtherapeuten gegen eine wirkliche Selbstthematisierung vor den »Zeugen« aus dem Osten ist gewaltig. Sie hätten vielleicht auch Mühe, ihre tausend Stunden Lehranalyse, ihr Kassenmonopol, ihre methodische Einseitigkeit und Uniformiertheit zu diskutieren, ebenso ihre Unkundigkeit in Sachen des politischen Untergrundes in der westdeutschen Gesellschaft. Es gibt keine Selbstthematisierung »im Blick des anderen«. Der andere bleibt vorerst Exot und entwicklungshilfebedürftig.

Bei den Osttherapeuten läuft vorsichtig die Erkundung der inneren und äußeren Anpassung, in die sie geraten waren. Aber es beginnt auch der Rückblick auf die Ausbildungsformen und die Institutionalisierung ihrer eigenen DDR-Therapie. Sie fangen an zu untersuchen, inwieweit bestimmte autoritäre Züge, Leistungsdenken, das Menschenbild Spiegelungen einer autoritären Gesellschaft waren. Dafür ein Beispiel: In der weitgehend auf Gruppenselbsterfahrung beruhenden »intendierten dynamischen Psychotherapie« gab es eine Art Leistungsprogramm: wie weit die Gruppe im Verlauf eines mehrtägigen, ja mehrwöchigen Seminars kommen müßte. »Vorgeschrieben« war das sogenannte »Kipp-Phänomen«, bei dem eine weitgehend abhängige Gruppe sich schließlich gegen die Trainer auflehnen und sie entmachten *sollte*. Dazu wurden zur Provokation der Gruppe spezifische Reize gesetzt, gelegentlich ohne auf einen natürlichen Verlauf zu achten. (Das Phänomen kenne ich sehr gut aus den Anfängen der Gruppendynamik-Bewegung im Westen: das künstliche Frustrieren, bis die Klienten den erwünschten Aufstand proben!)

Dieses intendierte »Kipp-Phänomen« führte nun zu einer merkwürdigen sozialpsychologischen Aufladung, die den Ost-Therapeuten heute viel zu denken gibt. Die Trainer gerieten nämlich in eine Position von Zielscheiben. In die Aggressivität ihnen gegenüber, die sie zwar provozierten, floß sehr viel von der aus der gesellschaftlichen Repression aufgestauten Wut. Sie gerieten, wie ich es nennen möchte, in eine Winkelried-Position, waren am Ende der Seminare (»Kommunitäten«) erschöpft bis depersonalisiert. Einige Teilnehmer sprechen rückblickend sogar von einem gewissen sado-masochistischen Agieren: Die Beziehung zwischen Trainern und Teilnehmern war »gesellschaftlich aufgeladen«, ohne daß dies thematisiert werden durfte. Für den westlichen Kollegen, der sich einzuhören versucht, ist es natürlich immer wieder erschütternd zu hören, daß sowohl unter den Teilnehmern wie unter den Trainern die (meist unausgesprochene) Frage im Raum war: »Wer ist der Spitzel?«, die sich sowohl für die Teilnehmer- wie für die Trainergruppen als wohlbegründet erwies. Vielleicht erklärt dies auch die zusätzliche aggressive Aufladung. Manche Themen sind für die Kollegen noch so schmerzlich, daß sie gelegentlich nur in Anwesenheit eines »Dritten« andiskutiert werden können. Aber immerhin: Gelegentlich wird der Dritte in Anspruch genommen, während dies im Westen so gut wie vollständig ausgeblieben ist, mindestens was die Aufarbeitung angeht. Zwar kamen viele reisende Lehrer aus dem Ausland nach Westdeutschland, aber sie kamen als Entwicklungshelfer, Lehrer und Missionare, Rollen, die wir heute offensichtlich »drüben« spielen möchten. Die Deutsche Psychoanalytische Vereinigung dankte es den Emissären der Internationalen Vereinigung dadurch, daß sie zu einer der am schnellsten wachsenden, angepaßtesten und wohlhabendsten, auch spendenfreudigsten Teil-Institutionen wurde.

Zurück zur überzogenen Aggressivität in den Fortbildungsgruppen der Ost-Kollegen: Es ist schmerzlich, heute zu denken, daß diese Polarisierung zwischen Trainer und Teilnehmer, die natürlich der persönlichen Reifung aller dienen sollte, auch im Dienste der Stützung des Systems gestanden haben könnte. Aber wir Westdeutschen können uns auch kaum vorstellen, was es heißt, Selbsterfahrung zu machen unter der Frage: »Wo sitzt der Spitzel?«, was natürlich gleichzeitig dauernd eine Bedrohung für die Fortexistenz der Therapieform sein konnte, die sich, soviel Tiefenpsychologie wie möglich transportierend, unter dem Decknamen, unter dem DDR-Markenzeichen der »dynamischen« Therapie verbarg. Beginnt man diese Prozesse zu begreifen, dann fällt es schwerer, die Beschuldigungsrituale mitzuvollziehen, durch die die in der NS-Zeit in Deutschland gebliebenen Analytiker, kryptisch, aber mit deutlichen Sprach- und Theoriekompromissen, immer wieder anklägerisch isoliert werden, obwohl man doch von ihnen abstammt, während man sich dauernd einen Stammbaum vorwiegend von Verfolgten, Exilierten, Emigrierten zusammenbastelt. Aber für die jüdischen Kollegen in der Internationalen Psychoanalytischen Vereinigung, für die IPV überhaupt, die sich ja auch gern »revolutionär« im Gefolge Freuds sieht, war dies auch die Brücke für die Wiederzuwendung zu den Westdeutschen. Dies alles soll also kein Urteil sein, nur die Parallelität der Vorgänge beim Zusammenbruch ideologischer Diktaturen verdeutlichen. Ohne ein Quantum an Schweigen, Unaufrichtigkeit, Selbstidealisierung und ohne einen »Familienroman« der hohen Abstammung mit entsprechender Abwertung anderer Familien ist vielleicht kein Neubeginn möglich? Ein ironisches Fragezeichen! Denn Entwertung und Selbstidealisierung sind ihrerseits wieder ein Phänomen von Spaltung und nicht ohne Anklänge an geistige NS-Bräuche.

Der Boom der Kirchlichkeit nach 1945 und der Wiedereintritt vieler »Gottgläubiger«, Wotanfreunde, »Deutscher Christen«, Atheisten, Religionsverächter und Kirchenbekämpfer in die Kirchen war vielleicht ein ähnliches Phänomen. Ich selbst muß mich aber mahnen, nicht meinerseits aus Enttäuschung über die selbstgerechte institutionalisierte Psychoanalyse in eine zu anklägerische Haltung zu verfallen.

Die Angst der Ostdeutschen vor dem Publizieren von Fallgeschichten

Einige Gründe für das Zögern habe ich bereits erwähnt. Als ich in einer gemischten Arbeitsgruppe aber, vielleicht zu rasch, die gemeinsame Publikation von Behandlungsfragmenten, aber auch Krisenerlebnissen der Therapeuten Ost wie West vorschlug, entstand eine merkwürdige Atmosphäre. Das Zögern war so dicht, daß ich mich befangen und schuldig oder zudringlich zu fühlen begann. Erst allmählich lichtete sich die atmosphärische Störung. Ich erschien den Kollegen nicht nur als zu »dynamisch« und leistungsorientiert, sondern es kamen weitere Ängste zum Vorschein. Die Kollegen Ost fürchteten sich – ob zu Recht oder zu Unrecht, kann ich nicht entscheiden – vor den »perfektionistischen Standards« westdeutscher Kollegen. Es ging bis zur Angst vor »gezieltem Mißverstehen«, vor Entwertung, Kritik und dem Nachweis fehlender Kompetenz oder ausreichend analytischer Reinheit und theoretischer Fundierung des Geschriebenen. Darüber hinaus gab es Ängste vor realen, kassenrechtlichen oder »Einstufungs«-Nachteilen, vor moralisierenden Vorwürfen über das eigene Mitmachen, über Entschuldigungstendenzen, kurz, es zeigte sich, in welchem Ausmaß ein Rückzug stattgefunden hat, eine durchaus wechselseitige Entidealisierung sowie bei den Ostdeutschen das Gefühl: »Wir sitzen nicht in einem Boot.« Aber um so notwendiger wären informative Texte über den Beginn einer therapeutischen Aufarbeitung, und sie könnten auch im Westen Anstoß geben für eine Rückbesinnung auf das eigene Unbewältigte.

Über das Umdenken
bei einigen westlichen Kollegen

Es verdient hervorgehoben zu werden, daß einige Westkollegen in einer Gruppe über ihre langsame innere Umorientierung in den letzten Jahren sprachen. Eine etwa 45jährige Analytikerin betonte, wie wohl sie sich im Lager der »von den Verfolgten« abstammenden Analytiker gefühlt hatte. Die schuldigen Deutschen – das waren immer die anderen, die mit der »Unfähigkeit zu trauern«. In einem mühsamen Prozeß habe sie gelernt, die kollektive Last anzunehmen, ohne sich dauernd zu distanzieren und den Sonderstammbaum ins Feld zu führen. Seither nehme sie in ihren Analysen und Therapien andere Zusammenhänge wahr und könne sich besser einfühlen in unterirdische Verstrickungen, mit denen gerade späte Achtundsechziger nach dem Zusammenbruch ihrer anklägerischen Reinheitsvorstellungen sich wiederfänden, wenn sie sich wirklich mit ihrer Familiengeschichte und ihren Störungen nach der Lebensmitte beschäftigten. Die meisten berichten nämlich von erstaunlichen Phänomenen. Wenn ein wichtiges Familienmitglied – oft der Vater oder ein verstrickter Onkel oder eine früher NS-fanatische Tante, Mutter oder Großmutter – stirbt, dann wird auf einmal die offizielle Familiengeschichte »umgeschrieben«. Das Tabu, das zu Lebzeiten bestand, lockert sich. Das auferlegte Schweigen wird nicht länger respektiert. Meist zeigt sich dann auch, daß die schweigend getragenen Loyalitätsbindungen nicht ohne Groll aufrechterhalten wurden. In einigen Väterromanen der letzten Jahre wurde auch deutlich, daß die Familienlegenden zusammenbrachen, wenn die Enkel sich nicht mehr mit Allgemeinheiten über die Großeltern abspeisen ließen. Ähnliches Nachfragen zeigt sich gelegentlich auch bei den psychoanalytischen »Enkeln«: bei jungen Psychotherapeuten in Ausbildung, die ganz unbefangen nach der Institutionengeschichte fragen, dies allerdings auch bald wieder bleiben lassen. Also: Noch besteht eine gewisse Hoffnung, daß der seelische Untergrund nicht in der von Anita Eckstaedt befürchteten Unkenntlichkeit versinkt, sondern gesichtet wird, solange Zeitzeugen leben und direkt Betroffene der »zweiten Generation« Therapie suchen.

Eine andere westdeutsche Kollegin berichtete von einer analytischen Therapie mit einer jüdischen Malerin, die mit vier Jahren nach Theresienstadt deportiert worden war. Ihre Familie kam um, wurde zum Teil vor ihren Augen umgebracht. Zehn Jahre Analyse hatte sie schon hinter sich, die vielleicht für das Überleben wichtig waren, jedoch an der Isolierung, der Angst, der Verstörtheit der Patientin wenig verändert hatten. Mit großer Scheu berichtete die Kollegin von den »Parametern«, also den behandlungstechnischen Abweichungen, zu denen sie Zuflucht genommen hatte. Offensichtlich hatte sie einen toleranten Supervisor, der sie ermutigte, ihrer menschlichen Intuition zu folgen. Dennoch wurde die Therapie, trotz fühlbarer Besserungen, nach einem Jahr »in gutem und beiderseitigem Einvernehmen« abgebrochen. Die Kollegin mußte ihre Erschöpfung eingestehen, was sie allerdings nicht an ihren methodischen Varianten zweifeln ließ. Wahrscheinlich zu Recht. Aber weder sie noch der Supervisor hatten rechtzeitig bemerkt, daß in ihre Gegenübertragung Bedürfnisse nach Wiedergutmachung eingeflossen waren. Sie wollte die gute heilende Mutter sein, nach der sich die Patientin sehnte. Es sei wichtig gewesen, daß sie die Bilder der Patientin mit ihr besprach, auch Briefe akzeptierte, sie körperlich hielt und in besonderen Krisen auch einfach mit ihr betete, obwohl sie selbst nicht religiös war.

Dies ist auch für meine Beurteilung der Rollenvarianten des Analytikers ein heikler Moment: denn einerseits glaube ich, daß der Therapeut in manchen Fällen vorübergehend zu einem Idealobjekt werden muß, andererseits muß er um Rollenklarheit wie um seine Psychohygiene besorgt bleiben. Es gab wohl in der weiteren Familie der Kollegin einen »Täter«, und dieser Täter hatte Einfluß auf die innere Balance von Schuld und reparativen Tendenzen, von Distanz und helfender Verstrickung. Dieser kurze Abriß mag seine Bedeutung nicht nur für Osttherapeuten in kommenden Therapien haben, sondern er erklärt vielleicht die überraschend große Gleichgültigkeit der West- gegenüber den Ostkollegen, kurz, die mangelnde historische Solidarität. Es könnte nämlich ebenfalls abgewehrte Schuld- und Wiedergutmachungstendenzen geben, aber eben auch die Gefahr der Entdeckung des Totalitären im eigenen Untergrund der Geschichte. Dazu käme eine »Schuld des Überlebens im Komfort«, nämlich des »Zwillings West« gegenüber dem »Zwilling Ost« (Annette Simon), der nach NS-Zeit, Holocaust und Krieg viel länger darbte. Hier beschleicht mich Unsicherheit, ob es legitim ist, diesen Begriff der »Überlebensschuld« überhaupt in einem anderen Kontext als dem des Holocaust zu verwenden. Schließlich ging es nicht ums reale Überleben, sondern nur um ein »besseres« Leben.

Die Frage führt mich zu einem kurzen gedanklichen Exkurs über das Thema der Wiedergutmachung der Westdeutschen an den Ostdeutschen. Freude und Opferbereitschaft waren in den ersten Monaten hoch. Die Regierung Kohl hat es vorgezogen, die Geschichte fiskalisch zu erledigen. Der Aufruf des Bundespräsidenten zu einem Wiedergutmachungsgesetz hätte auch im Frühjahr 1992 noch Chancen zur Realisierung gehabt. Der Bundeskanzler fand nur entwertende Worte. Ein paar Monate später schon war der »Solidarpakt« nur noch eine Vorlage für die Rechenkünstler in allen sozialen Gruppen. Der Zusammenhang zwischen den Gefühlen der Wiedervereinigung und der Opferbereitschaft war endgültig zerrissen. Psychologie war im Prozeß der Wiedervereinigung nicht gefragt. Die Orgie des Überlegenheitsgefühls wollte von vielen ausgekostet sein und will es noch.

Die rein politische Handhabbarkeit des Prozesses war vielleicht die größte Selbstüberschätzung der Politik und ein Zeichen für das

Maß der Entfremdung zwischen politischem und privatem Denken.

Der Exkurs führt mich zu den Äußerungen eines anderen westlichen Kollegen, eines anerkannten Lehranalytikers, der zu erkennen gab, daß er seine angesehene Rolle in seiner Institution aufgeben müsse, wenn er am Prozeß der Verständigung zwischen Ost und West weiter arbeiten wolle. Der Vorwurf ist immer, in Variationen, der gleiche: Senkung der Standards, Illoyalität gegenüber der Verbandspolitik, was Zulassungs-, Fort- und Ausbildungsrichtlinien angeht.

Notwendig wären aber vielfältige Kooperationen, in denen beide getrennten institutionellen und behandlungstechnischen Entwicklungen thematisiert und auf ihre Wirksamkeit gegenüber den Herausforderungen totalitärer Geschichte überprüft werden. Hier haben beide Seiten voneinander zu lernen.

Die Stasi als psychotherapeutische Großinstitution

Die flächendeckende Ambulanz der Führungsoffiziere und inoffiziellen Mitarbeiter

Ein so umfassendes »Phänomen« wie die Stasi läßt sich nicht auf wenige Funktionen reduzieren. Ja, es ist sogar denkbar und es geschieht auch inzwischen, daß gegensätzliche bzw. einander widersprechende Funktionen zum Hauptkriterium erklärt werden, je nach dem Standpunkt des Beobachters, der wissenschaftlichen Disziplin, mit der er antritt, aber auch je nach seinen Erkenntnis- und Rechtfertigungsinteressen. Eine funktionalistische Soziologie wird mehr ihre Leistungsfähigkeit beachten, die Politikwissenschaft mehr ihre Verankerung im Gesamtapparat der Macht, eine juristische Wissenschaft mehr ihre Erkennbarkeit und Zurechenbarkeit von Schuld und Verfehlung, eine psychologische mehr ihre Auswirkungen auf die Seelen der Menschen, aber auch ihre Art des verwendeten Wissens, um die Menschen zu disziplinieren oder zur Kooperation zu motivieren.

Wenn ich hier eine einzige psychosoziale Funktion der Großorganisation thematisiere, so bin ich mir bewußt, daß damit niemals die Gesamtbedeutung beschrieben wird, sondern eine nicht einmal bewußt intendierte Nebenfunktion, ja eher noch, weil neutraler ausgedrückt, eine Nebenwirkung. Denn der Ausdruck Funktion impliziert meist eine Intention, eine Wirkung mit einem beschreibbaren Ziel, das wenigstens *einen* sinnvollen Unterzweck enthält.

Wenn ich also behaupte, die Stasi habe eine riesige Nebenwirkung in der DDR-Gesellschaft gehabt, nämlich eine Umverteilung von Bedrohung und psychischer Gesundheit oder Krankheit, so ist das nicht nur paradox, sondern es ist Ausdruck unbewußter Produktionsverhältnisse: Es wäre absurd anzunehmen, das Produktionsziel »Psychohygiene« erschiene in einem Fünfjahresplan! Und falls es erschiene (so wie das Gesundheitswesen als ein breiter Industriezweig oder ein Kostenfaktor und Volksgesundheit als ein mögliches Staatsziel erscheinen könnte), dann nicht unter dem Aspekt einer Umverteilung von »seelischem Wohlbefinden« als benennbarem Privileg mit Zuteilungschancen und Zuteilungskriterien, vor allem aber mit Kriterien des Entzugs. Wir kennen Entzug und Zuteilung von anderen Privilegien: Status, Freiheitsgraden, Aufstiegschancen, Wohnraum, Einkommen, Prestige, die sich nicht mehr bestimmten sichtbaren Entscheidungen zuordnen lassen. Aber es ist schwer vorstellbar (außer man dächte an eine bis ins Psychische durchgeplante Diktatur, die die negative Utopie von George Orwell noch verfeinern würde), daß irgendwo seelische Gratifikationen als quantitativer Faktor »gehandelt« werden.

Es ist aber unbestreitbar, daß mit Macht-, Kontroll- und Quälfunktionen auch seelische Gratifikationen verbunden sein können, die gesucht und entsprechend als Belohnung oder Anreiz vergeben werden. Teilhabe an der Macht läßt sich selten reduzieren auf die meßbaren materiellen Vorteile. Und je repressiver ein politisches System ist, mit grober Beschneidung von psychischer Entfaltung und Autonomie, desto wichtiger werden seelische Privilegien sein oder der Zugang zu Interaktionsformen, die, wie verzerrt auch immer, größeres Wohlbefinden, seelische Gesundheit, Selbstgenuß, Gefühle von Wichtigkeit, Ernstgenommen-Werden, aber auch Ganzheit, Angstfreiheit oder aber Umverteilung, beziehungsweise die Fähigkeit zur Abwälzung von seelischem Elend auf andere enthalten.

Der Grundgedanke dieses Textes ist von Hans-Joachim Maaz mit seinem Buch »Der Gefühlsstau« angeregt worden: Maaz geht von dem Gedanken aus, daß Angstbewältigung durch Angstmachen einer der wirkungsvollsten Mechanismen der DDR-Hierarchie war. Vielleicht ist er auch schon in bezug auf die NS-Diktatur beschrieben worden. In meinem ersten Reisebericht aus der alten DDR vom Januar 1990 habe ich von einer kaskadenartigen Anordnung der Weitergabe von Demütigungen gesprochen, deren Zentralquelle letztlich Stalin war. Der Gedanke hat sich vertieft bei der Lektüre autobiographischer Berichte von Spitzeln und dem Selbsterleben und der Selbstreflexion ihrer Tätigkeit und bei psychischen Folgen der Beobachtungen ihrer »Freunde, Zielgruppen und Opfer« in Personalunion.

Der wichtigste Gedanke war aber der: Nach 1945 gab es in Deutschland (wie in den von Deutschland überfallenen Ländern, vom Holocaust und den überlebenden Opfern gar nicht zu reden), und also zunächst in beiden Teilstaaten, neben den Zerstörungen durch den Krieg ein ungeheures Ausmaß an seelischem Elend: Flucht, Vertreibung, zerstörte Familien, Armut und Hunger und ihre Folgen, in der SBZ und späteren DDR aber auch weitere Verfolgung, Repression und Angst, dazu die Opfer und Kinder von den Millionen Vergewaltigungen. Nimmt man dieses psychische Elend als eine fiktive Summe, so stellt sich die Frage: Wer hat es zu tragen? Was hilft, es zu lindern, wodurch läßt es sich »aufarbeiten«, mildern, vergessen, »abarbeiten«, verstehen, therapieren, schiefheilen, kompensieren, weitergeben, delegieren?

Die Tiefenpsychologie hat inzwischen, wenn auch sehr spät, viel zu spät, um in den seelischen Nachkriegskatastrophen noch wirklich hilfreich zu sein, Modelle der parasitären Anklammerung, des Hörigmachens, der unbewußten Tradierung von seelischen Störungen entwickelt, die sich massenhaft vollzogen haben müssen. Die Alternative zu Individuation und Reifung, zu Aufarbeitung, Trauer, Neuentwicklung von Autonomie und wahrem Selbst ist immer der narzißtische, sexuelle, anaklitische und machtmäßige Mißbrauch anderer Menschen, um eigene Demütigungen, Haß, Zustände der Leere und der Angst abzuwehren. Es muß also einen fast suchtartigen Bedarf nach seelischer Machtausübung gegeben haben, um mit inneren Wunden fertig zu werden, soweit nicht in erheblichem Maß eine Ablenkung durch »Dinge« und Aktivitäten stattfand. Die Lösung im Westen war in viel stärkerem Umfang Bewältigung der Umwelt: Wiederaufbau, Beschäftigung durch Waren und Konsum, Stärkung der Autonomie, Förderung der narzißtischen Entwicklung, eine Permanenz der Anreize bis hin zur Volkstherapie des Eigenheimbaus.

In der DDR wurde immer die größere Bedeutung von »Gemeinschaft«, Kollektiv, Freundschaft und Nachbarschaft hervorgehoben, also eine größere Beziehungsintensität. Sie hat ihre Kehrseite aber in den Interaktionsformen, die nicht »bergend« oder kooperativ, sondern bemächtigend sind und die mit Mißtrauen, Kontrolle, Indoktrination, Dauermobilisierung, ständiger Zirkelbildung und Sitzungen zu tun haben, also einer realen oder scheinbaren Partizipation an der Macht oder mit dem Ausgeliefertsein an die Macht.

Angesichts fehlender autonomiefördernder Betätigungen mit ihren narzißtischen Bestätigungen gibt es einen erhöhten Bedarf an »Wichtigkeit«, der sich nicht im weitesten Sinn über den Verbrauch an Waren und Dienstleistungen regulieren läßt oder über die unendliche Differenzierung der Statusmöglichkeiten in der kapitalistischen Gesellschaft, sondern der offen bleibt für die Zuteilung von Wichtigkeit durch die Schaffung von staatlichen oder substaatlichen Funktionen, Privilegien und Sonderdefinitionen von Rollen. Sie haben, offen oder geheim, mit Partizipation an Herrschaft und Kontrolle zu tun.

Das *psychologisch Parasitäre* der fehlenden psychischen Ganzheit verlangt also nach, oder wird gefördert oder instrumentalisiert oder untergebracht im *politisch Parasitären*: in Zuträger- und Kontrollfunktionen, die mit bestimmten seelischen Mangelzuständen der Menschen rechnen und ihnen Schiefheilung, Kompensation, ja sogar personale und »therapieähnliche« Interaktionsmöglichkeiten zuteilen in einer Art massenhaftem Tauschgeschäft. Dieses Tauschgeschäft mit erheblicher Umverteilungsfunktion seelischen Wohlbefindens oder seelischer Deprivation fand, so meine Hauptthese, unter anderem im totalitären »sozialtherapeutischen Großbetrieb« Stasi statt. Und dies auf einer ganz anderen funktionellen Ebene der Institution als der der Nachrichtenbeschaffung, Einschüchterung, Kontrolle und Machtsicherung. Der Tausch beruht auf der Nutzung und dem Mißbrauch von seelischer Beschädigung gegen das Entgelt von Führung, Anlehnung, Geborgenheit, Wichtigkeit, konspirativer Zugehörigkeit und natürlich partieller materieller Sicherung. Dieses massenhafte Tauschverhältnis von Pathologie und mißbrauchender Kompensation zwischen »inoffiziellen Mitarbeitern« und Führungsoffizieren schließt natürlich nicht aus, daß in den professionellen (hauptamtlichen) Rängen andere Kriterien der Rekrutierung, Förderungen, Motivierung und Entlohnung vorlagen, auch mit höheren Kriterien psychischer Gesundheit. Denn es handelt sich dort um die »offizielle« Seite einer Großbehörde mit Laufbahnanforderungen, Auswahl nach Befähigung und Loyalität mit deutlichen Anleihen bei Formen der realen und imageorientierten Elitebildung. Angesichts der relativen Ohnmacht vieler Menschen in der Diktatur ist die Verlockung der Partizipation an der Macht bei vielen »inoffiziellen Mitarbeitern«, also Spitzeln, wiederholt als starkes Motiv der Verpflichtung hervorgehoben worden, soweit sie nicht direkt durch Druck, Erpressung, Bestechung und ideologische Bereitschaft oder durch eine Mischung aller dieser Formen zustandekam.

Die »Partizipation« an der Macht, verbunden mit dem Heimlichkeitsgewinn, der noch einmal einem besonderen seelischen Typus von Menschen entgegenkommt, ist aber nicht unbedingt ein letztes Motiv, sondern enthält viele psychische Komponenten, die sich im wesentlichen um die Bewältigung von Angst, Demütigung oder Minderwertigkeitsgefühlen gruppieren.

In dem Aufsatz über die »Stasi als Volkskrankheit« (in: T. Moser, »Vorsicht Berührung«, Frankfurt am Main 1992) habe ich versucht, die Dialektik von freundschaftlicher Annäherung und Verrat herauszuarbeiten, die ebenfalls auf bestimmten psychischen Dispositionen beruht. Dabei habe ich besonders die Kontakt- und Nähebedürftigkeit vieler IMs hervorgehoben, die sie aufgrund zerbrochener Familienverhältnisse mitbrachten und in bestimmten Rollen und Verhaltensweisen unterzubringen hatten. Ganz deutlich ist dies in dem Buch »Geschützte Quelle« von K. Havemann und I. Kukutz über ihre Gespräche mit ihrem weiblichen Spitzel zu sehen (vgl. hierzu meine Besprechung des Buches in T. Moser, »Besuche bei Brüdern und Schwestern«, Frankfurt am Main 1992).

Ich möchte am Beispiel des Romans »Das Verhör« von Andreas Sinakowski zeigen, eine wieviel breitere psychische Disposition, um nicht zu sagen Pathologie, einer intensiven inoffiziellen Zusammenarbeit mit der Stasi zugrundeliegen konnte, die ihrerseits wieder klar korreliert ist mit einer oft abnormen Familiengeschichte. Dabei dürfte, wie oben erwähnt, diese »Abnormität«, als Folge von NS-Zeit und Krieg, bis in die zweite Generation durchaus eine gewisse »Normalität« darstellen, jedenfalls ein statistisch häufiges Phänomen.

Bevor ich aber anhand des Romans »Das Verhör« die Dimensionen der seelischen Disposition zur Arbeit und Lebensform des IMs darstelle, möchte ich mich kurz mit einem Autor vom Prenzlauer Berg, einem Stasi-IM, auseinandersetzen, der relativ höhnisch mit der These von der verbreiteten seelischen Disposition bzw. Pathologie von IMs umgeht: nämlich Rainer Schedlinski in seinem Aufsatz »Die Unzuständigkeit der Macht« (Neue deutsche Literatur, Juni 1992, S. 75–105). Ich werde am Schluß dieses Textes ausführlicher auf ihn zurückkommen, hier nur, als Kontrapunkt, seinen dezidierten Standpunkt *gegen* die Pathologisierung der Spitzel zitieren, dem er den eines bewußten und aufgeklärten, ja sogar moralisch zu rechtfertigenden *Spiels mit der Stasi* gegenüberstellt. Ich zitiere aus seinem Vorspann zu dem umfangreichen, spannenden, klugen, um nicht zu sagen gerissenen Aufsatz, in dem für die Selbstrechtfertigung des Spitzels die Stasi zur progressiven, kulturschaffenden Behörde umfunktioniert wird, mit der zu kooperieren im Interesse der Systemveränderung geradezu notwendig war:

»Für ein anderes Unverständnis aber bin ich nicht verantwortlich, es beruht nicht auf fehlender Erklärungsbereitschaft meinerseits, sondern auf allgemeinen Ansichten über die Stasi, die kaum etwas mit der Realität gemeinsam haben. Solange die Feuilletonisten sich über die fehlende Geständnisbereitschaft jener IMs beklagen, aber gleichzeitig nicht bereit sind, andere Erklärungsmuster zuzulassen als Schizophrenie, Korruption, Erpressung oder den postmodernen Verlust der Wahrheitskategorie, liegt das Unverständnis bei ihnen selbst. Dann freilich werden ihnen die Angesprochenen wohl für alle Zeit jene Erklärungen schuldig bleiben, die man von ihnen erwartet, denn wollte man sich zu dieser Wahrheit bekennen, müßte man lügen.«

Mit Lüge wäre gemeint: die Stasikontakte von IMs auf seelische Dispositionen zurückzuführen, statt sie als kalkuliertes und pragmatisches Handeln reflektierter und willensstarker Individuen zu betrachten, die die politische Moral auf ihrer Seite haben. Denn: »Das Bild des *Spitzels,* wie es derzeit vermittelt wird, ähnelt eher jenen Filmen, die in der Kaiserzeit spielen, wo einer durch ein Loch in der Zeitung Caféhausgäste beobachtet. Was jedoch hier in der DDR als IM geführt wurde, waren nicht selten Leute, die etwas durchsetzen wollten, was auf normalem Wege nicht möglich war, wie jene Haftentlassungen, über die man im Gerichtssaal nicht verhandeln konnte, die Herausgabe jener Zeitschriften, die man beim Presseamt nicht anmelden konnte, jene Veranstaltungen, für die man keine polizeiliche Genehmigung bekam, oder jene Ein- und Ausfuhren, die der Zoll nicht hätte durchgehen lassen, u. a. m.« (82) Schedlinski stellt dem »kaputten Typ«, der Wichtigkeit, Anlehnung, Teilhabe an der Macht, moralisches Zwielicht, die Mischung von Nähe und Verrat sucht und der dem Stasi-Mißbrauch wenig Widerstand entgegenzusetzen hatte, den starken, mutigen, ja zynischen Macher gegenüber, fast einen Renaissancemenschen, der souverän die »Freiräume« kalkuliert, die ihm sein variantenreiches Spiel mit der Macht verschafft:

»In den achtziger Jahren erschien die Macht nicht mehr als jener stalinistische Übervater, es waren verkalkte Greise, die man betrügen, belügen, ausnutzen, hintergehen und verlachen konnte; eine debile Macht, mit der zu kungeln nicht einmal mehr ehrenrührig und für manchen gar amüsant war... Um auf diese Weise mit der Bürokratie sein Auskommen zu finden, muß man die Beamten nicht mögen, schon gar nicht, wenn sie so unglaublich dumm und vernagelt sind, wie die Stasi es war, und noch weniger bedeutet dies, auf der Seite des Systems gestanden zu haben...« (96) Ist der IM also der eigentliche Held der maroden Diktatur, seelisch robust und mit höheren strategischen Weihen und Blick in eine bessere Zukunft versehen? Die Zweifel Schedlinskis am Erklärungswert dieses Modells, mindestens außerhalb des quasi Stasi-getragenen Völkchens derer vom Prenzlauer Berg, die so auffällig vieles durften, schlagen an einigen Stellen doch durch und machen einer anderen Selbsteinschätzung fast unbewußt Platz:

»Wer würde beispielsweise einer Prostituierten im Hamburger Rotlichtviertel, die von Zeit zu Zeit mit dem zuständigen Kripobeamten Kaffee trinkt, nachsagen, sie sei bei der Sitte? Niemand. Aber trotzdem geht sie anschaffen, für ihren Führungs-Macker!«

Doch nun zu Andreas Sinakowskis Buch »Das Verhör«, das auf langen Interviews mit Frank Goyke beruht, der in seiner kurzen Einleitung die Dinge gleich auf den Punkt bringt:

»In dem Interview für ›die andere‹ hat Andreas Sinakowski nicht allein die Gewöhnlichkeit seiner Zusammenarbeit mit dem MfS herausgearbeitet, er hat zugleich auf Ursachen für sie verwiesen, die alles andere als sensationell sind: auf eine traumatische Kindheit, die in den sogenannten Kulturnationen eher zum Standard zählt als zu den Ausnahmen.« Der Zusatz am Schluß mag stimmen, vernebelt aber das Thema von der massenhaften Anfälligkeit für eine IM-Tätigkeit, die, was die psychische Disposition angeht, etwas mit einer Häufung nach NS-Zeit, Krieg, Stalinismus und kaltem Krieg zu tun haben muß.

Jemand mit einer traumatischen Kindheit ist in der Regel lange auf der Suche nach (elterlichen) Ersatz-Personen, die es ihm erlauben, mit weniger Schmerzen zu leben, vielleicht sogar mit dem Gefühl, entschädigt oder sogar »geheilt« zu werden. Wie ein Mensch mit diesem Hintergrund und Bedürfnis auf das »therapeutische« Angebot einer inoffiziellen Mitarbeit reagiert, auf der Basis einer sehr persönlichen, schützenden, fördernden, bei allem Abenteurertum und aller konspirativen Spannung doch Geborgenheit und Sicherheit vermittelnden und trotzdem ausbeuterischen Beziehung, möchte ich an dem Buch zeigen. Ich möchte auch deutlich machen, wie die Umverteilung von psychischem Elend funktioniert, wenn die seelische wie die institutionelle Basis für die Weitergabe erst einmal geschaffen sind.

Also noch einmal die verkürzte Grundthese: Ein Mensch kommt tief angeschlagen aus seiner Kindheit; er wird vielleicht schon eine Weile von Mitarbeitern der Stasi beobachtet (aber es könnten vermutlich alle Geheimdienste der Welt sein, nur wirkt hier alles verdichtet und verost-west-deutscht und vom Paranoid des kalten Krieges aufgeheizt), weil er Zugang zu einem interessanten Milieu hat. Er schleppt seine Traumata mit sich herum und steckt voller Sehnsucht nach Sicherheit und Väterlichkeit. Soweit das Lebensdrehbuch des künftigen IM bis zum Auftritt des »Guten Hirten« oder auch »Daddy«. Im guten Fall könnte dies ein Lehrer sein, der sich für ihn interessiert; ein Künstler oder Schriftsteller, der einen Sekretär sucht; oder, über zwei Ecken gedacht, gar ein Berater oder Psychotherapeut; aber wie landet man in einer Diktatur bei einem Psychotherapeuten, wenn man nicht gerade schwer erkrankt ist und zugewiesen wurde? Also, das Drehbuch wartet, ob jemand auftritt, der etwas mit dieser Mischung von Trauma und Begabung, Zynismus und Treuherzigkeit, Naivität und Bereitschaft zum Verrat anfangen kann.

Der Sturz in die Übertragung

Das kleine Kapitel, in dem »Daddy« erscheint, ist überschrieben mit »*Erster Auftritt Scholz*«. Das muß nicht sein wirklicher Name sein. Der Vater einer Freundin, ein Altkommunist, vermittelt die Begegnung in seiner Wohnung, Scholz wird als ein Freund des Hauses eingeführt. Auf der Oberschule waren nicht weiter erläuterte antisemitische Vorfälle vorgekommen, der zukünftige Spitzel war durch widersprüchliche Haltung aufgefallen. Der Vater der Freundin ist Jude und hat NS-Lager überlebt. »›Es gibt nicht viele, die gegen solche Leute etwas unternehmen‹, sagte Doris' Vater. Antifaschistischer Staat, Ideologie des Klassengegners und bessere Zukunft. Tee und Gebäck. Der Mann Scholz gefiel mir. Fast zwei Meter, dem guten Essen nicht abgeneigt. Konkrete Fragen, konkrete Antworten, das Gefühl, in Sicherheit zu sein, während der Kugelschreiber auf dem Notizblock tanzte.« »Ein guter Mensch und tolle Aussicht«, heißt es wenig später, »und was hatte ich gegen ein Essen, einen Spaziergang mit einem Mann einzuwenden, den ich irgendwie mochte, Schulter an Schulter, auf gleicher Höhe. Eine Bulle? . . . Ich mochte den Bullen, ein Daddy, dem man sogar ein Gutenachtküßchen gibt.«

Die infantile Ebene des abenteuerlustigen, seelisch verwaisten Jungen wird zielsicher angesprochen: »Und wie gesagt, Geheimdienst kommt von geheim«, sagt Scholz. »Ich hatte einen guten Job, und die Sache versprach, spannend zu werden. Endlich passierte mal was.« Viel Langeweile war auszuhalten, »und nun sogar Geheimdienst, so was aus dem Fernsehen, Trenchcoat, eine Wanze im Lippenstift, 'ne Story. Die Zukunft gesichert. Vielleicht war doch was dran am Staate Dänemark. Wieviel zahlst du, Schatz, daß ich dir glaube? Sehr viel, Kind, verlaß dich drauf. Vielleicht zeige ich dir später die Welt. Vielleicht kaufe ich dir ein Eis, einen großen bunten Luftballon, eine Fahrt in der Achterbahn . . . ›Vielleicht müssen Sie in der nächsten Woche noch was unterschreiben.‹«

Der Achtzehnjährige, längst der Literatur verfallen, wird auf einen Künstlertreff angesetzt, er ist wichtig, seine Fähigkeiten werden anerkannt, obwohl die Aufträge zunächst eher spielerischen Charakter haben. Später erklärt der »Pate«: » . . . aber erst wäre es einmal darum gegangen, mich an die Firma zu binden, ohne schon genau zu wissen, ob ich überhaupt interessant werden würde . . .« Dann stellt sich, wie gesagt, der Zugang zum Schriftstellerverband heraus. »Auf irgend so etwas, sagt Scholz, habe er nur gewartet . . .« Es bildet sich, was man in der Psychotherapie das *Arbeitsbündnis* nennt, in der Schule vielleicht die pädagogische Beziehung: das Grundvertrauen in die Verläßlichkeit des Rapports. Scholz sagt, um sie zu kräftigen: »Im Vordergrund steht bei einem sozialistischen Geheimdienst immer die Sicherheit des Mitarbeiters, das gegenseitige Vertrauen und die Humanität, anders als bei den Amerikanern, die ihre Leute gnadenlos verheizen.«

Fürs Arbeitsbündnis ist Regelmäßigkeit wichtig, und eine Portion Einfühlung: »Meist im Abstand von zwei Wochen telefonierte ich mit Scholz, wir verabredeten uns zum Essen . . . Der gute Hirte fragte mich nach meinem Befinden, und ich erzählte ihm, was ich in den letzten Wochen erlebt hatte . . . In mir wuchs die Sucht, ihm zu gefallen, ohne mir Gedanken über die Folgen zu machen.« In dem Lehrling eines Meisters erwacht der Jagdtrieb.

Durch seine Homosexualität, über die er zuerst erschrickt, eröffnen sich ganz spezielle Zugänge zu schwer erhältlichen Informationen. »Scholz lobte mich«, und er hilft dem Lehrling seine Enthüllung zu tragen: »›Mist, verdammter!‹, entfuhr es ihm. Ja, es war schade um mich, genauso dachte ich auch, es war wohltuend, daß er nun gemeinsam mit mir trauerte.« In der Übertragung auf die »Firma« wird es dem Lehrling jetzt wichtig, durch Erfolge seine verlorene »Männlichkeit zurückzugewinnen«: »Von nun an wollte ich werden wie alle, in einer Organisation, die das Äußerste an männlichen ›Tugenden‹ selbst ›richtigen‹ Männern abverlangte. Ich wollte ein Mann wie sie werden und wurde es: pünktlich, zuverlässig, sachlich. Ich wurde grausam, gefühllos und effizient. Ein richtiger Mann.«

Der Spitzel selbst faßt später die Entwicklung der Beziehung zum Führungsoffizier zusammen, aber das ist bereits wissende Rückschau:

»Dem Führungsoffizier geht es darum, den Spitzel mit den ersten Aufträgen nicht nur an sich zu binden. Da die vom Spitzel verlangte Arbeit Ausschließlichkeit verlangt, muß er isoliert werden. Der einzige Ausweg aus dieser Isolation muß das Gespräch mit dem Führungsoffizier sein. Das Medium der Isolation, das Trennende zwischen Spitzel und Bespitzelten, ist das Wissen des Spitzels, sich dem Opfer im Rahmen einer Inszenierung zu nähern.«

An der in den folgenden Sätzen analysierten Dialektik haben sich Zehntausende von inoffiziellen Mitarbeitern abgearbeitet, die gerade auf ihre Freunde angesetzt waren und verzweifelt ihre Nähe suchten:

»Er (der Spitzel) kann nie frei in die Augen blicken oder in Arme schließen, wenn in der Brusttasche seines Sakkos das Bandgerät läuft. Diese Eigendynamik verhindert, daß der Spitzel in einen Kontakt zur observierten Gesellschaft tritt, Vertrauen zum ›Feind‹ faßt und sich ihm anvertraut. Er ist nicht nur Wärter, sondern auch Gefängnis und dessen erster Insasse. Er besitzt am Ende nichts mehr.« Trotzdem: in anderen Rollen kamen IMs, die in Freundesgruppen mitwirkten, den Beobachteten viel näher. Sie nisteten sich, ohne Tonband, ein in der Intimität des Vertrauens und glaubten, Freundschaft und Bespitzelung zu verbinden.

Aber noch einmal zurück zur Intensität der Beziehung zum

Führungsoffizier, zur »Übertragung«. Bei einem kurzen Erholungsurlaub wunderte sich die Wirtin über die Anbindung des Gastes an Berlin und fragte, »ob ich in Berlin ein Verhältnis habe. Ich erzählte ihr von Scholz und war froh, endlich mit einem Menschen gesprochen zu haben.« Aber die Beichte geht, partiell, schief. Der mitgereiste Freund ist nämlich nicht nur Freund, sondern Überwacher des Spitzels. Doch heißt es, als alles wieder ins Lot kommt: »Unsere Väter waren kein Risiko eingegangen.« Dafür verspricht ihm der mächtige Pate, der gut bezahlt: »Sie dürfen sich mehr herausnehmen als andere. Da Sie mit mir zusammenarbeiten, können Sie den Teufel auf dem Tisch tanzen lassen. Aber nur, wenn Sie mit mir zusammenarbeiten.« Der Pate läßt ihn wissen, daß sie beide groß rauskommen können, wenn ihre Arbeit klappt. Der IM verschmilzt mit ihm in einer Vater-Sohn-Symbiose:

»Es war *mein* Auto. Straßen, Häuser, Namen, Geburtsdaten, Gesichter... an der Seite von Killing Daddy lernte ich meinen Teil DDR kennen... Der Pakt lohnte sich. Mephisto flog mit mir über die Landschaft... Mir grauste es nur, wenn ich nüchtern war...«

Es kommen schwierigere Einsätze, eine Flugblattgruppe muß vor einem Staatsbesuch ausgehoben werden: »Stundenlang planten und arbeiteten wir. Bis in die Nacht hinein. Daddy war fair. ›Trauen Sie sich das zu? Wir haben keinen Besseren!‹« Die Übertragungsbeziehung, die inzwischen eine klassisch-narzißtische Färbung angenommen hat, blüht: »Man nahm Notiz von mir. Ich blähte mich bis zur Größe eines Monuments. Unter Scholz' Blicken atmete ich, ich lebte und fühlte, wie das Blut in den sechstausend Meilen meiner Venen und Arterien raste.« Die Gruppe fliegt rechtzeitig auf. Aber wie?

Was A. selbst an »Therapie« bekommen hat, gibt er weiter, als er sich bei der Gastgeberin der Gruppe, die gerne näht, einschleicht:

»Zunächst sprachen wir von Stoffen und Schnitten, tastete ich mich zum Rand ihrer Seele. Ich mußte jede Schwingung meiner Stimme, jeden Augenaufschlag, die Tempi meiner Handbewegungen auf sie, auf die Farbe ihres Kleides, auf jede Nuance ihres mir gezeigten Seins abstimmen. Das, was ich in der Kindheit gelernt hatte, um zu überleben, wie war es mir schmiegsam... Kein Problem, ich mußte mich nur erinnern. Aber nein, nicht erinnern, anklingen lassen, tasten, nur zart berühren. Denn das bewußte

Spiel ist hölzern und grob ... Noch ein halbes Stündchen. Ahhh, jetzt hatte ich sie soweit. Ich redete, ich schwieg, ich litt mit ihr. Alles wurde still. Ich erlöste sie aus ihrer Einsamkeit. Ich ließ sie erzählen. Im Nebenzimmer sah ich Bühne und Kostüm und Rolle und Regisseur. Man hat sie alle abgeholt. Nichts störte die auf der Tribüne, und sie merkten nicht einmal, warum sie nichts störte.«

Aber woher die strategisch einsetzbare Einfühlung, die zitternde Erregung beim Verrat, das fremde Leistungsprinzip inmitten der zärtlichen Nähe und die Marionettendrähte zum Regisseur? Was war die Schule der Kindheit, die für die neue Lehrzeit schon so viel Begabung vermittelte? Kann man von der exemplarischen Entwicklung eines Menschen sprechen, der zum Verrat geboren war?

Den biographischen Teil seines Buches leitet Sinakowski so ein: »Eine Platitüde besagt, daß der destruktive Charakter unfähig zu lieben sei. Niemand liebt mehr, ausdauernder, länger, vor allem aber verheerender als der destruktive Charakter.« Erst wenn die Liebe zerschellt ist, beginnt die destruktive Liebe. Die schwangere Mutter wird von der Stasi vernommen, nachdem ihr Mann in den Westen verschwunden ist:

»Wenige Wochen später saß sie einem anderen Mann gegenüber, auf dessen beständige Fragen sie keine Antwort kannte. Nein, auch sie wisse nicht, wo ihr Mann wäre. Und es war keine Lüge. Am Ende der Vernehmungen war sie erschöpft und leer. Sie sollte es bleiben. Ein Jahr vor dem Bau der Mauer war mein Vater in Begleitung seiner Sekretärin nach Frankfurt am Main geflohen. Am Tage arbeitete meine Mutter, um nachts ein Zimmer für das Kind zu tapezieren, das sie nach ihrem Verlassenwerden abzutreiben versuchte. Das Chinin zeigte keine Wirkung, wenigstens keine sichtbare, es wurde eine normale Schwangerschaft, und es wurde eine Hölle für meine Mutter.« »...Natürlich habe sie mich nicht gewollt, sagte sie, aber als ich in ihren Armen lag, wäre es ihr ergangen wie jeder Mutter, wie jeder Frau. Doch mein Anblick war ihr unerträglich, ich erinnerte sie wohl an meinen Vater, nur wenige Zeit später brachte sie mich zu ihrer Großmutter, die auch schon meine Mutter großgezogen hatte.«

Der Vater kehrte reumütig aus Frankfurt zurück und wollte bei seiner Frau wieder Unterschlupf finden. »Sie übergab den Brief dem Sicherheitsdienst, nicht meine Mutter war es, die ihn erwartete, und nicht sein Sohn. Meinem Vater wurde der Prozeß gemacht, eine Weile schrieb er ihr noch Briefe aus Waldheim, dann ließ sie sich von ihm scheiden.« Ein NS-Untergrund in der Geschichte des Vaters wird sichtbar. Er hat später noch einmal geheiratet, der Ehe entstammte ein behindertes Kind. Der Vater des Vaters verlangt, der Enkel sollte weggegeben werden. »Jahrelang weigerten sich mein Vater und seine Frau, ihren Sohn wegzugeben, um so mehr, wie sein eigener Vater ihnen sogar Geld dafür bot. Für ihn, einen ehemaligen Offizier der Wehrmacht, war er unwertes Leben, früher hätte man ihn getötet. ›Die Euthanasie war eine gute Lösung‹, pflegte er zu sagen, ›man muß zwischen Menschen und menschenähnlichen Wesen zu unterscheiden wissen.‹«

Die Mutter wohnt mit ihrem Sohn wohl einige Zeit mit einem »Stiefvater«, der sie malträtiert. »Ich lag regungslos und erstarrt in meinem Bett und lauschte mit klopfendem Herzen ihrem Streit. Später in der Nacht hörte ich das leise Wimmern meiner Mutter und die Schreie, mit denen sie seine Schläge und Fußtritte, vor allem aber die gekonnten Boxhiebe in ihren Unterleib erwiderte ... Solange ich ihre Stimme durch die dünne Wand zwischen den Zimmern hörte, wußte ich, daß sie am Leben war.« Die Mutter verschwindet oft wochenlang:

»Ich schob meine kalten Füße unter der Bettdecke hervor und ließ sie auf die eisigen Dielen gleiten. Ich ging am zerbrochenen Spiegel vorbei, über ein zerrissenes Kleid, in dem sich wie zum Hohn als allergrößte Täuschung ein Hauch von Parfüm, das mir *Mutter* signalisierte, hielt. Solange dieser Duft, und wäre es im letzten Winkel der Wohnung, schwebte, war sie nicht weit ... Meist verschwand er erst, wenn sie wochenlang nicht mehr erschienen war ... Ich war fünf.« Manchmal findet das Kind die beiden, wenn sie in der Frühe in ihrem Erbrochenen liegen.

Als der Jugendliche später mit einem Freund zusammenlebt, hat er Panikanfälle, wenn dieser mal alleine weggeht. »Vor mir erschien das Bild eines kleinen Jungen. In einer klaren Frostnacht, bekleidet nur mit einem Pyjama, wartet er in einer Straße auf jene Frau, die nie erschien.« Er beschwört die Mutter, den Stiefvater zu verlassen, »weggehen sollten wir, gemeinsam, sie und ich Hand in Hand. Sie war zu schwach dazu. Oft schon gegen Mittag fand ich sie in einer Kneipe ...« »Später kehrten beide heim. Meist hörte ich aus ihren ersten Worten, wie es um sie stand. Es stand schlecht um sie. Noch immer sehe ich ihre Verzweiflung, als sie mit weit aufgerissenen Augen besinnungslos auf meinem Bett zusammensank. Wieder und wieder sehe ich die Tür zu meinem Zimmer aufspringen. Er folgte ihr, er schlug sie und zerrte sie an den Haaren fort.« Später wird er vom Stiefvater sexuell mißbraucht.

Er kommt oft verwahrlost in die Schule. »In der Mitte des Schulhofs stieg die Fahne empor. Der Direktor redete. Ein Lehrer redete. Walter Ulbricht würde sich um uns alle kümmern. Die Menschengemeinschaft. Der Faschismus, die Nato, die Fische, die Fahnenstange. Auch im Bett meines Onkels hatte ich schlafen dürfen. Ich erwachte neben ihm. Erschrocken schloß ich die Augen. Ich sah sein erigiertes Glied. Ich konnte mein Wasser nicht halten. Alle Angriffe des Klassenfeindes würden erbarmungslos abgeschmettert werden... Hinter der Essensbaracke stellte sich meine Klasse in zwei Reihen auf. Ich ging hindurch. Hände und Füße trafen mich, weil meine Wäsche schmutzig war, weil meine Mutter das Milchgeld nicht bezahlte, weil meine Aufsätze die besten waren... Sie prügelten mich bis vor die Haustür.« Später wird er den Eltern des Stiefvaters in Westberlin übergeben, die ihn, gegen Verwöhnung, in einen dienstfertigen Goldjungen zu erziehen versuchen. »›Als wir dich zu uns nahmen, haben wir nicht gedacht, daß du einmal so wirst‹«, nämlich aufsässig. Die Mutter wird später verhaftet und verurteilt, als sie einen ihrer vielen Freier und Vergewaltiger ersticht.

Die Stiefgroßmutter holt ihn zu sich ins Bett. »Nacht für Ncht legte sich ein verdorrender Körper neben mich. Bis zu meinem fünfzehnten Lebensjahr.« Sie war erstarrt, als ihr einziges Kind gestorben war. Mit dem Mann, den sie für schuldig hielt, lebte sie seitdem im Haß zusammen. »Mit ihrem Kind, das sie in meinem Beisein noch als Greisin beweinte, war sie gestorben. Aber Gott hatte ein Einsehen, er erhörte ihre Rufe... Gott war klug, zuerst sperrte er meine Mutter in die Feste Hoheneck, das Kind aber sandte er der Ruferin... Ich war das tote Kindchen. Aber Gott öffnete das Grab, er ließ es auferstehen und übersandte meiner Großmutter einen Bogen Papier, auf dem geschrieben stand, daß er es ihr niemals mehr entreißen würde. ›Der Herr ist mein Hirte‹, sagte sie oft.«

Wirklich als Person gemeint ist der Junge nicht, aber die Sehnsucht nach dem »Guten Hirten« hat sich eingegraben. Der Führungsoffizier konnte auf sie zurückgreifen. Die Spaltung der Welt in Ost und West durchzieht auch bei der Großmutter sein Leben. Sie lebt im Westen und schleppt einen Schwarm von Schmeichlern durch. »In einem nicht enden wollenden Stahlgewitter aus Krieg, Revolution, Inflation, Kapp-Putsch, Nazizeit, Nachkrieg und Mauerbau war sie hart geworden wie das Schwert eines Samurai.« Als die Mutter nach Jahren wieder entlassen wird, kauft die Großmutter ihr den Sohn für 2000 Mark ab.

Diese kindliche Biographie in kurz geraffter Fassung enthält eine solche Häufung von Traumen, daß wir eine »normale« Charakterentwicklung ausschließen können. Ihre Themen sind Gewalt, Verrat, Demütigung, Verlassenwerden, Vergewaltigung, narzißtischer und sexueller Mißbrauch, mißtrauische Kontrolle und ein Zynismus, der Moral zu einer höchstens taktischen Größe macht. Der Autor ist sich der grotesken Häufung des Abseitigen bewußt, sieht aber trotzdem die Strukturen eines Durchschnittsschicksals in vielen zerbrochenen Familien durchschimmern. Er hantiert schriftstellerisch mit den Dimensionen des antiken Dramas, was gelegentlich »chargierend« wirkt, aber das Buch gleicht einer affektiven Explosion. Gelegentlich führt vielleicht ein unmerklicher Rechtfertigungszwang für die spätere Stasi-Arbeit die Feder, der zunächst Abwehr erzeugt, bis man sich besinnt, daß in der Rechtfertigung noch ein Stück Moral steckt. Man kann diese verschämte Rechtfertigung wieder würdigen, wenn man Schedlinskis trotzigen Stolz auf die Stasi-Kontakte als die einzige Möglichkeit, mit Staatsorganen überhaupt noch »vernünftig zu reden« bedenkt.

Die Führungsoffiziere hatten an der Hochschule des MfS Zugang zu einer hochentwickelten Psychologie des destruierten oder destruierbaren Subjekts, die an den Universitäten natürlich nicht gelehrt wurde. Die negative Anthropologie dieser nichtöffentlichen Psychologie und ihr Niederschlag in den Dienstanweisungen der Stasi sind gründlich zu untersuchen. Dafür ist hier nicht der Raum.

Ich wollte deutlich machen, wie sehr das Beziehungsangebot des Führungsoffiziers auf die »seelische Lücke« im Spitzel zielt. Dabei ist nur partiell kalte Berechnung im Spiel. Es entsteht wechselseitige Sympathie, die um so leichter als »echt« erlebt wird, wenn die Solidarität gegenüber der Aufgabe das »Team« zusammenschweißt, wenn gemeinsame Ganovenehre ins Spiel kommt, das Verbindende des konspirativen Klimas, Vertrauensbeweise, gemeinsame Leistungserlebnisse. Es kommt die Delegation von Selbstanteilen ins Spiel, wenn der Spitzel Seiten auslebt, von denen ihn kleinbürgerliche und stasi-elitäre »Anständigkeit« oder auch nur Angst abhalten. Umgekehrt fühlt der Spitzel den Führungsoffizier in einer geordneten, geregelten Welt leben, in der Sicherheit der bürokratischen Orientierung und »Gesetzmäßigkeit«, mit der Ruhe des ideologischen Wissens um die Berechtigung und Notwendigkeit des gemeinsamen Tuns. Die Beziehung zur Großmutter wird als »Symbiose« bezeichnet, die zum Führungsoffizier wie zur Stasi ebenso.

A.s Homosexualität und ihr gezielter Einsatz bei schwierigen Einsätzen bringt die Symbiose deutlich in die Richtung politischer Prostitution, unterstützt vom Zuhälterbetrieb des Geheimdienstes, wie ich es bereits in dem Aufsatz über das Buch »Geschützte Quelle« von Katja Havemann und Irena Kukutz herauszuarbeiten versuchte (in: »Besuche bei Brüdern und Schwestern«, Frankfurt a. M. 1991). Bei allem symbiotischen Angewiesensein aufeinander bleibt natürlich das strategische Denken über den anderen lebendig, auch wenn es sich in der Rückschau erst präzisieren mag. Anläßlich einer Ausweitung der Arbeit auf Prag, bei der der Umgang mit der »Charta 77« Thema wird, schreibt Sinakowski über die Experten aus der Normannenstraße:

»Einzig ›deutsche Gründlichkeit‹ schien ihnen als Garantie für den ›Endsieg‹. Das MfS operierte in Prag und nicht immer mit dem Wissen der ›Hausherren‹. Ob von Belang oder nicht, um seine Karriere zu fördern, peppte Scholz alles, was ich lieferte, zur Relevanz auf« (ein Hinweis vielleicht auch auf die »Relevanz« all dessen, was in den Aktenkilometern steht). Aber der Schutzaspekt des Führungsoffiziers für das dünnere Nervenkostüm des Spürhunds wird wieder deutlich: »Der gute Hirte befahl: Entspannen. Er enterte den Tresen und räumte ab. Wir fraßen uns in Serpentinen durch Suppe, Salat..., seufzten tief beim Entrecôte double... Bei Likören und etlichen Bierchen besprachen wir den Plan für die Woche.« Und nun das nervliche wie ideologische Auftanken beim Führungsoffizier:

»Daddy lächelte. Daddy war abgeklärt, souverän, sachlich, er sprach mit sonorer Stimme. Natürlich gäbe es auch einmal eine Panne, ein Unrecht. Die DDR wäre ein ganz normaler Staat. Natürlich würde auch einem Polizisten mal die Hand ausrutschen. Dies würde immer streng geahndet.«

Die Spitzeltätigkeit in der schützenden und anfeuernden Beziehung zum Führungsoffizier führt zu einer Schiefheilung, die affektive Sicherheit, Thrill, Wichtigkeit, die Möglichkeit zur verdeckten Rache, aber auch Faszination und Präzisionsarbeit in die Leerstellen der Seele transplantiert. Etwas von der süchtigmachenden Faszination ist auch noch nachträglich bei Sinakowski zu spüren:

»Es kam nur darauf an, sich hundertfünfzig Lügen auf einmal zu merken und X nicht das Gegenteil von dem zu erzählen, was Y erfuhr. Konspiration ist ... Heimlichtuerei plus Berechnung und Macht. Konspiration ist verhohlene Selbstgefälligkeit, angedickt mit Paranoia. Konspiration bedeutet vor allem, zu dienen, die Fäden in der Hand zu behalten, wenn es draußen kalt ist und dir die Pfoten abfrieren. Sich Lügen auszudenken, sich nicht zu vergessen, fremdzugehen und vor der Heimkehr das letzte blonde Haar von der Schulter zu fischen. Konspiration ist die Fortsetzung der bürgerlichen Ehe über den Tag hinaus, da die Liebe erlosch und beide wegen des Besitzes zusammen aushalten. Konspiration kostet anderen das Leben, dich die Nerven, Zeit, es raubt dir jede Liebe ... übrig bleibt das tränennasse Lachen inmitten der Asche ... Spione sind Geisteskranke, die es nicht einmal bis zur Klinik schafften ... Konspiration ist eine Droge, billig und stinkend wie Bier. Sie macht müde und traurig. ... Um sich auf sie einzulassen, mußt du Platz in dir schaffen. Oder andere taten es für dich und vor dir, seitdem du denken konntest und bis du mit dem Denken aufhörst. Du mußt leer sein, ganz leer und klamm. Du mußt dein Ich verloren haben, um gierig alle Angebote auf Rollen ... anzunehmen ... Verrat ist eine Lust aus Verzweiflung.«

Dieser Satz ist, so meine These, hunderttausendfach von der Stasi bestätigt worden. Das Mischungsverhältnis der Motive zum Mitmachen ist unendlich variabel. Reale Erpressung oder ideologisches Entgegenkommen machten weniger Psychopathologie und also auch weniger »Psychotherapie« durch die Führungsoffiziere nötig. Die Selbstverklärung der Kontakte durch die aufgeklärten Zyniker der Ostberliner Szene rücken die Mitarbeit in die Nähe von kulturschaffendem Heldentum: Der informelle Mitarbeiter ist dann der Gesündeste im System, weil er die Stasi als die fortgeschrittenste und aufgeklärteste Behörde nutzt, um für die Freiheit zu kämpfen, obwohl er sie dann doch wieder nachträglich für strohdumm verkaufen muß. Damit komme ich noch einmal auf Schedlinski und seine These, daß der IM eigentlich der Renaissance-Mensch der späten und untergehenden DDR war. Markus Wolf, der langjährige Leiter der Spionageabteilung, hat sich vielleicht auch als solcher verstanden und ein Image in diese Richtung gepflegt bis zu seinem vorzeitigen Ausstieg, oder mehr noch danach.

Es ist aber wichtig zu unterscheiden, wo die Stasi eine absolut einschüchternde und angstmachende, die Repression aufrechterhaltende Institution war und wo bestimmte Lockerungen, ja eine Durchmischung der Funktionen, wie etwa in der künstlerischen Szene des Prenzlauer Berges mit Spitzeln wie Top-Initiatoren einer alternativen Kultur wie Sascha Anderson oder Rainer Schedlinski, sogar zu der Hypothese führten, die Stasi sei die große kulturtragende Institution im Hintergrund und die relative Angstfreiheit sei gerade ein Produkt dieser Verstrickung und Durchdringung gewesen. Dann wäre also eine Entängstigungstherapie von der Stasi ausgegangen, weil sie ihren Top-Spitzeln ein Ausmaß an Freiheit und Initiative ließ, das ansteckend wirken konnte.

So jedenfalls sieht es der zur Prenzlauer literarischen Szene gehörende Schriftsteller Jan Faktor. Er schreibt in einem Aufsatz »Siebzehn Punkte zur Prenzlauer-Berg-Szene« (gekürzt abgedruckt in der FAZ vom 5. 1. 92 unter dem Titel »Das Polster um uns war künstlich. Was die inoffiziellen Mitarbeiter zur Entstehung des Freiraums im Prenzlauer Berg beigetragen haben und was dabei zerstört wurde«):

»Allerdings war die Atmosphäre in Ostberlin wirklich entspannter als in der übrigen ›Republik‹. Man konnte es hier relativ einfach schaffen, nur die lächerlichen und harmlosen Seiten der Stasi-Aktivität wahrzunehmen und die ernsteren Dinge auszublenden. Als Schutzmechanismus hat das gut funktioniert. Man konnte sich dabei auch noch wunderbar mutig und frei fühlen, weil man gleichzeitig mitbekam, mit wievielen Ängsten sich sonst die Normalbürger um einen herum wegen Nichtigkeiten dauernd fütterten. In der sogenannten Provinz war man in dieser Hinsicht an der damaligen Realität näher dran.« Die Spitzel bewegten sich anders in dem Umfeld, auf das sie angesetzt waren und das sie gleichzeitig prägten. Ihre Funktion in der allgemeinen pseudotherapeutischen Umverteilung von Angst und psychischem Elend war anders: Sie erzeugten paradoxerweise eine Entängstigung und mußten deshalb mit ihren eigenen Ängsten anders umgehen. Trotzdem bleibt die individualtherapeutische Funktion des Führungsoffiziers erhalten:

»Die Angst aber war in allen da. Das erklärt nämlich wenigstens teilweise den Fakt, warum einige von denen, die in der inoffiziellen Kunstszene besonders aktiv waren und sich in der DDR damals strafbare Freiheiten nahmen, IMs waren. Als Mitarbeiter hatten sie die Rückendeckung des Staates, einen direkten Draht zu ihm. Statt einer diffusen Bedrohung war ein realer und eventuell intelligenter und freundlicher Gesprächspartner da – als Vertreter dieser Bedrohung zum Anfassen. Und ein lebendiger Beweis, daß die Stasi im Prinzip auch ›sauber‹ arbeiten und menschlich sein konnte.« Wer also mit der Stasi schwamm, konnte »hochrangiger« Kunstorganisator sein, brauchte also sowohl weniger Pathologie wie weniger ideologische Treue, um die Kröte des Verrats zu schlucken: narzißtischer Gewinn wie Selbstbestätigung waren die Verlockungen. Aber die Paradoxie bleibt: Die Stasi funktionierte wieder als therapeutische Großinstitution, die das Seelenklima bestimmt, und sei es auch nur als dosierte Lockerung eines noch immer allgemeinen Klimas der Repression in einem privilegierten Bereich. Zur Angstbewältigung der Spitzel schreibt Faktor:

»Unsere IMs haben zu der von innen langsam wachsenden Angstfreiheit viel – und zwar positiv – beigetragen. Sie haben durch ihre sogenannten ›Kontakte‹ nicht nur ihre eigene Angst neutralisieren können, sie haben durch ihre freundschaftliche Anwesenheit Zuversicht in Bezug auf ihre ›nicht-konformen‹ bis strafbaren Aktivitäten ausgestrahlt. Oder andersherum gesehen – sie haben die Angst von ihren Freunden abgeleitet, die Angst ›geerdet‹. So etwas funktioniert – wie die Tiefenpsychologie lehrt – auf unbewußten Ebenen wunderbar. Und vollkommen wortlos. Der Preis aber, den sie selbst zahlen mußten, war hoch: Ihre eigene, ganz private Angst, die zu ihrer verdeckten Beschäftigung unzertrennlich gehörte und mit der sie von den gut geschulten Offizieren nicht grob, aber geschickt an der Leine gehalten wurden, mußten sie schlucken. Sie abzugeben, war nicht erlaubt. Diese Angst hat sich andere Kanäle suchen müssen.«

Jan Faktor macht aber auch deutlich, daß es mit der psychischen Normalität selbst der Top-Spitzel der Berliner Künstlerszene nicht weit her sein mag. Ihre »Erwählung« durch die Stasi beruht nicht auf grundsätzlich anderen Mechanismen der Rekrutierung, die Bereitschaft zum Verrat und die entsprechenden Biographien gehören zusammen. Die These vom Mißbrauch (und der Förderung) seelischer Beschädigung zu dunklen Staatszwecken wird dadurch nicht geschwächt. Faktor schreibt über Anderson, den er aus jahrelangem Umgang kennt:

»Worüber er wahrscheinlich nie wird sprechen können, und was ein nicht-banales Geheimnis bleiben wird, sind irgendwelche tiefer liegenden Erschütterungen aus seiner Kindheit und Jugend. Es gibt vorsichtige Versuche, einige seiner Texte in diesem Sinne zu analysieren.«

Da das System »flächendeckend« sein sollte, brauchte es Zehntausende solcher Beschädigter, für die »Verrat«, und besonders Verrat an nahen Freunden, eine Lebensform wurde. Der psychische Gewinn, den sie sich verschaffen konnten, die Entlastung, die Wichtigkeit, das Einbringen ihrer frühen Spaltungen in die Spaltungen ihres sozialen Lebens, wird ihnen noch lange zu schaffen machen. Daß das Schweigen so eisern war und ist, läßt sich nicht nur mit Scham und Angst vor der Isolierung und der moralischen Aggression erklären. Da sind auch primitivere Mechanismen wie Leugnung, Verdrehung und Entwirklichung am Werk. Aber daß sich in Berlin ein Klima bildete, in dem die Zusammenarbeit mit der Stasi, wie auf einer Insel im künstlerischen Bereich, zu einer Art Kumpanei unter scheinbar Gleichgesinnten werden konnte, bestätigte im Januar 1993 auch Heiner Müller durch sein spätes und überraschendes Bekenntnis eigener IM-Tätigkeit. Die Reaktionen schwankten unter Berliner Schriftstellern zwischen Achselzucken und Fassungslosigkeit.

Zurück zur speziellen Variante der »psychotherapeutischen« Kooperation mit der Stasi bei Schedlinski und zu seiner sehr spezifischen Rechtfertigungstheorie der Tätigkeit als »inoffizieller Mitarbeiter«, die die historisch angeblich notwendige Kollusion im Unbewußten gleich einbezieht:

»In der DDR aber war schlechthin alles *inoffiziell,* was nicht in deren Selbstbild paßte und nicht von den Richtlinien des letzten Parteitags her plausibel gemacht werden konnte. Eine Gesellschaft, der für einen beträchtlichen Teil ihrer Realität zunehmend die Sprache abgeht, muß neben ihrer öffentlichen auch noch über eine zweite, geheime Wissensebene verfügen, und das unter anderem war eine Funktion der Stasi, die man so auch als eine Art gesellschaftliches Unterbewußtsein verstehen könnte. Mehr noch vielleicht, als zu verhindern, was ohnehin nicht mehr zu verhindern war, hatte die Stasi aus dem öffentlichen Denken herauszuhalten. Ebenso wie es eine zweite, eine kriminelle wie staatliche

Schattenwirtschaft gab, brauchte es eine zweite, geheime Öffentlichkeit – nämlich die Opposition und die Stasi, die beide sich all dessen annahmen, was keine öffentliche Sprache hatte.« Das wäre also eine sehr fürsorgliche Rolle der Stasi, in der sie sich mit der Opposition kooperativ ergänzen konnte. Die Stasi trotzte dem repressiven oder töricht oder vergreist gewordenen Staat sozusagen Freiräume ab. Das Instrument der Repression wurde zum eigentlichen Asyl der Freiheit.

Die Idee ist genial, aber auf eine höhere Weise töricht und, wie ich meine, von einer anderen Form von Verrat durchzogen, selbst wenn die Kungelei in dieser Szene tatsächlich Auflockerungen ermöglicht hat. Bezeichnenderweise verrät Schedlinski immer auch eine eigene Gegenmeinung: Er vergleicht diese zweite »Geheimebene« mit der der *kriminellen* zweiten Ebene der Schattenwirtschaft. Aber die Faszination vor dem »Geheimen« ist spürbar. Diejenigen, die, wie bei der Schattenwirtschaft, »in« sind, stellen eine Art intellektuelle oder unternehmerische Elite dar, zu der nur ausgesucht aufgeklärte Individuen Zugang haben:

»Erst in jenem heimlichen Wissen aber um die tatsächlichen Verhältnisse, jenen Einsichten, die jeder erlangen konnte, der seinen eigenen Erfahrungen und nicht den Zeitungen glaubte, in jener Konspirativität der Gerüchte, Mutmaßungen und der Flüsterpropaganda, die das ganze Land durchdrungen hatte, bestand eine relative, pragmatische, offene und realistische Sicht.« Und wieder kommt der Vergleich der stasi-geförderten Kunstszene mit dem Schalck-Imperium:

»Nur die Stasi und die Partei in ihren engsten Gremien verfügten über eine diskrete Sprache, die die Verhältnisse nicht nur idealisierte, sondern die auch pragmatische Begründungen und Handhaben zuließ, mit denen die Intershops ebenso gerechtfertigt werden konnten wie die wachsende Zahl der Spekulanten und Schwarzhändler (eine Selbstbezichtigung? T. M.), die uneingestandenen Preissteigerungen in den Exquisitläden wie der immer unverhohlener werdende Abstand zum westeuropäischen Wirtschaftsniveau, das massive Aufkommen rechtsradikaler Gesinnung gerade unter Funktionärskindern wie die Prostitution, die Tolerierung der Subkultur, die Parteiaustrittsbewegung Anfang 1989 oder die plötzliche Ausreisewelle u. v. a. m.«

Es gäbe also die Kooperative der kulturellen Konkursverwaltung. Aus der angstmachenden Stasi wurde die entängstigende

Fürsorgeeinrichtung. Den Dummen war noch bange, die Cleveren verbreiteten schon die Heiterkeit der vom Geheimdienst geförderten kreativen Untergangsstimmung. Wer nicht mitspielte, war selbst schuld. Die Opposition hatte schließlich die gleichen Themen, »mit denen die Stasi befaßt war, und – ich weiß, es klingt bizarr – insofern muß zwischen der Opposition und der Stasi sogar eine Art unfreiwilliger Kooperation und Arbeitsteilung bestanden haben...«, schließlich setzte auch die Stasi auf Gorbatschow: »Die Stasi als *Vorzimmerdame der Macht*«, mit der nicht zu flirten und zu schäkern geradezu töricht gewesen wäre. Schließlich kann die Vorzimmerdame beim Chef ein gutes Wort einlegen bei allzu skandalösen Vorfällen. »Wie läßt sich die Stimmung der Bevölkerung abschätzen? Alles nur mit Hilfe der Stasi. Wenn man sich so die Stasi als pervertierten Ersatz für öffentliche Meinung vorstellt, wird verständlich, warum so viele und so verschiedene Menschen in ihr Netz gezogen wurden. Stasi-Mitarbeiter denunzierten ja nicht nur Menschen, sondern auch Mißstände«, zitiert Schedlinski dankbar einen Aufsatz einer »über jeden Rechtfertigungsverdacht erhabenen Amerikanerin, Inga Markovits«. (»Die Zeit«, Januar 1992) Die Ironie in dem Aufsatz scheint er nicht bemerkt zu haben.

So avanciert die Stasi auch zum Gesamtsozialtherapeuten der DDR, »auch in vollem Bewußtsein dessen, was die Stasi alles an Unheil über die Menschen gebracht hat«: »Es sind mit Hilfe von Stasikontakten sicher nicht nur Dächer repariert worden, sondern auch Leute aus der Haft freigekommen (wer hatte sie bloß dorthin gebracht? T. M.), Veranstaltungen möglich geworden, legale und illegale Veröffentlichungen, Ausreisen etc.«

Hier wird der Zynismus der Umverteilungstheorie für materielle wie für psychische Vorteile oder Nachteile ganz deutlich: Die Repressionsbehörde nimmt vielen etwas weg oder kujoniert sie, aber dafür spielt sie bei denen, die ihr gefallen, den Weihnachtsmann und sponsort sogar Dichterlesungen mit aufmüpfigen Texten, auf denen dann die ganze Szene bequem abgelichtet und ausgeforscht werden kann. Denn der Weihnachtsmann muß schließlich wissen, was im Kindergarten, den er finanziert, alles passiert.

Deshalb ist es für Schedlinski auch plausibel, daß die Unterscheidung zwischen Opfern und Tätern künstlich ist, »und es muß doch einem dieser westdeutschen Feuilletonisten schon mal aufgefallen sein, daß der Graben der Entrüstung und der Mißverständnisse weniger zwischen *Tätern und Opfern* als zwischen Ost und West verläuft und daß die Mehrzahl der DDR-Bürger, die Gemeindeglieder in den Kirchen, die Fans und die Mitglieder der Fußballclubs, in denen ein Stasi-Mann enttarnt wurde, sich leichter tun, damit umzugehen, als mancher der unerbittlichen Westjournalisten, die nun mit ihrer aufklärerischen Zwangsbeglückung über den Osten hereinbrechen.« Daran ist leider einiges wahr, auf beiden Seiten, und ich habe nie meinen Skepsis verhehlt vor der moralischen Selbstgerechtigkeit der Wessis, die die verpaßte Reinigung nach 1945 in einem fremden Augias-Stall mit wütender Inbrunst nachholen und »drüben« trotzigen Schulterschluß bewirken.

Aber die Stasi im Dienste der Rechtfertigung des eigenen Verrats zur Fürsorgebehörde und zur sozialtherapeutischen Einrichtung zu erheben ist ein gerissenes Stück Wirklichkeitsverdrehung. Plötzlich werden alle die kriminalisiert, die sich »feige« vor solchen Kontakten drückten und »legalistisch« still in ihren Nischen blieben. Denn es war der widerspenstige Geistesadel, den die Stasi zur Kooperation einlud:

»Es gab zwei Möglichkeiten, mit der Stasi in Berührung zu kommen: Entweder man war auskunftspflichtig in einer staatlichen Position, oder man war renitent«, also Angehöriger der kreativen Nacht- oder Unterwelt:

»Dieses Land lebte durch seine Freiräume, Grauzonen und rechtsfreien Bereiche, weil dessen sichtbare Oberfläche nichts als ein lächerliches Theater war. Diese Gesellschaft bestand aus einer offiziellen und einer inoffiziellen, einer Tag- und einer Nachtseite, zu der auch die Stasi gehörte. Sie war das Unaussprechliche, das große Tabu, und darin war sie ebenso inoffiziell wie der Schwarzhandel ... die Antiquitätenschieber ... die Häuserbesetzer.« Die Selbstadelung alles Illegalen fragt nur noch nach der psychischen und materiellen Lebensqualität der vereinten Nachtseitenschwärmer, während bei Tage die Doofen und die Legalen weiter am Sozialismus herummurksen. Die Nachtseite gleicht einer psychosomatischen Klinik, in der bestimmte Regeln aufgehoben sind und ganz andere gelten. Im Prinzip ist das therapeutische Wach-Personal aber auf seiten der Insassen. Wer keinen Therapeuten (FO) gefunden hat oder keinen hilfreichen Erpresser, der ihn in die Klinik genötigt hat, ist ein bedauernswerter Hungerleider und bestimmt nicht auf dem Wege geistiger und seelischer Gesundung.

Im Grunde müßte die Stasi schnellstens ins gesamtdeutsche Krankenkassensystem übernommen werden, weil sie als Großinstitution sicher mehr therapeutische Wirkung hatte als die mühsamen Einzelbehandlungen von Tiefenpsychologen und ähnlichen Falschspielern, die es mit der überholten Autonomie des Subjekts zu tun haben. Bezahlt werden müßte hiernach ein Gesamtpate, der die Umverteilung von seelischer Gesundheit und Krankheit besorgt.

Daß der Verrat als Prinzip Schedlinskis Denken bis zum Schluß durchzieht, wird an folgendem deutlich: Im Einklang mit Heiner Müller bezeichnet er die Stasi-Offiziere als die einzig übrig gebliebenen Durchblicker, mit denen man noch »vernünftig reden« konnte: Kooperation der nachtseitigen Eliten. Gegen Ende des Aufsatzes bekommt Schedlinski aber doch Zweifel an seiner Verklärungstheorie und muß sich erneut abgrenzen: Die Durchblicker und einzigen Besitzer aufgeklärter und wissender Sprache sind plötzlich allesamt wieder Holzköpfe, über die man sich wohl nur lustig gemacht hat:

»Jenes hermetisch vernagelte Denken, das man in der DDR und das ich bei der Stasi am drastischsten erlebte; das nicht nur ich als derart engstirnig, zwanghaft und realitätsblind erfuhr und beschrieben habe, ließ jede Form der ideologischen Auseinandersetzung nicht weniger naiv oder vergeblich erscheinen als das ihr abgetrotzte Schweigen.« Also ein später Fußtritt für die Kollegen von der Ko-Opposition: erst gemeinsame Kulturelite und Markus-Wolfisches Renaissancemenschen- oder Schwarzhändler- oder Zuhältertum und dann wieder: schon immer belächelte Dummheit der kooperativen Wissensträger, die schnell wieder zum benutzten Hilfspersonal herabsinken. Die Scham muß tief sitzen, wenn solche geistigen Omnipotenzphantasien aufgefahren werden, um damit fertig zu werden:

»Mein Thema war die Geschlossenheit jener Denksysteme und die Wahrheit des Verfalls jener Wahrheit, nicht etwa, weil dank der Postmoderne Wahrheit so instrumentell und relativ geworden wäre, sondern weil gerade ihr hiesiges Potemkinsches Dasein nur noch ein rein pragmatisches Verhältnis zu ihren Kulissenschiebern zuließ.« Wer hier schiebt und geschoben wird und ab und zu lachend in den Orchestergraben fällt, ist nicht mehr auszumachen. Die wirklichen Opfer werden es anders empfinden und die Seiltänzerei über dem moralischen Abgrund zwar für Selbsttherapie halten, sie aber nicht als Kulturleistung würdigen können. Verrat auch an der minimalen Solidarität mit denen, die wirklich gelitten haben; auch ein Fußtritt für die Dummen, die noch an Erneuerung durch die Wende geglaubt haben. Denn so argumentiert der ausgehaltene Spitzel:

»Wäre dieses System so furchtbar gewesen, wie man heute allenthalben glauben und auch glauben machen möchte, wäre es so gnadenlos und mörderisch gewesen und nicht auch so lächerlich und banal, ich hätte – soviel Zivilcourage möge man mir zutrauen – mich keinen Augenblick mit ihm eingelassen. Freilich paktiert man nicht mit einer grausamen Diktatur, aber mit einem Schildbürgerstaat wie diesem lasse ich mich allemal ein, sofern ich an den allgemeinen Dummheiten nicht teilnehmen muß. Wäre dieses System derart brutal gewesen, wie jetzt in manchen Schlagzeilen behauptet, würde es noch bestehen.« Ein echt dialektischer Gedanke, der aus dem Zusammenbruch seine moralische Harmlosigkeit herleitet, die eine Kollaboration geradezu gebot!

Am Schluß wird sogar eine gewisse perverse Egozentrik spürbar, die die Qualität der Stasi daraus ableitet, daß der Judaslohn und die Einkünfte aus stasi-gesponserten Zeitschriften nicht versteuert werden mußten: »Wie furchtbar ist ein Geheimdienst, der uns quasi noch vor dem Finanzamt schützte; der es vorzog, die Unbequemen lieber ein halbes Jahr per Reisepaß in den Westen zu schicken ... Als ob es nicht für manchen gar eine Art Sport gewesen ist, seinen Verfolgern nachzulaufen.« Wer noch irgend etwas geglaubt hat oder Ideale hatte, Veränderung betrieb oder nach einem dritten Weg suchte, bleibt bei einer solchen Prosa besudelt zurück.

Es ist aber meine Überzeugung, daß der Begriff einer »sozialen Erkrankung« im großen Maßstab auch einen Raum für spätere Versöhnung enthält, um so mehr, wenn die Einsicht, daß in den Tätern auch Opfer stecken, nicht mehr nur der Entlastung oder Rechtfertigung im Augenblick dient. Nationalsozialismus und Stalinismus haben zu menschlichen Zerstörungen geführt, die leicht auszubeuten waren. In Kategorien rein individueller Schuld ist das gar nicht umfassend zu begreifen. Politik auf menschliche Defekte aufzubauen, entspringt einer negativen Anthropologie, mögen die Ideale auch noch so hoch gehalten und laut proklamiert werden.

Nachtrag

Auf der psychologischen Ebene scheint, falls nicht ideologisches Engagement oder Erpressung zur Verpflichtung als IM führte, die Figur der Prostitution – Schutz und Abhängigkeit gegen Lieferung von Geld oder Information – den seelischen Mechanismen am nächsten zu kommen. Auch Konrad Weiss hebt diesen Aspekt, unter anderen, hervor (Spiegel-Spezial, Januar 1993, S. 6): »Zu viel Menschsein haben diese Stasiknechte zerstört, sie haben Menschen gedemütigt, gepeinigt, gefoltert, verfolgt. Sie haben gemordet und Menschen in Krankheit und Tod getrieben, haben ihnen das Rückgrat gebrochen, sie zu Feiglingen, Verrätern und Huren gemacht. Sie haben Menschen entwürdigt, vergewaltigt, erpreßt. Sie haben Menschen geschändet.« So wie der Zuhälter die Labilität und die Geborgenheitssehnsucht seiner »Pferdchen« benutzt, so haben sich die Führungsoffiziere die Schäden und die seelische Heimatlosigkeit ihrer Zuträger zunutze gemacht und sie gefördert. Petra Bornhöft stößt in »Ansonsten bin ich am Ende. Stasi-Spitzel blicken zurück« (Spiegel-Spezial, S. 160) auf ähnliche Konfigurationen: Der Spitzel ›Dietmar Lorenz‹ »mußte den Kontakt zu seiner Psychologin abbrechen, und an ihre Stelle trat der Führungsoffizier so wirksam, daß ›Lorenz‹ ihn bald ›als Freund‹ wähnte, ja als ›Vaterfigur‹ empfand«.

Es wäre nicht absurd, sondern für manchen am falschen historischen Platz gelandeten Führungsoffizier eine lohnende Wiedergutmachungsaufgabe, als weitergebildeter Berater und Rehabilitationstherapeut einiges aufzuarbeiten an eigener Schuld und anderen zu helfen, mit den Wunden, die er geschlagen hat, fertig zu werden. Auch eine ins Negative gewandte, pervertierte Psychologie läßt sich in den Dienst am Menschen zurückführen. Vielleicht kommen ihnen mit der Zeit sogar ihre ehemaligen Psychologieprofessoren an der MfS-Hochschule zu Hilfe. Denn für immer auf der Psychologie der politischen Prostitution sitzen zu bleiben, kann auch keinen Spaß machen.

Motive und Ziele der Rechtsradikalen

Der vergessene intergenerative Aspekt,
die destruktiven Vorbilder und die Ohnmacht
der internationalen Politik

Eine provozierende These gleich zu Beginn: So quälend Dauer und Tenor der asylpolitischen Debatte waren, so demütigend das äußerst zögerliche Anlaufen wirksamer polizeilicher und strafrechtlicher Verfolgung der zunächst noch »Randalierer« genannten Gewalttäter, so erschütternd das Schicksal der Todesopfer in den angezündeten Heimen, so empörend die geschändeten Friedhöfe und Gedenkstätten: ein Erwachen der Deutschen in großer Zahl wäre nicht früher erfolgt. Die ausgepfiffene Großdemonstration mit dem Bundespräsidenten in Berlin im November 1992 und die Lichterketten in München mit 300 000 Teilnehmern Anfang Dezember 1992 und danach in vielen anderen Städten führten dazu, daß Hunderttausende auf die Straße gingen, die in ihrem Leben noch nie an einer Demonstration teilgenommen hatten. Es hat eine Politisierung von Menschen stattgefunden, die sich sonst nur »privat« Sorgen machen und besorgt sind. Inzwischen bilden sich viele Initiativen, Nachbarschaftshilfen, Telefonketten für Gefahrensituationen. Man engagiert sich, Industrie, Vereine, Sport, Kirchen »schämen« sich, warnen und führen Menschen zusammen. Das Erschrecken ist endlich tiefer gegangen, aber es bleibt die traurige Tatsache, daß es ohne die Morde von Mölln nicht so weit gekommen wäre. Die Schicht des Widerstands gegen die Wahrnehmung einer Gefahr, vielleicht einer sozialen Erkrankung, scheint durchbrochen.

Natürlich gibt es bei vielen Politikern und an den Stammtischen noch, im Sinne der »Reduktion von Komplexität« (Luhmann), eine Zentrierung auf die paar hundert Täter und die Mitläufer oder »Mitschwinger« und Sympathisanten. Die vereinfachte Maxime würde lauten: Festnehmen und aburteilen, verbieten und überwachen, dann hat der Spuk bald ein Ende! Es ist vielen Nachdenklichen inzwischen aber auch klar, daß nach den »Ursachen« geforscht werden muß, und sie werden zunächst vorwiegend im Ökonomischen (Chancenlosigkeit) und im Sozialen (gesellschaftlicher Umbruch mit Desorientierung und Wertverlust) gesehen. Doch das würde noch immer bedeuten, daß es halt die Labilen und die Anfälligen, die »Primitiven« und die Ewig-Gestrigen wären, der »Mob« und der »Pöbel« und die »Glatzköpfe«, die aus ihrer aktuellen Beunruhigung, Heimatlosigkeit, ungerichteten Aggression, den Minderwertigkeitsgefühlen und dem Neid heraus auf eine rein »gegenwärtige« Krise mit Gewalt und Rückzug in rassistische oder fremdenfeindliche Ideologien ausweichen. Allenfalls kommen noch gruppendynamische Deutungen hinzu (an denen viel Richtiges ist), die das situationsbezogene »Aufheizen« und den Kontrollverlust durch wechselseitige Ansteckung erklären wollen. Auf der individualpsychologischen Ebene kommen noch einige Motive und Mechanismen hinzu: der Kampf gegen die innere Leere, die solidarische Verschmelzung in der spannenden Aktion, die Kanalisation von Wut, die sich sonst gegen das eigene Selbst richten würde.

Von hier aus führt die Brücke zur Sündenbock-Theorie: Die Schwächsten werden ausgesucht, um an ihnen den Frust abzulassen, aus Schwäche Stärke zu machen, den Selbsthaß auf Ziele zu lenken, die den eigenen Größenwahn oder wenigstens die Arroganz durch Verachtung nähren und die sich mit »Reinheits-Theorien« von Volkstum und Rasse leicht ideologisch rechtfertigen lassen. Zwar ist vom Wiederaufflackern nationalsozialistischen Gedankengutes, von Haltungen und Handlungsbereitschaft die Rede, und ein Teil der Rechtsradikalen tut mit ihrem Hitler-, Kampf- und Fahnenkult viel, um diese These zu bestätigen, so als wäre alles nur eine Fortsetzung oder Wiederanknüpfung nach zwei Generationen. Aber dennoch bleiben diese Erklärungsversuche historisch flach. Ein soziales Symptom wird zum Problem einer Randgruppe herunterstilisiert. Die Statistik soll, vor allem dem Ausland gegenüber, beweisen, wie marginal das Phänomen im Grunde ist. Außerdem kommen die Erklärungsversuche schwer mit dem Widerspruch zwischen politischer Dämonisierung und der Jugendlichkeit der Täter zurecht: 70 % von ihnen sind unter 20 Jahren. Neben den organisierten Gruppen gibt es – und das mindert die Gefährlichkeit nicht – die vielen Feierabendtäter, die nach einem normalen Arbeitstag als Lehrlinge oder Arbeiter mal eben »zündeln« und auch hilflos erschrocken sind, wenn die Versuche zur ethnischen »Säuberung« eines Stadtteils von Asylanten die Dimensionen von Mord erreichen. Das »Erwachen« der demokratischen Kräfte ist auf Aktion, Wachsamkeit, Bekenntnis hin ausgerichtet, also auch hier: ein Bezug auf die Handlungsmöglichkeit in der Gegenwart. Aber das Handeln bezieht sich auf die gefährlichen Erscheinungsformen des Symptoms, dessen Quellen tiefer liegen.

Was oft fehlt, ist der Rückbezug der Täter und ihrer Motive auf die Gesellschaft als Ganzes, auf die Formen der untergründigen Bewertung und Tradierung von Gewalt in den Familien, auf das unkenntlich gewordene Fortleben total unverdauter und inzwischen intergenerativ entstellter Fragmente nicht nur von NS-Ideologie, sondern auch von unverarbeitetem Leid, von inneren Spaltungen, von schwelenden Seelenfragmenten und eingemotteten Teilen der Biographien von Eltern und Großeltern.

Die Ausbrüche scheinen zwar aktuell und sozial motiviert, aber sie sind nicht tiefer zu verstehen ohne die Einbeziehung von inzwischen drei Generationen von NS-Mitläufern und -tätern, Kriegsopfern, seelischen Opfern des schweigenden Wiederaufbaus und der neuen Diktatur des Sozialismus mit dem stählernen Deckel über der Vergangenheit.

Fernsehinterviews mit Eltern der Brandstifter und Asylantenjäger zeigten oft eine erschreckende Beziehungslosigkeit zwischen Eltern und Jugendlichen. Manche Eltern schienen gar nicht erschrocken. Die Jugendlichen wohnen zwar vielfach noch zu Hause, aber sie sind nicht Teil einer kommunikativen Familie, sie leben außerhalb eines Gesprächszusammenhanges, außerhalb einer Welt mit gemeinsamen Werten, vor allem aber: gemeinsamer Erinnerung. Die Täter zwischen 17 und 25 Jahren sind Enkel. Ihre Väter und Mütter sind Kinder von Erwachsenen, die als Jugendliche und junge Erwachsene noch in der Hitlerjugend waren, und von daher nichts anderes kennengelernt hatten als ein Aufwachsen in Diktatur, Krieg, Flucht, schwieriger Integration als Flüchtlinge. Es wurde nirgends geredet in den Familien. Die öffentliche Meinung sprach von der braunen Diktatur, der Barbarei, den Verbrechen des Holocaust und des Krieges. Zwar verhehlten eng umrissene Gruppen, Seilschaften, Hilfsgemeinschaften (etwa der SS oder Soldatengruppen) in den Nachkriegsjahren nie, daß sie sich nicht zu lösen vermochten. Aber die Schicht der neuen demokratischen Erziehung schob sich wie frische geologische Sedimente über das Unbewältigte, erlaubte nicht Transformierung, individuelle Aneignung, Betrachtung, langsame Integration.

Die Psychoanalyse hat inzwischen unter großen Mühen zutage gefördert, wie tief unterirdisch und weit außerhalb der bewußtseinsbildenden Sprache seelische Gewaltsamkeit und unverarbeitete Traumata weitergegeben werden: als Lebensstile, unerledigte Aufgaben, Geheimnisse, Mythen, Aufträge, Verleugnungen. Man könnte deshalb von massenhafter Nicht-Authentizität sprechen. Geschichte und seelisches Wachstum waren nur durch blinde Kräfte, nicht durch heilsames Sprechen verknüpft. Als allenfalls verdeckte Auflehnung gegen das neuverordnete Denken traten die alten Bindungen auf.

Ein Freund aus einer anderen Stadt, knapp über vierzig, erzählte Anfang 1993 bestürzt von einem ersten Gespräch mit den Eltern, das von den überquellenden Bildern aus dem Fernsehen ausgelöst war. Er habe seine Mutter kaum wiedererkannt: Fragmente absolut unverändert konservierter NS-Ideologie kamen zum Vorschein. Er wußte nicht, ob er wüten, trauern oder verzweifeln sollte. Die Eltern schwärmten von Hitlerjugend und Arbeitsdienst, von der strengen Ordnung unter Hitler, von der Lüge von Auschwitz. Er hatte es nicht gewußt, aber sein jahrelanger sozialer und politischer Einsatz für Ausländer und deren Integration erschien ihm auf einmal wie ein unbewußtes Aufarbeiten einer nie ausgesprochenen elterlichen Fixierung auf die einfach verschüttet konservierten Sedimente einer NS-Verklärung. Die Politisierung im Gefolge der 68er-Bewegung war getrennt von der weitgehend unbekannten Geschichte der Eltern erfolgt, aber doch in einem unterirdischen Zusammenhang mit ihr. Das Ausmaß der Fremdheit aber erschütterte den Freund; es blieb das Erschrecken, von dermaßen »Unbelehrbaren«, die doch seit Jahrzehnten treue SPD-Wähler waren, abzustammen. Vermutlich hat auch er irgendwann einmal Brechts »Arturo Ui« gesehen und, falls es in Berlin an Brechts Theater war, in den spontanen Beifall eingestimmt, der, soweit ich mich erinnere, aufrauschte, wenn der berühmte Satz kam: »Der Schoß ist fruchtbar noch, aus dem dies kroch.« Gemeint als Mitglieder oder Teilhaber dieses Schoßes waren aber immer andere. Seine Eltern hatten weder krude Gewalt erlebt noch begangen. Es sind süddeutsche Kleinbürger aus einem Dorf, von dem aus man in der Ferne das Bombardement der nahegelegenen Stadt beobachten konnte. Kaum Kriegsschäden, kein Besatzungsterror, keine Flucht, kein Verlust von Haus und Heimat, kaum Hunger, kaum Angst nach dem »Zusammenbruch«. Sie hatten sich damals angepaßt und, ohne große Korrektive, die NS-Ideologie aufgesogen. Sie hatten sich später wieder angepaßt, denn die öffentliche Stimmung besagte: das Vergangene war verbrecherisch. Aber diese Einsicht konnte den NS-Glauben in den Seelen nicht beseitigen. Seine Eltern wußten ja auch um die schlechte Kontinuität in Justiz und Verwaltung, in den Schulen. Sie nahmen am Diskurs der Intellektuellen nicht teil. Ihre Bildung reichte nicht aus für ein selbständiges Weiterdenken. Dies gilt für breite Schichten: keine Chance für einen reinigenden nachdenklichen Umgang mit den begrabenen Fragmenten.

Die Eltern vieler Rechtsradikaler aber dürften aus Familien stammen, in denen verübte und erlittene Gewalt im Untergrund der Familien fortbestand. Die Großmütter waren vielleicht Trümmerfrauen, Heimatvertriebene, Ausgebombte, Vergewaltigte, die Eltern Vaterlose oder Kinder von Spätheimkehrern, Verwundeten, Krüppeln, Kriegsversehrten. In vielen Familien herrschte wahrscheinlich seelische Gewalt. Die Chancen der Individuation waren begrenzt, die Härte des Überlebens spürbar. Die Mitscherlichs sprechen von Verleugnung und Derealisation der Taten wie der erlebten Katastrophen. Entwirklichung wirkte sich auch aus auf die Breite der Verständigung.

Es kommt noch mehr hinzu. Im Osten ohnehin, aber auch im Westen waren die Kleinbürgerschichten abgeschnitten von aller Psychotherapeutisierung der Biographien, selbst wenn man, was nicht stimmt, annähme, daß durch ein »therapeutisches Klima« eine Brücke zu den Verstrickungen hätte geschlagen werden können. Nicht einmal die Bildungsbürger auf den analytischen Couchs haben den Rückweg zu den trüben Quellen gefunden. Auch die Soziologie hat sich kaum um die verdrängten Seeleninhalte der Deutschen gekümmert, erforscht wurden eher aktuelle Einstellungen und Verhaltensweisen. Was will ich damit sagen? Daß man im Kleinbürgertum höchstens von Einkapselung der Schwelbrände aus der NS-Ideologie sprechen kann, keineswegs von Bewältigung.

Die Eltern und Großeltern der rechtsradikalen Täter, so kann man unschwer sagen, leben und lebten mit ihren frühen Erinnerungen in einem katastrophen- und gewaltdurchzogenen seelischen Niemandsland. Die archaischen Affekte sind selten gereift. Sie geisterten durch die Erziehungsstile, wie Anita Eckstaedt es bei Angehörigen selbst gehobener Schichten herausgefunden hat. Sie haben unverstandene Verbiesterungen geerbt und weitergegeben. Wo die Verbiegungen kumulativ wirkten, mag es zu den plötzlich aufflammenden Charaktererosionen gekommen sein, die in der sozialen und ökonomischen Krise aktiviert werden. Das Potential unverdauter Gewaltsamkeit ist da als eine beschwiegene Schicht. Sie ist in vielen Deutschen vorhanden. Es gibt auch in der 68er-Bewegung viel seelische Brutalität, erst recht in den darauf folgenden Kadergruppen und, noch einmal gesteigert, in der Rote-Armee-Fraktion. Daß die »wehrhafte Demokratie« dagegen mit einer Art gesellschaftlicher Militarisierung vorgegangen ist, mag damit zusammenhängen, daß sie einer entstellten eigenen Fratze aus dem Untergrund der nächtlichen Alpträume ins Gesicht sehen mußte, aber eben einer seitenverkehrten Fratze: nunmehr linke Gewalt, dämonisiert als bolschewistische Revolutionsgefahr.

Glücklicherweise haben die quälenden Vorgänge: Ausländerhaß und die monatelange Hilflosigkeit bei ihrer Verfolgung – bis die Morde geschahen und aus dem Ausland der Renazifizierungsverdacht gegen das ganze Volk zurückschwappte – nebenbei noch etwas anderes bewirkt: das große innerfamiliäre Schweigen beginnt sich zu lockern. Natürlich sind viele Eltern und Großeltern, die Augen- und Erlebenszeugen waren, längst tot. Sehr viele 50jährige merken bestürzt, daß ihnen der Zugang, jetzt, wo die rückblickende Wißbegier aufkommt, für immer verschüttet ist. Eltern und Großeltern haben ihre Geheimnisse mit ins Grab genommen. Aber viele sehen sich doch noch einmal neu mit den noch lebenden siebzig- bis achtzigjährigen Eltern und Verwandten konfrontiert.

Wenn in Psychotherapien die Thematik unabweislich wird, wenn die Patienten bestürzt vor der Tatsache stehen, daß sie von ihren Eltern so gut wie nichts wissen, entsteht eine merkwürdige Phase. Die Patienten durchlaufen noch einmal die frühen Stadien der Entstehung des alles überdeckenden Schweigens. Wißbegier rückt in die Nähe von Unverschämtheit, Schuld und Elternquälerei. Bei dem Gedanken des fünfzigjährigen Hochschullehrers, seinen alten Vater, der Rechtsanwalt war, über seine politische Vergangenheit und seine Aktivitäten im Krieg zu befragen, kommen Kinderängste hoch: Angst vor Liebesverlust, Angst vor einer Katastrophe, Angst vor den Herzanfällen des Vaters, Angst, er könne sterben an seinen Fragen. Oder die Erinnerungen an die Panik der Mutter kommen hoch, mit der sie die Kinder beschworen hat, den

Vater nicht aufzuregen, den Familienfrieden nicht zu gefährden. Die Patienten entdecken die historischen »Konventionen« in der Familie, die Mythen, die stereotypen Redewendungen, die ganze Regionen der Clan-Geschichte verstellt haben. Und sie stoßen, wenn sie auch nur im Rollenspiel mit ihren Eltern sprechen, auf die Tabus und die latenten oder offenen Drohungen, mit denen sie geschützt waren. Der besagte Rechtsanwalt hatte seinem Sohn, dem er nach dem Muster unerbittlicher Autoritätsausübung, die durchaus mit Güte und Sorge gepaart sein konnte, das Kreuz brach, als Lebensmaxime mitgegeben: »Tarnung ist mehr als das halbe Leben«. Ein anderer Vater, heute über siebzig Jahre alt, hatte nach seiner Heimkehr aus der russischen Gefangenschaft mit seinen Kindern nächtliche Alarmübungen gemacht, sie aus dem Schlaf gerissen wie Rekruten, die einem feindlichen Überfall ausgesetzt sind. Hinterher gab es Manöverkritik und Schläge. Dieser Vater war aus der Schützengrabenidentität nie mehr herausgekommen, sobald es um pädagogische Fragen ging: ein erneuter Beweis, daß der ansonsten unauffällige Mann Fragmente mit sich umhertrug, die aller »Bearbeitung« unzugänglich blieben. Dabei ist halbwegs kenntlich, daß dies die noch unverstellten Fragmente sind, denen die heute Fünfzigjährigen ausgesetzt waren. Anita Eckstaedt hat die unkenntlich gewordene innerfamiliäre Gewalt untersucht, der die »zweite Generation« unterworfen wurde. Man darf annehmen, daß sich im Kleinbürgertum alles noch viel gröber, direkter, manipulativer oder gewalttätiger vollzog.

Die unbewußte Tradierung seelisch unverdauter Inhalte läßt sich auch noch anders fassen, nämlich dann, wenn es sich um eine gezielte, wenn auch unbewußte Weitergabe an ausgewählte Träger destruktiver Rollen handelt.

Es kann ein Kind, nach dem Prinzip unbewußter Delegierung, ausgewählt werden, um »keine Einfühlung« zu bekommen; es können Lücken im Überich tradiert werden; das Verfallensein an Ideologiebereitschaft, an Haß, an Reinheitsphantasien, an Judenhaß, an Rachetendenzen ungerichteter Art, die sich ihr Ziel erst suchen müssen. Die Eltern der Täter haben Stereotypien des Hasses, der Verachtung, ja von Ausrottungsphantasien, noch aus tausend kleinen Bemerkungen der Großeltern oder aus Ausfällen in Zorn und Trunkenheit bezogen. Es sind Einsprengsel daraus geworden, mobilisierbar nach innerem Bedarf, abrufbar aus einem Pool, der nie von einem erwachsenen Ich gesichtet und vereinheitlicht wurde. Ganze Generationen haben sich also mit inneren Spaltungen einrichten müssen. An der Stasi-Thematik läßt es sich noch einmal ganz neu studieren. Die westdeutschen Spaltungen sind in die Fundamente eingegangen: als historische Trümmer im seelischen Untergrund.

Die Heidelberger Schule der Familientherapie unter Helm Stierlin hat diese unbewußten Delegationen gründlich untersucht, sie finden sich auch in den frühen Büchern von Horst Eberhard Richter. Die Göttinger Schule der Mehr-Generationen-Familientherapie mit Eckhard Sperling als führendem Kopf hat das Aufspüren der »Leichen und Lügen im Keller« weiterentwickelt, aber der Ansatz hat sich nur wenig ausgebreitet: die Psychoanalyse hat ihn nicht als legitimes Kind anerkannt.

Was wir brauchen, sind Familiengeschichten, die drei Generationen umfassen, mit dem Mut geschrieben, die Vermischung von Vergangenheit und Gegenwart in den seelischen Erbschaftsverträgen aufzuspüren.

Zurück zu den Brandstiftern und Asylantenjägern: Sie schreien ein Erbe hinaus, das sich in ihnen nur aus einer Reihe von Gründen zugespitzt hat, und setzen es in die Tat um. Und trotzdem ist es kein Erbe in direkter Kontinuität, auch wenn es sich in alte Kostüme kleidet. Die Jugendlichen sind als lebendige Individuen in lebendigem Austausch nie gesehen worden. Sie sind einerseits leer, was ein lebendiges mitmenschliches Selbst angeht, und suchen deshalb die Gruppe, um die Leere auszuhalten. Und andererseits sind sie vollgestopft mit unverdautem Seelenmüll. Sie ahnen nicht einmal, wie er in sie hineingeraten ist. Weil es um so viel fauligen Müll geht, sind sie anfällig für Ideologien der Reinheit, auf deren Seite sie zu stehen meinen. Einen Teil des Erfolgs der »Blechtrommel« darf man – neben ihren künstlerischen Qualitäten – getrost der Tatsache zuschreiben, daß das brodelnd Unverdaute so angstfrei mitgeteilt wird, daß es schon wieder ängstigend ist. Und es gibt einen direkten Zusammenhang zwischen dem grandiosen Thema des Ekels – der auch ein moralischer Ekel ist – mit den aggressiven Reinheitsphantasien der Ideologen von Rasse und Nation.

Der Frankfurter Psychoanalytiker Werner Bohleber ist vor kurzem dem Thema tiefer auf den Grund gegangen (in »Psyche«, August 1992). Am Beispiel der Behandlung eines rechtsradikalen

Jugendlichen gelingt es ihm zu zeigen, wie eine »Familienschande« (ein versagender Vater, den die Mutter zur Verachtung freigibt) ihn in eine unlösbare Bindung zur Mutter führt, die seinem männlichen Selbstgefühl beschämend widerspricht und es schwächt. Er wird von der Gruppe abhängig wie von einem Korsett. Ohnmacht wird durch Macht- und Gewaltphantasien ersetzt. »Dabei erlebt er keine Schuldgefühle«. Die Nation wird symbolisch zum »Körper der Mutter«, deren Reinheit es zu verteidigen gilt. Bedroht wird sie vom »Schmutz« des Fremden, die seine rettenden Verschmelzungswünsche mit einer idealisierten, bergenden Großgruppe stören. Das Muster stammt also aus der »frühinfantilen Mutter-Kind-Beziehung«. Vaterland ist in Wirklichkeit Mutterland, verbunden mit einem »ozeanischen Gefühl der Erweiterung«. Das Fremde wird darin wie Gift erlebt, das ohne Rücksicht ausgeschieden werden muß. Die Nation wird nicht politisch, sondern als »Ethnie... substanzialistisch verstanden«. Dies »induziert einen übermäßigen Purismus« mit einer »wahnhaften Vermischungsangst«. Es bleibt nur »absolute Homogenisierung« der Assimilierbaren, also höchstens der Deutschstämmigen (die Bundesregierung spielt hier mit durch ihr blutmäßiges, ethnisches Verständnis der Einbürgerung). Es bleibt psychisch nur die Wahl zwischen »Verdauung« des Fremden oder seiner Ausscheidung. Die häufige Verwendung von Worten wie Dreck oder Schmutz oder Abschaum für die Ausländer spricht für diese elementare und organismische Auffassung von Nation als »reinem Mutterleib«, mit dem man allmächtig verbunden sein will. »Der andersartige Fremde stellt diese Allmacht infrage, weshalb das Anderssein des Fremden bekämpft werden muß..., weil eigene Vorstellungen von Identität und Integrität gesichert werden müssen. So finden wir psychodynamisch im Kern von Fremdenhaß und Nationalismus mächtige Vorstellungen von Reinheit, Ganzheit, Unversehrtheit und ununterschiedenem Einssein. Diese sind deshalb so dominant, weil sie der Abwehr von Phantasien und Ängsten über Versehrtheit, Beschädigung und Begrenztheit, Trennung und Ausstoßung dienen.«

Im gleichen Heft der »Psyche« kann die langjährige Leiterin der Jugendabteilung des psychotherapeutischen Fachkrankenhauses Tiefenbrunn, Annette Streeck-Fischer, anhand des Familienhintergrundes einer Reihe westdeutscher rechtsradikaler Jugendlicher, die als Patienten bei ihr eingewiesen waren, das Ineinandergreifen von sozialen und tiefenpsychologischen Faktoren aufzeigen: »Jugendliche rechtsextreme Skinheads entstammen nicht selten einem familiären und sozialen Umfeld, in dem sie früh und in ihrer weiteren Entwicklung anhaltend traumatisiert wurden. Die rechtsextreme Gruppe dient ihnen als Elternersatz und Heimat, in der sie jene Gewalt wiederfinden und perpetuieren, die ihnen immer schon selbst angetan worden ist.« Deshalb scheint es ganz psycho-logisch: »Nicht Achtung vor der Würde und der Unversehrtheit des Menschen bestimmen das Verhalten, sondern gerade deren Verletzung und Zerstörung.«

Obwohl die Autorin weiß, daß es sich um intergenerative Tradierung handelt, wird aber gerade dieser Aspekt in den Fallbeispielen nicht vertieft. Das Thema existiert nur auf der Ebene des Postulats: »Mit Blick auf die rechtsextrem orientierten Jugendlichen müssen wir uns einmal mehr die Frage stellen, wie vergangen die Nazivergangenheit wirklich ist, und wir müssen uns vor allem fragen, wie weit hier psychoanalytische Erklärungen von Nachwirkungen des Nationalsozialismus bis in die dritte und vierte Generation tatsächlich ausreichen.« A. Streeck-Fischer fand bei den Jugendlichen regelmäßig die »frühe Erfahrung, von der Mutter allein- und fallengelassen worden zu sein« (vom Vater ganz zu schweigen!). Aber hier wäre nach der Verknüpfung von politischem Schicksal der Mütter und späterem psychischen Fallenlassen zu forschen. Das Fehlen intergenerativer Fallgeschichten macht sich hier besonders bemerkbar, und das kleinfamiliale Modell der Psychoanalyse hat diese historischen Verkürzungen in den letzten Jahrzehnten zementiert. Aber auch A. Streeck-Fischer fand als einen der wesentlichen Faktoren »den abgebrochenen Dialog und die Erfahrung von Ausgrenzung, die diese Jugendlichen gemacht haben«. Nun, eben dieser Abbruch des Dialogs durch die Generationen ist etwas Überindividuelles, Historisches, Massenhaftes, das die Nichtbewältigung des Nationalsozialismus in den Familien kennzeichnet.

Über diesen Zusammenhang kam ich zu der provozierenden These, daß erst die quälende Dauer mit dem langen politischen Widerstand gegen angemessene Reaktionen auf die brennenden Häuser die Wahrnehmungsbarriere gegenüber der »Volkskrankheit« unbewältigter Vergangenheit durchbrochen hat. In die intergenerativen Auseinandersetzungen über Familiengeschichten kommt endlich Bewegung, der seelische Untergrund weicht auf.

Dabei kommt es allerdings zu einer merkwürdigen Spaltung in der politischen und privaten Reaktion: Kein Weg führt vorbei an einem haltsetzenden Durchgreifen gegen die mörderische Aggression durch aktuelles Handeln. Eine ganz andere Ebene ist die des nachzuholenden innerfamiliären Verstehens, das zunächst einmal fast meditativer, diskursiver, kommunikativer Natur ist. Das eine soll das andere nicht lähmen, sondern langfristig ergänzen. Das Symptom der innerseelischen, massenhaften Fortwirkung des Nationalsozialismus (mit Holocaust, aber auch mit den Kriegsfolgen für die Deutschen), also einer scheinbar unsichtbaren Erkrankung, ist nun gewalttätig explodiert. Die Aufarbeitung des Symptoms muß auf mindestens zwei Ebenen erfolgen: rasche Eingrenzung seiner destruktiven Auswirkungen und geduldige Erhellung seiner Genese. Auch hier verweist A. Streeck-Fischer auf ein Phänomen, das sowohl im Individuellen wie im Politischen seine Wirkung entfaltet: nämlich auf spezifische Vorgänge in der Pubertät, die diese Jugendlichen jedoch ohne Hoffnung auf Bewältigung durchlaufen müssen (die mangelnde schulische Ausstattung erwähnt auch sie). Sie spricht von einem besonderen »Gespür für widersprüchliches, doppelbödiges und unehrliches Verhalten von anderen«. »Mit ihrem labilisierten Selbst tasten sie, was ihnen vorgelebt wird, daraufhin ab, inwieweit sie es für sich selbst als sinnvoll, vorbildhaft und lebenswert akzeptieren können«, und stoßen häufig genug auf das, was Alexander Mitscherlich schon 1970 in einem Aufsatz »Protest und Revolution« als einen Angelpunkt der Entfremdung bezeichnet hat, auf »Hypokrisie, auf das Unvermögen der vorangehenden Generation, die Ideale, auf die sie pocht, mit den tatsächlich geforderten Lebenspraktiken in Einklang zu bringen«. Den Prozeß des Herausfallens der Jugendlichen aus der Einbindung in eine vertrauensvolle Wechselseitigkeit kennzeichnet A. Streeck-Fischer so: »Widersprüchliches oder zurückweisendes Verhalten nehmen sie übersteigert wahr. Es bestätigt nur ihre mißtrauische, feindselige Einstellung gegenüber den Erwachsenen.« Bei einer zusätzlichen sozialen Labilisierung führt dies rasch in die Gewalt, und die Gewalttätigkeit kann süchtig machen, weil sie die Verletzbarkeit vorübergehend aufhebt. Insofern hat sie die Wirkung einer Droge, weil sie Heilung verspricht, jedenfalls für den Augenblick. Heilung wovon? Auch hier noch einmal die Verzahnung von Geschichte und individueller Biographie: »Die Erfahrung von sozialer Ausgrenzung ist eine wiederkehrende Konstellation... Sie zieht sich wie ein roter Faden durch die Lebensgeschichte der militanten Jugendlichen. Als unerwünschte Kinder aus zerbrochenen Beziehungen bleiben sie in neugegründeten Familien lästige Störenfriede, können in der Schule nicht Fuß fassen, fühlen sich als Außenseiter und erleben in der extremistisch orientierten Gruppe erstmals so etwas wie Zugehörigkeit.«

Genau diese individuelle Geschichte wird, von den ostdeutschen Jugendlichen jedenfalls, auf historischer Ebene wiedererlebt. Sie fallen aus einer – wie immer unglücklichen und repressiven – Staatsgemeinschaft heraus und erleben die neue Freiheit als Bedrohung und Grenzenlosigkeit: das Ende der Repression führt zur Explosion. Etwas anders liegen die Dinge bei den »Feierabend-Brandstiftern«: »Andere Jugendliche sind in Familie, Schule und Lehre zwar halbwegs integriert, zahlen dafür aber den Preis, daß sie zentrale Persönlichkeitsanteile verbergen müssen. Sie sind vordergründig angepaßt und unauffällig, haben aber frühe oder spätere Erfahrungen erlittener Mißhandlung und Gewalt abgespalten. Sie führen eine Art Doppelleben, verhalten sich Erwachsenen gegenüber angepaßt, um die Wiederholung früher traumatischer Erfahrungen zu vermeiden, schließen sich aber zugleich Gruppen an, in denen sie diesen abgespaltenen Teil ausleben können.« Was selbst in den kurzen Fernsehinterviews mit Eltern der Brandstifter zu beobachten war: die Beziehungslosigkeit, die die Autorin während längerer Behandlungen vertieft erforschen konnte: »Statt sich schrittweise von der Familie lösen zu können, kommt es zum völligen Abbruch familiärer Beziehungen oder zur Ausstoßung des Jugendlichen... Es ist erschütternd, derartige ›Endzeitstimmungen‹ in Familien zu erleben, in denen man sich wechselseitig den sozialen Tod wünscht.«

Es kommt noch zu einer weiteren Verschränkung von individuellen und kollektiven Bedürfnissen. Wer in seiner Entwicklung vorwiegend Manipulation und Gewalt erlebt hat, fühlte sich nie in seinem lebendigen Selbst erkannt und gesehen. Also bleibt ein gestautes Bedürfnis nach Gesehen-Werden erhalten. Sie suchen »in ihren Gewaltaktionen letztlich danach, endlich gesehen, anerkannt und akzeptiert zu werden«. Die Fernsehgesellschaft kommt ihnen dabei entgegen. Es entsteht ein Wettlauf ums Gesehen-Werden vor den Kameras. Kommt eine tragende Identifikation oder Zustimmung der Zuschauer auf offener Szene noch hinzu, dann hat sich die ursprüngliche Sehnsucht nach dem »Glanz im

Mutterauge« in ein perverses Gewalttheater verwandelt, bei dem sich die Aktionsbühne noch einmal im Fernsehen spiegelt. Kein Wunder, daß das Auftauchen einer Kamera die Jugendlichen gelegentlich geradezu elektrisiert und daß sie auch bereit sind, die destruktiven Rituale zu wiederholen, »um Lähmungs-, Ohnmachts- und Leeregefühle zu überwinden«.

Die schwerer Gestörten hält die Autorin im Grunde »nicht für gruppenfähig«. Sie brauchen die permanente »Gegnersymbiose«, um ihren Zusammenhalt nicht zu gefährden. Daher die aktive Suche nach Gegnern, das Durchschweifen der Stadt auf der Jagd nach Feinden, die Provokation und der Kampf mit der Polizei. Das Ausmaß der mitgetragenen inneren Selbstentwertung, die gar nicht zu ertragen ist, wird deutlich an der seelischen Dehumanisierungspolitik, wie sie uns aus der propagandistischen und juristischen Dehumanisierungspolitik gegenüber den Juden im Dritten Reich und davor vertraut ist. »Als Person wird der Fremde durch Verzerrungen zunehmend entmenschlicht, zu ›Ungeziefer‹ animalisiert oder als ›arschgefickter Kanacke‹ zu einem verabscheuungswürdigen Perversen herabgestuft.« So weit die tiefenpsychologischen Analysen. Trotzdem handelt es sich nicht um eine einfache Fortsetzung von Nazi-Verhalten. Die Adaptation von Symbolen und Versatzstücken der Ideologien greift auf das zurück, was die heutige Gesellschaft, auch vor dem Ausland, am meisten blamiert, in Verlegenheit bringt. Die enttarnende Blamage der Gesellschaft, die sie nicht brauchen kann, ist Teil der tödlichen Provokation. Die Brandstifter zerren die Deutschen an den Weltpranger, und vielleicht muß man sogar sagen: Gott sei Dank! Denn der Widerstand der Deutschen, ihrer Vergangenheit wirklich ins Gesicht zu sehen, und zwar auf der Ebene der eigenen Familiengeschichten, ist gewaltig. Daran hat sich seit Mitscherlichs Diagnose in der »Unfähigkeit zu trauern« nicht viel geändert. Nur hat er leider diesen Widerstand durch die anklägerische Wucht seiner Attacken massiv verstärkt. Die Geschichte nimmt heute sozusagen ihren dritten Anlauf oder gibt uns die dritte Chance, genauer hinzusehen. Die »zweite Schuld« der Deutschen, wie Ralf Giordano es nennt, nämlich die der Verdrängung, wird uns noch einmal vorgeführt. Inzwischen scheinen mir jedoch unsere moralischen und forschenden Kräfte gewachsen, sie noch einmal anzuschauen. Es bedeutet aber »Seelenarbeit« für jeden einzelnen von uns. Mit den Bekenntnisanzeigen, die gegenwärtig durch den Blätterwald rauschen, wird vorwiegend moralische Selbstbefriedigung betrieben, ein Abzahlungsbonus erworben gleich einem Ablaßbrief und das Vorzeigen einer weißen Weste inszeniert. Je mehr öffentliche Beschwörungen des good-will man liest, desto mehr scheint das Verständnis zu fehlen, daß es mit klappernden Ritualen nicht getan ist. Politisches Eingreifen *und* Veränderung in den Seelen ist gefragt.

In Zehntausenden von Familiengesprächen über die Generationsgrenzen hinweg hat die Auseinandersetzung endlich begonnen. Was aber die »Hypokrisie« angeht, von der Mitscherlich sprach, so ist sie auf weltpolitischer Ebene tagtäglich auch für die jungen Rechtsradikalen im Fernsehen präsent: Europa schaut tatenlos zu, wie vor unserer Tür mit unvorstellbarer Gewalt »ethnische Säuberung« betrieben wird! Und die Jugendlichen sehen, daß es straflos geschieht, daß Lamentieren, große Gesten und ein bißchen Embargo alles sind, was die Staatengemeinschaft dort gegen das tut, was man den Jugendlichen hier vorwirft. In ihren Motiven können sie sich, mit Recht, noch edler vorkommen als die Serben, die fremdes Land verwüsten und entvölkern. Die völkische Ungeziefertheorie wird in Bosnien seit 1991 täglich exekutiert, Waffen und Hilfe werden den Entrechteten verweigert. Was sollen denn die Jugendlichen anderes lernen, als daß Gewalt triumphiert und der Schwächere keinen Schutz findet? So viel Einsicht in politische und moralische »Komplexität« ist auch von Gebildeten und psychisch halbwegs stabilen Menschen kaum mehr zu erwarten.

Politik und seelischer Untergrund bilden ein kompliziertes Geflecht. Sein Muster entsteht in mehreren Generationen. Unterbrechen die Generationen ihren Dialog über elementare Lebens- und Geschichtsereignisse, dann wird das Webmuster unkenntlich und setzt sich dennoch fort. Läßt sich ein Grundrecht auf eine verstandene Familiengeschichte wenigstens hypothetisch sinnvoll postulieren? Sicherlich nur als Ideal. Aber Annäherungen sind möglich, und an den seelischen Untergrund, wie er aus NS-Zeit und Krieg tradiert wird, gibt es immer nur Annäherungen. Aber die sind besser als Fluchten und Verschleierung.

C. G. Jung: Ein mißbrauchtes Kind

Zu Renate Höfers Buch
»C. G. Jungs Hiobsbotschaft« (1993)

Man taucht in einen Kriminalroman ein bei der Lektüre von Renate Höfers Porträt des Lebens und der Theorie von C. G. Jung.* Aber die Frage kreist nicht um das Rätsel: Wer ist der Mörder?, sondern um das Problem: Warum mußte der »Seelenmord«, der an dem Kind C. G. begangen worden war, verschwiegen, verdrängt, zum ewigen Geheimnis erklärt und mit einem gigantischen Aufwand an Energie in eine Theorie verwandelt werden, die die Lebensgeschichte als Quelle verdunkelt und diskreditiert und nur auf der Ebene verschleiernder Mythen weiterführt.

Die messianisch anmutende Selbststilisierung C. G. Jungs als früh berufener Offenbarer ungeheurer Wahrheiten hat noch viel stärker als bei den Schülern von Sigmund Freud zu einer oft peinlich anmutenden Heldenverehrung geführt. C. G. Jung blieb zeit seines Lebens dem »Geheimnis«, dem »Numinosum«, den überpersönlichen Mythen verbunden, und der unbändige Forscherdrang mit den entsprechenden Größenphantasien hat wirkmächtige Entdeckungen zutage gefördert, sowohl Wahrheiten wie Mystifizierungen, hilfreiche Einsichten wie, vor allem im Bereich der Politik, verstörende Lobhudeleien und opportunistische Liebedienerei für die Nazis.

In der Kunst der Lebensverhüllung stehen sich Freud und Jung in nichts nach: Beide versuchten, die tiefsten persönlichen Quellen ihrer Einsichten verborgen zu halten. Aber Freud hat nie Zweifel daran gelassen, daß biographisches frühes Schicksal die Struktur der seelischen Erkrankungen prägte, während Jung sie mit eisern ausgreifendem Stilisierungswillen zunehmend in die Kontinente des kollektiven Unbewußten, in die Mythen und das überpersönlich Heimsuchende verlegte.

Je tiefer man eindringt in die seelischen Verwicklungen, die zu Jungs Theorie führten, desto stärker spürt man, wie sehr er auf

---

* Renate Höfer, »C. G. Jungs Hiobsbotschaft«. Dietrich zu Klampen Verlag. Lüneburg 1993

Freud bezogen blieb, auch in der wütenden und enttäuschten Abkehr und in der Angst, »mißbraucht« zu werden, zu der wohl beide beigetragen haben. Die Tragik ihrer Entfremdung ist oft dargestellt worden. Wie tief sie bei beiden bis in die intimste Vorgeschichte der kindlichen seelischen und sexuellen Entwicklung reichte und wie tief in den Verrat des eigenen Wissens, wird erst allmählich deutlich.

Beide sind durch sexuellen Mißbrauch gezeichnet, bei Freud ist nicht ganz klar, ob der Vater, der mehrere seiner Kinder mißbrauchte, ihn ausgespart hat und die Wirkung also mehr indirekt verlief. Und das Denken beider Forscher umkreist Sexualität oder grenzt sie in auffälliger Weise aus: Triebtheorie oder höhere Mächte als Wirkmechanismen der Seele, das ist der Streit, der sie zunächst aufs engste verbindet und später unversöhnlich entfremdet.

Der Leser der »Hiobsbotschaft« spürt oft mit angehaltenem Atem, daß hier eine Autorin, die selbst mit mißbrauchten Menschen therapeutisch arbeitet, ihr Passions-Thema gefunden hat, daß einige Jahre des Staunens, des Schreckens und der Entwirrung von Rätseln mit wachsendem Forscherdrang eine »Enthüllung« zustandegebracht haben, die lange brauchen wird, um ausgeschöpft und rezipiert zu werden. So wie man in der Publizistik vom »investigativen Journalismus« spricht, der schier unerreichbare Zusammenhänge aufdeckt – und mit Folgen –, so ist hier eine Leidenschaft der Entschleierung am Werk, die gerade aus der tiefen Kraft der Verhüllung, die bei Jung am Werk ist, das unermüdliche Motiv bezieht, die Verschleierung rückgängig zu machen. Dazu gehören Ausdauer, Mut und Wut.

Es handelt sich um ein ungewöhnlich differenziert angelegtes, wohldurchdachtes, kühnes, solide recherchiertes Buch, das anhand einer umfangreichen Literatur der Frage nachgeht, inwieweit ein sexueller Mißbrauch und dessen seelische Verarbeitung bzw. Nichtverarbeitung die Lebensgestaltung, Selbstwahrnehmung und Theoriebildung von Carl Gustav Jung beeinflußt haben. Die Autorin weist schlüssig nach, daß in der bisherigen Jung-Literatur dieser rote Faden bewußt oder als Folge von Jungs Selbststilisierung übersehen wurde. Verständlich, daß im Jungschen Lager der Spur des Meisters gefolgt wurde, aus unverarbeiteten Erlebnissen durch die »Mythologisierung« und Wendung zu den Archetypen, deren biographischer Hintergrund nicht befragt werden durfte, »Offenbarungen« zu machen.

Wie oft bei Entdeckungen, die neue Horizonte aufschließen, fragt man sich nach der Lektüre: Wie konnte das alles bisher übersehen werden? Auch dafür bringt die Autorin plausible Hypothesen, die sich einerseits aus den ideologischen Standorten der Autoren ergeben, andererseits aus der globalen Tendenz, die erst in den letzten Jahren durchbrochen wurde: die Nachwirkungen von sexuellem Mißbrauch trotz massiver Widerstände verstehen zu lernen. Jungs Trauma, bei einem einzigen brieflichen Geständnis, in welchem Ausmaß ihn der Mißbrauch – eine Vergewaltigung – noch immer behindere, von Freud zurückgewiesen worden zu sein, führte zur endgültigen Entscheidung, biographische Daten nicht für wichtig zu halten und auch aus dem Therapiekonzept weitgehend zu verbannen. Freud verwies ihn darauf, Zuflucht bei Verdrängung und »Humor« zu suchen. Jungs Enthüllung hätte die Entwicklung von Freuds eigener Triebtheorie und die Verlagerung der Verführungs-»Schuld« ins Innere des Kindes gestört.

Ein außergewöhnlich engagierter und spürbar der Wahrheit verpflichteter Standpunkt – verbunden mit theoretischem wie kriminalistischem Scharfsinn – erlaubt es der Autorin, *alle* Quellen kritisch zu prüfen und gegen ihre verhüllende Tendenz zu lesen. Man darf das Buch als eine wichtige, spannende und die künftige Diskussion bestimmende Revision der Sicht auf Theorie und Praxis C. G. Jungs sehen.

Die Autorin erkennt klar, in welchem Ausmaß C. G. Jung als Kind selbst Opfer war und später im Umgang mit Freud, früher vielleicht auch mit anderen Personen, versucht hat, noch Zeichen zu geben für eine Belastung, der er seelisch und intellektuell nicht gewachsen war und die zu einer Theorie und Praxis im Dienste der Abwehr des Traumas führen mußte. Wohl mit Recht spricht die Autorin von einer »Entwirklichung« des realen Lebens zugunsten einer »höheren« Wirklichkeit überbiographischer Faktoren – etwa der Archetypen –, deren Genese der Befragung entzogen wird. Die Nebel einer biographisch-theoretischen Entwicklung werden deutlich, bis hin zu den allerdings ins Groteske gehenden Verklärungen des »Offenbarers« durch seine gläubigen Anhänger. Der Bedarf an »Religiosität« einer ganzen bildungsbürgerlichen und außerkirchlich gewordenen Epoche wird so in dem Buch deutlich, eine Religiosität, die Jung für ein zwischen Aufklärung und mythologischem und alchimistisch-mystischem Tiefsinn schwankendes Publikum als »wissenschaftlich« wie offenbarerisch abgesichert aufbereitet hat.

Dabei wird die tragische Parallele zur Entwicklung Freuds deutlich, der durch die Entwicklung der Triebtheorie ebenfalls seine frühen Erkenntnisse zum sexuellen Mißbrauch von Kindern wieder geopfert hat. Trotz dem Zerwürfnis nach einigen Jahren tiefer, aber ebenfalls mißbräuchlicher Freundschaft läßt sich die über die Realbeziehung hinausgehende gemeinsame Verstrickung in Verleugnungen und Selbststilisierungen erkennen. Deshalb bietet das Buch nicht nur ein Stück spannender Wissenschaftsgeschichte, sondern Einblicke in geistesgeschichtliche Zusammenhänge, die extrem Privates aus dem Leben zweier kreativer Männer verbinden mit soziologischen und historischen Dimensionen bis hin zu Jungs gefährlichem und törichtem Flirt mit den Nazis.

Im Untergrund schwelt bei Jung nicht nur eine enttäuschte Sohnesliebe, sondern eine vielleicht noch schlimmere Enttäuschung der verdeckten Hoffnung auf therapeutische Hilfe durch Freud. Dies hat natürlich die Polarisation der Systeme in eine Dimension getrieben, die nicht vorwiegend durch die geistigen Grundlagen bestimmt ist, sondern durch die Entwicklungsgesetze zweier Vulkane mit vielfältigen unterirdischen Verbindungen. Es scheint sogar plausibel, daß Freuds extreme Rationalität und seine geringe Beachtung therapeutischer Möglichkeiten im Gegensatz zum Erkenntnisgewinn der Analyse nicht ohne diese Polarisierung denkbar wäre.

Hier bringt R. Höfer Denkanstöße und entschlüsselt Entwicklungslinien, die weit über die bisherigen Erkenntnisse über C. G. Jung hinausgehen. Man darf gespannt sein, in welchen Schüben und Konvulsionen die Rezeption dieses Buches vonstatten gehen wird. Für gläubige Jungianer wird es eine ungeheure Provokation sein, die den Clan vorübergehend noch einmal in die Defensive zusammenschließen dürfte, bevor die Fraktionen, die Wahrhaftigkeit vertragen und wollen, die Erkenntnisse zu integrieren beginnen. Manches an der kritischen Tonlage der Autorin dürfte die defensiven Reaktionen erst einmal verstärken.

Kritisch ist zu dem reichen Buch zu bemerken, daß der differenzierte und vielschichtige Ansatz gelegentlich an Niveau verliert, wenn die Autorin in manchen Passagen nur noch feministisch polemisiert und moralisch, ja fast staatsanwaltlich anklagt und in nicht endender Wut Jung – in Umkehrung seiner Selbst-Stilisierung als Opfer vor allem von dämonisierten Frauen – zum Schurken stilisiert. Es wird spürbar, daß Jung vorübergehend zum »Übertragungsobjekt« der Autorin wurde, das sie um jeden Preis demontieren will. Angesichts der Schlüssigkeit ihres Denkens und Beweisens schwächen solche Passagen eher die Wirkung des Buches.

Fakten und Zusammenhänge sprechen jedoch für sich, das analysierte Material ist so zwingend und brisant, daß der Leser unwillkürlich in »Gegenübertragungsreaktionen« gerät, auf die Haupt- wie die mithandelnden oder mitleidenden Personen, mit wechselnden Identifizierungen. Dies ist gar nicht vermeidbar, im Gegenteil. Die seelischen Gegenstände, die untersucht werden, berühren den engagierten Leser so tief, weil immer auch eigene Lebensgeschichte und vielleicht therapeutische Identität mit-verhandelt werden. Jeder große dichterische und wissenschaftliche Text über die Themen Opfer-Täter und Tat-Verhüllung zieht uns in seinen Bann. Wenn es dann noch um den Kampf der Geschlechter geht, um die Angst der großen Männer vor den Frauen, um die intellektuellen Geheimnisse, die Männer zur Festigung ihrer Macht und zur Entwertung der Frauen benutzen, um die Mythisierung der Rollenverteilung und die Rechtfertigung von Mißbrauch und lebenslänglichen Dreiecksgeschichten, dann sind Erkenntnis und Spannung so vermischt, daß die Lektüre atemlos macht.

Angesichts meiner eigenen starken affektiven Reaktion auf die Dauerbeschuldigung Jungs – bei aller Zustimmung zu den Ergebnissen der Autorin –, behaupte ich, daß dieses Buch zunächst überhaupt nur in leidenschaftlicher Diskussion, ja in Streit und Polemik zu rezipieren ist. Es muß sich seinen Raum in den Seelen und Gehirnen erst schaffen.

Die Autorin selbst hat Niederlagen und Kränkungen von Verlagen erfahren, bevor das Buch erscheinen konnte. Es kommt also nur unter Geburtskonvulsionen ans Licht, so als hätte es die Tendenz zu Widerstand und Verhüllung auch publizistisch noch einmal durchleiden müssen. Aber die erkennende Wut, ja der hellsichtig-kreative Haß waren Renate Höfer wichtig, und das ist zu respektieren. So erscheint es mir z. B. überzogen, Jung der direkten »Rechtfertigung« von Kindesmißbrauch zu bezichtigen. Einige Schlüsse sind so überspitzt formuliert, daß sie den gut belegten Aussagewert wieder mindern.

Im ganzen aber handelt es sich um ein außergewöhnlich mutiges, kluges, gut recherchiertes und durchdachtes Buch, das einen herausragenden Platz verdient in der Diskussion zwischen den Schulen, aber auch über die Schulen hinaus in der Öffentlichkeit, die mit dem Thema von Mißbrauch, Gewalt und Verschleierung immer wieder in bedrohlicher Weise konfrontiert ist. Wir haben mit diesem Buch einen durch solide Sorgfalt fundierten Geniestreich vor uns, der die Forschung vorantreibt und ein Stück Aufklärung erbringt über das Rätsel, wie tief wissenschaftliche und dichterische Leistung im Persönlichsten wurzelt. Das, was an Jung groß ist, wird bleiben. Das nur durch Verklärung Große darf schrumpfen, genau wie bei Freud auch.

Über Politik und Ethik

Meine Damen und Herren, so wollte ich Sie begrüßen, ging aber dann die Teilnehmerliste noch einmal durch und korrigiere mich: meine Herren. Verbirgt sich hinter dieser Besetzung gar selbst schon ein ethisches Problem, oder ein Problem des Sachzwanges? Dürfen im Kloster keine Frauen tagen, oder gälte ihre Stimme nichts in diesen Hallen? Oder können wir Männer uns freier auf unsere männlichen Probleme von Ethik und Sachzwang einlassen ohne Frauen? Das könnte durchaus sein, weil wir als Männer sicher leichter in die Defensive gerieten angesichts einer eher auf menschliche Grundwerte gerichteten Ethik der Frauen. Die Chance einer solchen Klausur ist es ja, daß wir vielleicht ein Stück in uns gehen, aufrichtiger sein können, wenn wir nicht angegriffen werden oder uns nicht auseinandersetzen müssen mit einer bedeutsamen Gruppe, die in ihrer Mehrheit eine andere Ethik in der Politik will.

Seit ich den ehrenvollen Auftrag zu diesen Überlegungen erhielt, hat sich meine innere Haltung zur Zeitungslektüre und zum Nachdenken über Politik, aber auch über meinen Beruf verändert. Schon dafür möchte ich den Veranstaltern danken. Die unmittelbarste Folge war eine doppelte: eine Faszination durch die Vielfalt der ethischen Probleme in der Politik und ein Gefühl von provozierender und schmerzlicher Ohnmacht angesichts der Schwierigkeiten der Durchsetzung ethischer Normen bei den gewaltigen politischen Veränderungen.

Obwohl Ihnen dies alles vertraut sein dürfte, möchte ich ein kleines Panorama ethischer Konflikte vorstellen, die mich, auf ganz verschiedenen Ebenen der Politik, berührt haben. Sie ließen sich durchaus noch subsumieren unter die große Frage der neutestamentlichen Ethik, die Christus stellte: »Wer ist dein Nächster?« Das muß nicht bedeuten, daß nur Fragen der persönlichen Ethik gemeint sind, auf der rein zwischenmenschlichen Ebene. Auch Nationen, Parteien oder Blöcken können sich die Frage stellen: »Wer ist dein Nächster?« Schon da kann man sich in schwierige definitorische Fragen verstricken, und doch bildet sich unter Ethikern allmählich ein Konsens, der mit dem Ausdruck »Weltinnenpolitik« am besten umrissen ist. Hans Küng spricht vom »Projekt Weltethik«, Jonas vom durchgehenden »Prinzip Verantwortung«, andere von *globaler* Verantwortung. Durch die Überfülle von Information über Konflikte, Unrecht oder Bedrohung, die uns täglich zu überwältigen droht, spüren wir die Allgegenwart ethischer Probleme weltweit, den hohen Anteil von Gewaltlösungen, die gesucht werden, aber auch die Geltung oder Nichtgeltung unterschiedlichster und widersprüchlichster Normen. Am schwersten ist es auszuhalten, daß ganze Völker oder Gruppen sich wieder oder noch immer so verhalten, wie wir es aus dem Dreißigjährigen Krieg kennen oder aus den gigantischen Verbrechen und Kriegsverbrechen, die nur wenige Jahrzehnte hinter uns liegen. Wer die Vorgänge im zerfallenden Jugoslawien ohne Verzweiflung und Ohnmachtsgefühle erleben möchte, braucht eine undurchdringliche Panzerung.

In einem Überblick über die politisch-moralische Diskussion des Krieges im ehemaligen Jugoslawien in amerikanischen und britischen Zeitschriften schreibt Jörg von Uthmann in der FAZ von 22. 8. 92: »Wenn es noch eines Beweises bedurft hätte, daß Politik und Moral, menschliches Mitgefühl und nationale Interessen höchst verschiedene Dinge sind, dann liefert ihn die Reaktion der Völkergemeinschaft auf den Bürgerkrieg in Bosnien.« Schon die Verwendung des Ausdrucks »Bürgerkrieg« ist in sich ein ethisches Problem.

Doch zurück zum Zufallspanorama ausgewählter Konflikte, Zustände und Ereignisse, die mich als Normen-Konflikte beschäftigt haben und an denen ich die Vielfalt der Ebenen und die Schwierigkeiten der Zurechnung, ja sogar der Entdeckung des Subjekts der Ethik kurz aufzeigen möchte.

Das subjektive Moment

Damit Sie aber nicht denken, ich urteile vom sicheren Ufer eines von ethischen Konflikten freien bürgerlichen Berufes, möchte ich einige ethische Konflikte des Psychotherapeuten erwähnen, um aufzuzeigen, daß auch der Analytiker, vermutlich wie jeder Mensch in seinem Beruf, permanent in der Spannung zwischen Ethik und Sachzwang steht. Ich beginne mit einem einfachen Beispiel: dem der Warteliste für Patienten. Der Bezug zu einer Warteliste von notleidenden Gruppen oder Nationen auf Unterstützung durch die reicheren ist ohne weiteres herzustellen. Die meisten Therapeuten lieben es zu wissen, mit welchem Patienten sie im Falle eines frei werdenden Behandlungsplatzes weiterarbeiten. Also vertrösten sie entweder neue Patienten auf ein späteres Nachfragen, oder sie setzen sie auf eine Warteliste und nennen einen ungefähren Termin, ohne Garantie selbstverständlich, für einen Beginn der Arbeit. Diese Wartezeit kann segensreich, sie kann aber auch eine Qual sein. Nun kommt es immer wieder vor, daß Patienten erneut anrufen, auch solche, die dem Therapeuten menschlich oder diagnostisch lohnender, aber manchmal auch zahlungskräftiger (etwa als Privatpatienten) erscheinen. Er schiebt einen oder zwei dazwischen, vertröstet einen oder mehrere Wartende. So kommt es leicht vor, daß Wartezeiten bis zu mehreren Jahren entstehen, und es gibt Fälle, wo der Therapeut noch nach einigen Jahren einfach sagt, er könne die Behandlung nicht beginnen. Es ist kein Vertrag zustande gekommen, es handelte sich um mündliche Zusagen. Was eine solche Absage anrichtet, ist oft schwer zu ermessen, sie kann aber katastrophal sein.

Es gibt auch subtilere Konflikte. Manche Patienten sind oft nörgelig, mißtrauisch, entwertend, ja verächtlich. Der große englische Psychoanalytiker Winnicott hat es als eine der wichtigsten Eigenschaften des Psychotherapeuten bezeichnet, daß er in seiner Berufsrolle bei Angriffen, die der Störung des Patienten entsprechen, nicht zurückschlägt, daß er sich nicht rächt, nicht ironisch wird, die Abhängigkeit nicht ausnutzt, um sich psychohygienische Entlastung auf Kosten des Patienten zu erlauben. Bindung und Idealisierung machen den Patienten weitgehend wehrlos, er ist in der Lage eines Kindes, das den Unmut »schlucken« muß, weil er den Therapeuten braucht. Auch hier läßt sich leicht eine Parallele zu ethischen Problemen erkennen, die sich in der Politik im Umgang mit einer abhängigen Klientel ergeben. Alle ethischen Konflikte von massiver Abhängigkeit, Macht, subtilem Machtmißbrauch, Demütigung und unmerklicher oder offener, demütigender Zurückweisung, sind virulent.

All dies vollzieht sich in der Therapie zwischen zwei Personen. Aber was ist, wenn ein Therapeut erfährt, daß ein Kollege Patienten sexuell mißbraucht? Wenn er überzeugt ist, daß eine Kassenvorschrift oder eine tradierte technische Regel seines Berufsverbandes eher schadet als nützt? Zeigt er den Kollegen an? Stellt er sich auf die Seite der Patienten? Kritisiert er öffentlich eine dogmatisch verhärtete Position, die Leiden verursachen kann? Er gerät leicht in Loyalitätsprobleme, riskiert die Diagnose Nestbeschmutzer. Folgt er nur seinem Gewissen, kann er als Querulant gelten, mit Neigung zum Märtyrertum. Die Fähigkeit, Angst und Konflikt auszuhalten, entscheidet auch hier über seine Fähigkeit, Ethik und Sachzwänge auf persönliche Weise abzuwägen. Oft genug ist dieses Verhältnis durch geltende Normen abgesichert. Er könnte sich also beruhigen mit dem Üblichen, Gängigen, offiziell Akzeptierten. Er könnte vor allem, mit Hilfe der sogenannten negativen Diagnostik, den Konflikt durch seine Macht der Definition so lösen, daß er die Schuld dem Patienten zuschiebt, der Schwere seiner Störung oder seinen destruktiven Absichten.

Ein neues ethisches Problem entsteht, wenn er spürt, daß er eigentlich einen erfahrenen Kollegen konsultieren müßte; aber er möchte den Gesichtsverlust nicht riskieren, als der ihm ein Einblick in eine verfahrene Behandlung erscheint.

Es läßt sich noch subtiler fassen: In vielen Behandlungsstunden stellen sich Fragen des Taktes, der Tonart, muß sich der Therapeut zwischen einem herben oder einem ermutigenden Klima entscheiden. Für einen Politiker mag es eine politische oder auch psychische Notwendigkeit sein, einen Gegner oder Konkurrenten schlechtzumachen, anzuzweifeln, anzugreifen, auszumanövrieren. Das ist im Rahmen des Machterhalts oder Machtgewinns innerhalb gewisser Spielregeln legitim. Aber die Nähe zum Mord erleben wir jeden Tag. Ja, der Kampf mag den Politiker sogar energetisieren und vitalisieren, und hier sind wir schon wieder bei der Ethik der Psychohygiene. Obwohl der Umgang mit Aggression bei beiden Berufen vielleicht diametral entgegengesetzt ist, gibt es doch analoge ethische Probleme. Im amerikanischen Wahlkampf 1992 stand diese Frage zeitweise im Zentrum der Diskussion: Soll der Gegner wegen eines Seitensprungs moralisch an den Pranger gestellt werden, damit man ihn erledigen kann? Allgemeiner und gleichzeitig spezieller gesprochen: Wieviel schmutzige Wäsche darf gewaschen werden, als moralischer Mord, wenn die programmatischen Seiten der Politik kaum noch darzustellen sind?

Dies führt zu einem zentralen Problem einer Ethik der Demokratie, dem Problem der Transparenz. Ein Teil der Politikverdrossenheit kommt nicht zuletzt daher, daß es nicht nur sehr schwer ist, Politik zu verstehen, sondern daß den Politikern, teilweise zu Recht, vorgeworfen wird, sie breiteten einen Schleier von Formeln und Klischees über die Wirklichkeit und benutzten eine Sprache, die in der Kritik inzwischen als eine Fassade aus Plastik bezeichnet wird.

Ohnmacht, Selbstdarstellung der Elite und die Technik der Pose

Ich möchte die gewagte Parallele zwischen Psychotherapie und Politik noch ein wenig vertiefen, wobei ich in Analogie die Formel benutze: beide bedeuten *Umgang mit Menschen in Angst.* Darauf läßt sich Politik natürlich nicht reduzieren, und doch läßt sich sagen, daß Politik, von Umwelt über Asylanten, Wohnung, Einkommen, bis zur Weltpolitik, auch eine Frage des Umgangs mit Angst ist. Einer der entscheidenden Fortschritte in der Psychotherapie komplizierter Störungen ist schlicht dadurch zustande gekommen, daß der Therapeut aus seiner etwa von Freud noch verordneten Neutralität und Undurchschaubarkeit herausgetreten ist. Er hat die Fassade des wissenden Fachmannes aufgegeben und bringt die Gefühle, die der Patient in ihm auslöst, in die Behandlungstechnik ein. Das war für viele ein mühsamer Lernprozeß, weil die Pose der Kompetenz wie der Angstfreiheit als eine Art Schutzanzug wirkte, an dem vieles abprallte. Zu Fragen der Ethik in der Politik gehört meiner Meinung nach in Zukunft der Mut auch der Politiker, den Schleier der Kompetenz in Form beruhigender Formeln und des ständigen Lächelns der Angstfreiheit zu lüften. Es geschieht von außen bereits durch die Medien. Im Augenblick scheint der Prozeß noch polarisiert zu verlaufen: Die Medien überschlagen sich in der Entlarvung der Politiker als kompetente und integre Gattung, während die Politiker sich einmauern, um wenigstens die Pose zu retten. Die Polarität von Pose und allgemeiner Verachtung ist hoffentlich eine Durchgangsphase. So wie die Patienten die Aura des Psychofachmannes zunächst dringend zu brauchen scheinen, so können sich die Politiker darauf berufen, daß von ihnen die Ausstrahlung von Kompetenz und Führungssicherheit sowie der sichere Besitz eines Formelschatzes gefordert werde. Aber das Heilsame, weil Wahre, wäre Aufrichtigkeit! Als eines der großen ethischen Probleme in der Politik betrachte ich deshalb den Verzicht auf das institutionalisierte falsche Selbst. Das Fernsehen und seine enormen Möglichkeiten der Inszenierung bei gleichzeitiger Selbstentblößung und die Demaskierungspolitik der Medien führen zwangsläufig zu einer Veränderung der Wahrnehmung, bei der die Vorführung von Kompetenz als vorhandenes Wissen um Lösungen und Moral als Richtschnur immer mehr zur öffentlichen Lüge wird. Eine Veränderung wird schwierig. In seinem Buch »Die Chance des Gewissens« hat der Psychoanalytiker Horst Eberhard Richter über seine Erfahrungen im Umgang mit Politikern berichtet. Er hat in der Zeit der Nachrüstung Anfang der achtziger Jahre versucht, Politiker zum öffentlichen Eingeständnis ihrer Angst zu ermutigen. Der Versuch ist damals fehlgeschlagen, weil andere es seinerzeit noch leicht hatten, z. B. Franz Joseph Strauß, Bundeskanzler Schmidt im Deutschen Bundestag als Feigling dastehen zu lassen. Es scheint, als habe sich da aber etwas verändert: Der neue deutsche Außenminister Kinkel hat wiederholt, und zum Befremden seiner Beamten, von seiner Ohnmacht wie seiner Wut über die Vorgänge im ehemaligen Jugoslawien gesprochen, und es ist ihm nicht mehr öffentlich verübelt worden.

Aufrichtigkeit erlaubt Identifizierung und Mitdenken, während die Pose das kritische Potential des Betrachters ausschließt und ihn zum reinen Publikum reduziert. Die Pose kann dabei durchaus gigantische Ausmaße annehmen. So ist es zum Beispiel nicht abwegig, auch den Golfkrieg einmal unter diesem Aspekt zu sehen: Mit einem abenteuerlichen Aufwand an Moral und Informationssteuerung war es weitgehend gelungen, den Krieg als Kreuzzug für eine neue moralische Weltordnung zu inszenieren. In Amerika herrschte während einiger Monate nach dem Krieg noch das Gefühl, es gebe auf höchster Ebene so etwas wie moralische Führung in der Welt, bis die Rassenunruhen in Kalifornien wieder auf den Zustand der Gesamt-Gesellschaft aufmerksam machten. Die Verlockung zur Pose wurde besonders anschaulich auch bei der mit niemandem abgesprochenen Blitzreise des französischen Präsidenten nach Sarajevo. Sie ist inzwischen als Episode fast vergessen, aber sie zeigt das Ausmaß der Verlockung, mit der Figur des furchtlosen Helden eine fast mythologisch zu nennende Sehnsucht nach Bewährung beim Publikum und bei sich selbst zu befriedigen mit dem Ziel, komplexe Probleme auf persönliche Moral, Haltung oder Pose zu reduzieren ...

Der Umgang mit Macht und Ohnmacht

Ich halte es für legitim und notwendig, in einer Ethik der Politik nicht nur danach zu fragen, wie Politiker (und dies gilt für uns alle in unseren Berufen) die Macht handhaben, sondern wie sie mit der Ohnmacht umgehen. Die Ausübung von Macht ist immer wieder als ein Aphrodisiakum beschrieben worden. Trotzdem scheint es, als sei die Ausübung von Macht inzwischen doch eher eine schwer erträgliche Mischung von Macht und Ohnmacht, die aber zugunsten der Illusion wie der Selbstdarstellung nicht öffentlich, vielleicht auch nicht privat, wahrgenommen wird.

Hans Magnus Enzensberger, ein scharfzüngiger Beobachter der Politik, hat dies in einem Aufsatz mit dem bemerkenswerten Titel »Erbarmen mit den Politikern« (FAZ, 5. 9. 92) pointiert festgehalten. Er schreibt: »Vielleicht ist es an der Zeit, von der Politikerbeschimpfung Abschied zu nehmen. Längst hat sie sich von ihrem Ursprungsort, der oppositionellen Rede, losgelöst und ist zum Topos der maulenden Mehrheit geworden. Seitdem zirkuliert sie, als Zeitvertreib, in allen Medien. Wie immer, wenn es nichts mehr zu enthüllen gibt, wird die Enthüllung zur industriellen Routine.« Und dann faßt er das gegenwärtige Bild vom Politiker zusammen: »Nicht nur in Deutschland sagt man ihr (der politischen Klasse, T. M.), in verschiedener Dosierung, aber deprimierender Einmütigkeit, nach: Herrschaft des Mittelmaßes, Versagen der Urteilskraft, kurzfristiges Denken, konzeptionelle Ignoranz, Machtversessenheit, Gier, Versorgungsmentalität, Korruption, Arroganz.« Hier ist von Ohnmacht, Angst und ethischen Problemen noch gar nicht die Rede. Und trotzdem muß es eine Verbindung geben von diesen Urteilen, die ja Rückwirkungen auf das Selbstgefühl, die Arbeitsfähigkeit wie die Rekrutierung haben müssen, zu Problemen der Ethik. Dabei sei einmal unterstellt, daß im Idealfall Politik ein gestaltendes Handeln nach ethischen Maßstäben und dieses in seinen Antriebskräften wie in seinen Wirkungen öffentlich sichtbar sein sollte. Wie läßt es sich mit solchen Wertungen leben, und welche Rolle spielt dabei die Ethik? Die Desillusionierung der Bevölkerung über Kompetenz und Ethik in der Politik ist eines der großen Themen der letzten Monate. Das »Polit-Barometer« im Zweiten Deutschen Fernsehen, das monatlich den bekanntesten Politikern über Umfragen Noten zwischen plus fünf und minus fünf erteilt, stellte im Juli 1992 fest, daß erstmals führende

Politiker keine »positiven« Bewertungen mehr vorweisen konnten. Die Abhängigkeit der Politiker von Umfragen, vor allem aber von den Medien, die die Bewertung und die Selbstdarstellung der Politiker zwischen den Wahlen quasi monopolisiert haben, schlägt zum ersten Mal um in eine fast generelle ironische, oft auch zynische Darstellung von Politik als inszeniertem Zirkus (Gipfelzirkus, Europazirkus, Korruptionszirkus, Selbstbedienungsladen, Schaubühne der Hilflosigkeit, Deklarationstheater, permanentes Vorwahlspektakel usw.).

Politik als Beruf
und die seelischen Folgen

Die Lebensbedingungen der Politiker treten ins Bewußtsein, sozusagen ihre Fähigkeit, »normal« zu bleiben. Zugespitzt schreibt Enzensberger: »Es ist deshalb an der Zeit, vom Elend der Politiker zu sprechen, statt sie zu beschimpfen. Dieses Elend ist existentieller Natur. Um es mit einem gewissen Pathos auszudrücken: der Eintritt in die Politik ist der Abschied vom Leben, der Kuß des Todes.«

Ich versuche dies noch einmal mit dem Verlust des Authentischen zusammenzubringen, der mit dem Zwang zur Pose und zur vorgespielten Kompetenz wie zur vorgespielten Ethik zusammenhängt. Jeder Beruf hat spezifische Bedingungen und Methoden zur Lösung seiner häufig wenigstens selbstgewählten Probleme. Es macht den Reiz wie den Schrecken der Politik aus, daß sich in ihr stetem Fluß die kompliziertesten Probleme der Gesellschaft anhäufen, aber ohne sichere Kategorien der Orientierung, ohne sichere ethische Leitlinien, ohne sichere Kompetenzen und in einem Klima des rivalisierenden bis mörderischen Kampfes. Wo es um Macht, Einfluß, Vorteile und Geld geht, sind die ethischen Normen immer bedroht. Zum Umgang mit ihnen gehören also zwangsläufig die Verhüllung, die Ideologisierung und die Lüge. Denn die Fassade, der Konsens soll erhalten bleiben, daß Ethik eine bestimmende Rolle spiele. Die Ideale werden eisern hochgehalten, auch wenn die Distanz zwischen Ideal und Wirklichkeit direkt in den Zynismus führt.

Aber wo haben Ideale ihren Ort, im Subjekt wie in der Gesellschaft? Ich komme noch einmal auf die Wahrhaftigkeit im Subjekt zurück, die durch Inszenierung und Pose als Zwang zum falschen Selbst ständig bedroht ist. Indem ich die subjektive Fähigkeit zur Echtheit wie zum ethischen Handeln betone, versuche ich immer die Verbindung zu halten zwischen den ethischen Problemen der Politiker wie denen der übrigen Individuen. Damit möchte ich einer Polarisierung entgegenarbeiten, in der sich ein Großteil der Bevölkerung derzeit gemütlich einrichtet: eben der projizierenden Beschimpfung der Politiker. Deshalb zitiere ich noch einmal den Schriftsteller Enzensberger, der diesen Punkt des Verlustes an Authentizität besonders hervorhebt. Er geht aus von einer Isolierung der Politiker, die er mit Inhaftierten in totalen Institutionen vergleicht, die ein überwachtes Sonderdasein am Rande der Gesellschaft führen:

»Nicht nur entgeht dem Politiker vieles, er darf auch nichts äußern. Es ist ihm allenfalls im engsten Kreis erlaubt, mitzuteilen, was er denkt, wenn er denkt. Andererseits darf er auch nicht schweigen. Vielmehr verlangt man von ihm, daß er fortwährend redet. Das Nichtssagende dieser Reden ist unter solchen Umständen kein Mangel, sondern ein Vorzug. Selbst der Geübteste kann diesen Strom von Wörtern nicht aus eigener Kraft hervorbringen. Spezialisten sorgen dafür, daß er nicht versiegt.« Und wenig später: »Stoische Selbstverleugnung, zwanghaftes Grinsen und plumpe Anbiederung gehören zum selbstverständlichen Pensum eines Wahlkämpfers.« Enzensberger treibt den Vergleich mit den Bewohnern von geschlossenen Anstalten ins Extrem: »Ebenso wie der Insasse einer Anstalt wird der Politiker ständig überwacht. Dem Guckloch... des Zuchthauses entspricht in seinem Fall das Auge der Kamera, und an die Stelle des Aufsehers treten Journalisten und Staatsanwälte. Da auch der persönlich integre Politiker gezwungen ist, sich in den Grauzonen der Parteienfinanzierung, im Dickicht der Subventionen und der Waffenexporte und im Morast der Geheimdienste zu bewegen, ist die Angst seine ständige Begleiterin.« Und er diagnostiziert angesichts des öffentlichen Ansehens, der Ohnmacht und der Angst wie dem Bewußtsein der Kluft zwischen Realität und ethischer Proklamation von Moral und Kompetenz eine »Depression... in larvierter Form«. Diese werde, wie in der Manie, durch ihr ständig inszeniertes Gegenteil abgewehrt. Mit der Abwehr der Depression durch manischen Betrieb ist das System der Konferenzen, Tagungen, Auftritte, Verlautbarungen, Reisen, Entschließungen usw. gemeint, das Aktivität und Führung signalisiert, ohne unbedingt etwas zu bewegen. Das hektische Konferenzwesen um das ehemalige Jugoslawien ist dafür ein Musterbeispiel, das sich in vielen Gipfeltreffen, die im Grunde Presseereignisse sind, wiederholt. Die Inszenierung des Machertums gehört dazu wie die Delegation der Reflexion an die Träger von Nachdenklichkeitsrollen: Man denke etwa an den deutschen Bundespräsidenten oder den früheren italienischen Präsidenten Pertini. Der frühere deutsche Bundespräsident Heuss brachte den Zwang zum Rollenspiel einmal auf die Formel, er sei der oberste Staatsschauspieler der Bundesrepublik. Das Phänomen des leeren Redens, der Uneigentlichkeit als Pathos der Proklamation hat schon früh in Deutschland zu dem Begriff der »Sonntagsreden« geführt.

Das Spektakel des »Rollenspiels von Führungsverhalten«, das zu einer Ethik der Unauthentizität führt, wird übrigens durch ein strukturelles Ungleichgewicht zwischen Politik und Administration dauernd genährt. Ein ganzer Zweig der Politikwissenschaft hat sich diesem Thema der Überforderung der politischen Klasse gewidmet: das Verhältnis von politisch nicht verantwortlicher Administration und verantwortlicher Politik läßt sich grob schätzen als eins zu zwanzig bis eins zu tausend. Sachverstand, Kontinuität, Kompetenz und eifersüchtiges Wahren von unsichtbarem Einfluß gehören auf die Seite der Verwaltung. Die Politiker bilden das ständig von Auswechslung bedrohte »Verantwortungspersonal«, das nach außen hin repräsentiert, die Verantwortung auch proklamiert und sucht, und das, je rascher der Wechsel, desto theatralischer, Kompetenz und Macht spielen muß. Diese Differenz zwischen öffentlichem Verantwortungsspiel und stiller Routine der Verwaltung ist gerade in Italien besonders stark ausgeprägt. Es führt vielleicht in besonderem Maß dazu, eine Bereicherungsmentalität zu erzeugen und Machtspiele oder -kämpfe als das eigentliche Element der Politik anzusehen. Möglicherweise ist es das Virus der Korruption, das das Verhältnis von Ethik und Politik am meisten bedroht, weil es unabsehbare Folgewirkungen auf die Glaubwürdigkeit überhaupt ausübt.

Dieses berührt übrigens eine unbewußte Dimension des öffentlichen Getriebes, nämlich das Phänomen der Spaltung der Persönlichkeit. Die Abhängigkeit der Politiker von den Parteien erzwingt die Fähigkeit, ein privates Ich vom öffentlichen zu trennen. Dies ist eine Notwendigkeit, die, soweit sie kontrollierbar bleibt und von Regeln getragen ist, noch nicht schädlich ist. Durch die genauen Analysen des Rollenspiels am Fernsehen aber kommt es zu einer Schulung des Betrachters: Er wird zu seinem eigenen Theaterkritiker, der, bewußt oder unbewußt, lesen lernt in den Gesichtern der Politiker. Und da diese das wissen, müssen sie wieder dem Zwang folgen, Authentizität immer perfekter zu spielen. Große oder wichtige Reden, Wahlkampfauftritte oder das Werben um Zustimmung in zentralen Fragen werden also auch gewichtet nach der Fähigkeit mitzureißen, Stimmung für Programme oder Personen zu machen. Um noch einmal Enzensberger zu zitieren: »Die permanente Werbung für die eigene Person ist vielleicht die peinlichste Zumutung, der ein Mensch sich aussetzen kann.«

Über die Moral, wie sie in den Institutionen eines Staates verkörpert ist, in den Verfassungen, dem Rechtssystem, der Organisation der öffentlichen Meinung, den Ritualen der Bekräftigung von Grundwerten, können Soziologen oder Historiker kompetenter urteilen. Meiner Erfahrung näher ist die Untersuchung, wie ethisches Handeln verankert ist im Aufwachsen der Persönlichkeit, in Kindheit, Jugendgruppen, ideologischen Verbänden, beruflichen Usancen und Konflikten. Ethisches Handeln und sittliche Autonomie werden gelernt, bekräftigt, belohnt, geschwächt oder wieder verlernt in der Familie. Die Kriminologie ist in den Jahren nach 1945 bei der Untersuchung von amerikanischen Jugendbanden auf das Phänomen der Überich-Lücken gestoßen. Man kann sich das autonome Gewissen wie einen im Idealfall kohärenten Organismus vorstellen, der das Individuum leitet. Der Organismus kann aber verstümmelt sein, so daß er in bestimmten Bereichen keine Botschaften mehr an das Individuum aussendet. Die Botschaften können aber auch subkulturell von anderen Normen geprägt sein: Die Mafia kennt sehr strenge, gegen die Moral der Gesellschaft gerichtete Normen. Dort, wo sie die gültigen Rechtsnormen unterlaufen will, gebraucht sie Heimlichkeit, Erpressung oder Gewalt, also Formen des Terrors, der auf die Erzeugung von Angst abzielt. In Diktaturen mit entmenschlichenden Feindbildern wird die Gültigkeit von Moral sozusagen von Staats wegen eingegrenzt.

Angst und Moral hängen zusammen. Wo die Selbststeuerung der Individuen massenhaft versagt, greift der Staat zur Repression, mit mehr oder weniger großem Erfolg. Die bürgerliche Gesellschaft hat den Erfolg der Erziehung lange daran gemessen, ob ein Individuum Autonomie und sittliche Reife erreicht. Die Entwicklung von Autonomie ist ein langer Prozeß. Sie braucht Förderung, Übung, Einübung in Konflikte, in Angsttoleranz, auch in die Fähigkeit zum Nein. Trotzdem bleibt ein Teil des Gewissens abhängig von Gruppen, Anerkennung, Erfolg, äußerlich gesetzten Normen, Angst, Außenlenkung, im Gegensatz zu Riesmans »innengeleitetem« Menschen. Das Wachstum der reflektierten und konfliktstarken Sittlichkeit ist also an Sozialisationsbedingungen geknüpft. Es gleicht einer Pflanze mit bestimmten Wachstumszeiten und Anforderungen an Klima und Versorgung. Wenn es nicht aus Dressur bestehen soll, braucht es Vorbilder und Verinnerlichung. Das Potential der sittlichen Autonomie ist nicht beliebig vermehrbar. Daraus leite ich die Grundthese ab, daß unser ethisches Potential einer Art Mitgift gleicht, die wir pflegen müssen und die, im Bereich der Politik, der Gefahr einer ständigen Korrumpierung ausgesetzt ist, obwohl sich jede Gesellschaft auch Gegenkräfte zur Stützung wie zur Festigung von Normen aufbaut.

Umbrüche und sozialer Wandel erzeugen nun laufend Situationen, die Neuland bedeuten, und offene Situationen bedeuten Versuchung, Anomie, also Normenunsicherheit. Sie begünstigen Persönlichkeitstypen – besser: locken sie hervor –, die den Bereich des Riskierbaren austesten. Subventionskriminalität wäre hierfür ein Beispiel. Die Bandbreite von rigider Moral bis zum vollkommenen Zynismus eines fast darwinistischen Kampfes um Macht und Geld in Rußland belegt die These von einem gigantischen Sog zur Anomie in Zeiten des Umbruchs.

Das erstaunlichste Phänomen für mich als in konkreter Politik unerfahrener Zuschauer ist die Tatsache, wie wenige Politiker »aussteigen«, weil sie in bestimmten ethischen Konflikten NEIN sagen. Es mag an der Geschlossenheit der politischen Klassen liegen, daß sie einem solchen Nein um jeden Preis Ansehen und Glaubwürdigkeit zu entziehen versuchen. Glaubwürdige Neins wären eine zu große Herausforderung für den durchschnittlichen

Betrieb des Mitmachens bei durchschnittlicher Wendigkeit. Die statistische Unwahrscheinlichkeit des Ausstiegs aus der Politik halte ich für eines der größten Probleme: Sie verhindert eine moralische Selbstkorrektur. Hier würden aber nur Tiefeninterviews eine solide Aufklärung bringen. Man darf vermuten, daß es letztlich doch die Gratifikationen der permanenten Öffentlichkeit sind sowie der Verlust an berufsbezogener Fachkompetenz, die den Zusammenhalt und die Geschlossenheit der politischen Klasse garantieren. Das Verschwinden ins Nichts, verbunden mit unfreundlichen Kommentaren über moralische Reinheit, deren Richtschnur man »sehr spät« entdecke, machen den Ausstieg nicht verlockend. Wiederum ist es Enzensberger, der das Dilemma in ein naturkundliches Bild faßt, das die psychologische und soziologische Tiefendimension der Bindung an die politische Sphäre allerdings ganz außer acht läßt. Er argumentiert gegen die hämische Wendung, die Politiker hätten sich doch das Machttheater und die ständig drohende schleichende Korrumpierung wie das ohnmächtige Machtgefühl selbst eingebrockt. »Das schadenfrohe Urteil«, schreibt er, »läßt nämlich außer acht, daß die politische Karriere wie eine Reuse funktioniert. So leicht es ist, in sie einzutreten, so gering ist die Chance, ihr mit heiler Haut zu entkommen. Dem, der sich in ihr verfangen hat, muß es scheinen, als stünde ihm nur ein einziger Ausweg offen: der Weg nach oben.« Es gibt aber anscheinend – neben den beruflichen Problemen – eine Angst vor dem moralisch motivierten Ausstieg: von der Isolierung habe ich schon gesprochen. Wichtiger ist vielleicht noch, daß die ethischen Verstrickungen selten in Sprüngen kommen, sondern sozusagen gleitend. Und in der postmodernen Gesellschaft ist moralisches Pathos nicht gefragt. Das Erstaunliche ist, daß der Selbstmord vermutlich die häufigere Form der Beendigung einer politischen Karriere ist – vom erzwungenen Rücktritt abgesehen – als der freiwillige Verzicht auf Amt und öffentliche Rolle unter dem wachsenden Druck ethischer Probleme.

Jemand, der aussteigen will, bräuchte sozusagen einen moralischen Coach, der mit ihm die verlorene Authentizität und die Fragmente seiner ganz persönlichen Sittlichkeit wieder zusammensucht, wenn sie zu stark bedroht werden. Bei seinesgleichen wird er keinen Rückhalt finden, er braucht Rückhalt von außen. Es handelt sich ja in der Regel zunächst nicht um kriminelle Schurkerei, sondern um das berühmte Hineingleiten in das beginnende »Übliche«. In der Bundesrepublik läßt sich das an vielen Berufsgruppen studieren, letzthin zum Beispiel haben viele Ärzte ihre Abrechnungsgewohnheiten den Krankenkassen gegenüber auffallend verändert. So hat sich erst gar kein Unrechtsbewußtsein ausgebildet, wenn Unsummen von Medikamenten verschrieben werden, die nicht genommen werden oder die nicht wirken, oder diagnostische Manöver in unsinnigen Wiederholungen, die von zweifelhaftem Wert sind, oder wenn der Pakt mit der Pharmaindustrie mit der humanitären Solidarität zum armen Patienten gerechtfertigt wird.

Ich versuche mir vorzustellen – um nicht doch von außen über die Politiker als die ganz anderen zu sprechen –, unter welchen Bedingungen ich unter dem Druck ethischer Konflikte aus meinem Beruf aussteigen würde. Dabei stoße ich doch wieder auf den Charakter als eine Grundbastion jedes beruflichen und öffentlichen Engagements. Die Gefahr der Korrumpierung durch finanziellen Gewinn, wie sie im Bankenbereich bei der Geldwäsche oder bei den Anwälten durch kooperierende Verstrickung mit Kriminalität drohen mag, ist im Bereich der Psychotherapie weniger groß, obwohl es im Bereich der Ausbildung auch dort inzwischen Knebelungsverträge mit dem Zwang zu hohen Vorauszahlungen gibt. Die Korrumpierung liegt stärker im Sektor des Mißbrauchs von Abhängigkeit. Die Ethikkommissionen der Verbände berichten immer wieder, daß beim sexuellen Mißbrauch ertappte Kollegen ihr Tun ungeniert rechtfertigen und ohne wirksame Sanktionen in ihrem destruktiven Handeln fortfahren. Ohne Kontrolle und Strafen ist also auch hier nichts zu machen. Die Korrosion des Charakters scheint nicht von innen her reparabel zu sein. Aber immerhin: Es gibt lautlose Abschiede vom Beruf. Vielleicht ist es in der Politik ähnlich. Die Geräuschlosigkeit wäre ein Zeichen dafür, daß jemand in aller Stille das ethisch beschädigte Selbst in Sicherheit bringt oder aus Angst vor Entdeckung seine Verstrickungen beendet. Also stoßen wir auch hier auf das offenbar anthropologische Faktum, daß zur Ethik die Angst gehört, weil Ethik in Politik und Gesellschaft nur eine unsichere Heimstatt hat.

Der Versuch der Fundamentalisierung
und der neue Weltkatechismus

In einer Epoche der ethischen Unübersichtlichkeit nicht nur der Welt-, sondern auch der Gesellschaftspolitik und bei dem für viele beunruhigenden Gefühl eines allgemeinen »Werteverlustes« kommt es, als *eine* mögliche Lösung, zu einer fragmentarischen Fundamentalisierung der Ethik. Es wird so getan, als herrschten in der Politik die moralischen Werte der Familie, und die Diffamierung wird zu einem Mittel der moralischen Verwirrung. Präsident Bush scheint die Frage so gelöst zu haben, daß er proklamierte, er sei zu fein, um seinen Gegner auf der Ebene des Seitensprungs anzugreifen, die Angriffe dafür seinem Stab überließ, trotz der vollmundigen Versprechungen, solche Kämpfer mit niedrigeren Instinkten zu entlassen. So kam es auch, daß sich der Nominierungskonvent der Republikaner 1992 gebärdete wie ein Verein zur Rettung der Familie. Von der großen Armut und den Rassengegensätzen war kaum die Rede. Statt dessen wird gekämpft um das Schulgebet, um Abtreibung, Homosexualität, um die Kriminalisierung von Aidskranken, um Sterbehilfe, medizinische Lebensverlängerung um jeden Preis oder gegen in-vitro-Fertilisation und ähnliches. Moral soll wieder übersichtlich sein und sich als Bollwerk vertreten lassen, quasi abseits von den zu kompliziert gewordenen Weltproblemen.

Nach seiner ersten Wahl zum Präsidenten habe ich Freunden gegenüber George Bush als einen der bestausgebildeten Politiker verteidigt. Inzwischen glaube ich, daß durch ihn das Weltquantum an doppelter Moral und infolgedessen an Zynismus gewachsen ist. Ich wäre aber in diesem Kreis unaufrichtig, würde ich nicht betonen, daß ich auch den gegenwärtigen Papst unter dem Blickwinkel einer globalen Ethik, die ein Überleben für alle, die geboren werden, postuliert, für schuldig halte. Der fundamentalistische Kampf gegen Geburtenkontrolle in den Ländern der Dritten Welt führt zu Zynismus und Unwahrhaftigkeit, vor allem aber zur Stabilisierung von massenhaftem Elend mit schwindender Aussicht, es je zu beheben. Das Problem ist für mich ein Musterbeispiel für die unerträgliche Spannung zwischen proklamierten Idealen und dem Zustand der Welt.

Nun erscheint in diesen Tagen der neue Weltkatechismus der katholischen Kirche. Die Neubestimmung des Begriffs der Sünde angesichts der Vervielfachung der Möglichkeiten, unethisch zu handeln, ist lobenswert. Ich glaube nur, daß das Unternehmen einige Jahrzehnte zu spät kommt. Denn der heutige Zustand der Welt ist zur Hälfte herbeigeführt worden von regierenden Parteien, die sich christlich nennen. Der Begriff einer christlichen Politik ist verschlissen, falls er je zu mehr gedient hat als zur Legitimierung von Macht und zur Rechtfertigung von moralischer Repression auf Gebieten, wo sie nichts zu suchen hatte. Daß jetzt »tangenti« und Subventionsbetrug die theologische Würde der Sünde erhalten, wo sie doch das Schmiermittel einer Gesellschaft sind, die von den Kirchen durchdrungen ist, wirkt grotesk. Als die Gesellschaft vor einigen Jahrzehnten in einzelnen Schichten vielleicht noch empfänglich war für moralische Belehrung mit der Chance zur Internalisierung in das Gewissen, sind viele Verhaltensweisen in den Bereich des »Üblichen« eingegangen. Wenn sie korrigiert werden sollen, bedarf es staatlicher Gesetzgebung und Gewalt. Man könnte überspitzt sogar sagen: Der neue Katechismus kommt zu einem Zeitpunkt, wo sicher ist, daß er keine Wirkung mehr haben wird außer für die Dummen, die ihr Geld nicht von grenzüberschreitenden Instituten verwalten lassen, die das Phänomen des Steuerbetrugs so lange umdefinieren, bis Wohltätigkeit daraus wird. Die Kirche kommt wieder in Gefahr, durch Fundamentalismus die Gemüter ihrer unmündigen Schäfchen anzusprechen. Aber vielleicht wirkt die Diskussion wenigstens in einigen Handlungsfeldern – Korruption, Umweltpolitik, Hunger, internationale Ausbeutung usw. – bewußtseinsbildend. Wenn der Katechismus als Diskussionsangebot gemeint ist, mag er fruchtbar werden. Als Versuch, die Welt wieder moraltheologisch zu deuten und sich selbst wieder als Zentrum der ethischen Offenbarung zu sehen, halte ich ihn für historisch unsinnig. Zu sehr sind die ökonomischen und politischen Verstrickungen der Kirche im allgemeinen Bewußtsein. Zu düster war die historische Bilanz des Kolumbus-Jahres, zu präsent der gegenaufklärerische Kampf gegen alle Liberalisierungen des Strafrechts und der moralischen Repression, das Paktieren mit den Diktaturen und den reichen sozialen Schichten, die Unterdrückung der Theologie der Befreiung, auch wenn sie nicht militant und marxistisch war. Es gibt keine christliche Politik, und falls es sie gegeben hat, ist sie diskreditiert. Das Unternehmen Weltkatechismus erscheint mir als ein Versuch, Macht zurückzugewinnen auf Gebieten, auf denen sie nicht gerade Mündigkeit und Selbstverantwortung gefördert hat. Ich weiß nicht, ob die italienischen Politiker noch regelmäßig in den Kirchen um Absolution in Fragen der Parteienfinanzierung nachsuchen oder die christlichen südamerikanischen Großgrundbesitzer, wenn sie die Landreform mit Privatarmeen bekämpfen, oder die Steueranwälte, wenn sie größere Scheinfirmen gründen, um Gewinne unauffindbar zu machen. Es dürfte in den Beichtstühlen zu hitzigen Debatten kommen. Vielleicht wird die Beichte überhaupt zu einer neuen Form des ethischen Diskurses und tritt in den Dienst gesellschaftspolitischer Bewußtseinsbildung. Falls der Katechismus aber einen Beitrag zur weltweiten Verbreitung und Anerkennung der Menschenrechte bedeutete, sollte er eine Chance haben.

Ich kehre, nach diesem Ausflug in den Bereich eines verspäteten Fundamentalismus, noch einmal zurück zur Chance unseres klösterlichen Kolloquiums. Der Wert von Diskussionen über Ethik beginnt dort, wo wir vertrauensvoll über uns selbst sprechen können, über die schwierigen Wendepunkte im Leben, wo wir vor inneren Krisen oder Entscheidungen stehen, wo die Themen uns selbst berühren in unserem Alltagsleben. Vielleicht gelingt uns ein Stück gemeinsamer Selbsterforschung. Dann hätte uns ein Kloster das Geschenk der Besinnung gemacht für ein Stück Reifung. Denn ich glaube, daß Ethik mit lebenslänglicher Reifung zu tun hat, im stillen Kämmerlein oder im vertrauten Gespräch.

Familienkrieg und Friedenskonferenz

Über Rituale von Trennung und Scheidung

Der Zusammenschluß von zwei Menschen zu Ehe und Familie ist von einer Vielzahl von Ritualen umgeben, so wie die meisten einschneidenden Veränderungen in unserer Biographie: beginnend mit Geburt, geht es weiter mit Geburtstag, Taufe, Namenstag, Eintritt in den Kindergarten, Schulbeginn, Kommunion, Konfirmation, Abitur, Ende der Lehrzeit als Freisprechung, Prüfungen, Studienabschluß, Berufsbeginn, Wohnungs- oder Hauseinweihung, Praxiseröffnung, Jubiläen, Eheetappen, Beförderungen, Verabschiedungen, Emeritierungen bis schließlich zum Sterben. In der Regel handelt es sich um Vereinigungs-, Initiations- oder Progressionsrituale, gegen Ende um Abschieds- und Trauerrituale.

Rituale haben vielfältigen Sinn, einen juristischen, einen sozialen, familiären, proklamatorischen, öffentlichen, aber auch einen tief ins Seelische reichenden Sinn. Sie signalisieren Stufen der Veränderung und dienen sowohl der individuellen wie der sozialen Bekräftigung und Bezeugung. Sie klären neue Identitäten für die Betroffenen wie für die Umgebung, und sie helfen, mit diesen neuen Identitäten umzugehen, sie anzunehmen, auch Rückhalt zu finden in Status und Rolle.

Sie helfen bei der Bewältigung von Gefühlen. Denn diese können überschießen, chaotisch oder dereguliert, um einen modernen Ausdruck zu verwenden. Sie helfen gegen Überschwang wie gegen Hilflosigkeit, sie geben unseren Affekten öffentlich gebilligte Formen. Sie dienen auch der Bekräftigung der Affekte, sogar ihrer Schulung und Formung wie ihrer Sichtbarkeit vor Zeugen. Sie finden statt in einem Wechselspiel zwischen den Protagonisten, den Mitspielern und dem Publikum.

Mehr als jeder andere Übergang ist die Eheschließung von Ritualen umgeben, ja, sie *ist* ein Ritual, und dies wohl um so mehr, je stärker sie eine religiöse, ideologische, staatstragende, also öffentliche, oder gar umkämpfte Bedeutung hat. Obwohl längst nicht mehr in allen Fällen kirchlich geheiratet wird, ist die Eheschließung doch eingebettet in die christliche Tradition. Der sakramentalen Unauflösbarkeit entspricht im rechtlichen doch zumindest das feierliche Gelöbnis zusammenzubleiben, »bis daß der Tod euch scheidet«. Die Verwandtschaft schneuzt sich am intensivsten bei diesem Satz, weil in allen Beteiligten die eigene Ehegeschichte, so vorhanden, wie die Treue- und Einheitssehnsüchte wach werden. Das Ritual mit seinen feierlichen Sätzen weckt in den bewußten wie den unbewußten Anteilen der Personen starke Gefühle. Das ist sogar ihr Sinn: Rituale leben von der allgemeinen emotionalen Partizipation, dem Mitschwingen, den Identifizierungen, den guten und bösen Wünschen. Zu einer Hochzeit als Freund oder Verwandter eingeladen zu werden, ist auch für gefaßtere Gemüter eine emotionale Herausforderung.

Für die Protagonisten ist die Sache noch viel aufregender: denken Sie an die langen Vorlauf- und Entschlußzeiten, die Aufregung der Ankündigung, des Aufgebots, der Planung des zeremoniellen Ablaufs, der Gästeliste, der Tischordnung, der Auswahl von Kirche, Pfarrer, Trauzeugen, Standesamt, Menü, Kleidung, Datum, Uhrzeit, Reiseziel usw. Die Minusvarianten mißglückter oder schiefer Zeremonien brauche ich nicht aufzuzählen. Kurz, die Emotionen gehen hoch, die begleitenden Phantasien ebenso. Wildfremde fangen an, sich zu duzen und Lebensgeschichten und Kontostände auszutauschen. Das Blitzlichtgewitter gleicht einem Feuerwerk. Die Manöverkritik nimmt Wochen in Anspruch, das Abklingen der Affekte ebenso. Fotoalben machen die Runde, und die Phantasien beginnen bald um Fruchtbarkeit und Schwangerschaft zu kreisen. Im Clan beginnt es zu häkeln, und die werdenden Großmütter kommen in ungewohnte seelische Wehen.

Die Gewalt der Vereinigungsrituale

Warum diese scheinbar unernste Aufzählung vor so abgebrühtem professionellem Publikum? Ich wollte uns noch einmal kurz vor Augen führen, in welchem Ausmaß Eheschließung und Familiengründung in Rituale eingebettet sind, die theologische Ewigkeit, juristische Klarheit, soziale Normalität und emotionale Bindung schaffen und stützen wollen. Die bewußten wie die unbewußten Anteile von Menschen reagieren auf diese Rituale: Der neue Status wird verankert bis in tiefste Seelenlagen. Als Psychoanalytiker sage ich sogar: Sie organisieren die Persönlichkeiten neu, gerade auch dort, wo psychische Strukturierungslücken und -unsicherheiten vorliegen. Um es noch deutlicher zu sagen, und ich spreche hier bereits von den Anteilen, die später zum Scheitern führen: Sie öffnen die Schleusen *auch* für neurotische Bindungsprozesse, die auf alten Übertragungen und seelischen Konflikten wie Defekten beruhen. Sie sanktionieren das Gesunde wie das Abnorme und verfestigen es. Sie lösen auch neues Übertragungsgeschehen aus. Ich erinnere nur an die Volksweisheit, wie häufig die Eheschließung alte Identifizierungen neu beleben.

Aber bevor ich diese unbewußten Vorgänge genauer betrachte, zurück zur Bedeutung und Häufung der Rituale bei der Vereinigung und zu ihrem weitgehenden Fehlen bei der Trennung. Die Fixierung der Bindung, um nicht zu sagen, ihre Zementierung, ist in einem Ausmaß abgesichert, das uns erst in den mühsamen und leidvollen Prozessen ihrer Auflösung im Falle des Scheiterns deutlich wird. Ich spreche nicht als Gegner der Institution Ehe, sondern als Therapeut, der sowohl mit der psychischen Reparatur wie mit der leidvollen Liquidierung von schwierigen oder unmöglichen Bindungen Erfahrungen gesammelt hat.

Unsere christlich fundierte Gesellschaft belohnt die Eheschließung mit einer breiten Palette materieller und psychischer Vorteile. Sie bestraft ihr Scheitern durch einen noch viel breiteren Katalog von Sanktionen und unbeabsichtigten, aber trotzdem zurechenbaren Konsequenzen. Die Juristen wie die Psychologen im weitesten Sinne interessieren oft mehr die sozialen und die psychischen Folgen, die sie gerecht zu verwalten oder zu mildern trachten. Der Makel von Schuld, Scham, Scheitern, Ächtung, Isolierung und Entwertung ist jahrhundertealter Machart, und er beginnt sich erst langsam zu ermäßigen. Wie tief diese Affekte, zum Teil in unserer Kindheit, in uns eingepflanzt worden sind, das entzieht sich unserem willentlichen Zugang. Wie sehr Scheidung in der familiären, subkulturellen oder kulturellen und juristischen Umwelt noch moralisch sanktioniert wird, entzieht sich ebenfalls weitgehend dem individuellen Einfluß.

Die Tatsache, daß es keine Trennungs- und Scheidungsrituale gibt, halte ich für eine direkte Folge der christlichen Definition der Ehe, die eben nicht scheitern *darf*. Auch ganz säkulare Gesellschaften sind dieser Verweigerung von Hilfe gefolgt. Daß der Kommunismus die Scheidung erleichtert hat – ohne jedoch psychisch wirkungsvolle Trennungshilfen zu geben –, hat die Bedeutung der Scheidung als seelisches und soziales Problem vertieft. Die in vielen anderen Bereichen selbstverständliche Hilfe von psychologisch wirksamen Ritualen bei einschneidenden Übergängen ist bei der Scheidung nicht nur ausgeblieben, sie ist kaum thematisiert worden. Und inwieweit die »Mediation« von Scheidung, also ihr Aushandeln am runden Tisch, die Lücke verkleinern wird, ist noch offen.

Sozialer Wandel und scheiternde Bindungen

Die Statistiker wie die Soziologen unterrichten uns aber, daß Scheidung ein in seiner Häufigkeit quasi normales soziales Ereignis geworden ist. Konservative Kreise versuchen, diese statistische Normalität durch Straf- oder Sanktionsandrohung einzudämmen. Das funktioniert zwar kaum, hat jedoch psychische Folgen für sehr viele Menschen. Das Fehlen von hilfreichen und ermutigenden Formen der Unterstützung halte ich inzwischen für eine wachsende Schuld der Gesellschaft. Es entspricht weder unserem Wissen vom inneren oder familiären Ablauf von Scheidungen und ihren Folgen noch der gesellschaftlichen Pflicht, seelische Schäden, wenigstens für die betroffenen Kinder, zu mindern, aber auch für viele hilflose, leidende oder destruktiv agierende Erwachsene. Natürlich gibt es Hilfen für Menschen in Trennungsnot, und die Arbeit der Psychosozialen Beratungsstelle, deren Geburtstag wir feiern, stellt ein Stück Pionierleistung dar. Ich hatte das Glück, die Arbeit einige Jahre durch Supervision zu begleiten. Ich habe viel gelernt dabei und danke für das jahrelange Vertrauen.

Trotzdem sind manche der Gedanken, die ich Ihnen vortragen möchte, im stillen gewachsen, weil ich es lange nicht fassen konnte, wie schreiend der soziale Mangel an Trennungsritualen, ja überhaupt an einer Ethik der Trennung ist. Die Gedanken haben sich vertieft beim Nachdenken über eine Ethik der Trennung bei mißlingenden Psychotherapien – sie ließen sich aber genauso anwenden bei anderen schmerzlichen Trennungen in Schulen, Betrieben, Arbeits- und Kooperationsverhältnissen: Denken Sie an Schulabgänge oder Lehrerwechsel, an Trennungen von Betreuern und Sportlern, von Regisseuren und Ensembles, von Trainern und Vereinen. Zur Erhellung nur einige Anmerkungen aus meinem Fach: Die Beziehung von Patient und Therapeut erreicht, wenn auch anders strukturiert, eine ähnliche Tiefe wie die von Eltern und

Kindern oder Ehepartnern. Meine Erfahrung lehrt mich, daß Trennung nach gescheiterten Therapien selten ohne Haß, Entwertung, Schuldzuweisung und sogenannte negative Diagnostik abgeht, kurz: Es fliegt Deutungsdreck durch die Gegend, obwohl die Hinzuziehung eines Dritten die Schmach und das oft jahrelange Elend für den schwächeren Partner, meist den Patienten, mildern könnte. Die Verwundungen sind um so schlimmer, je mehr die Beziehung zu einer Verstrickung entartet ist.

Und um Verstrickung handelt es sich in der Regel, wenn eine Ehe, erst recht mit Kindern, geschieden wird und der Kampf um die Kinder und das Elend der Loslösung sich über Jahre noch hinziehen. Ich spreche also vorwiegend von den Scheidungen, die Sie als Juristen oder Therapeuten oder Gutachter vor schwer lösbare Probleme stellen. Wir wundern uns immer wieder, wie lange Haß, Rachephantasien, das Gefühl, verletzt oder betrogen worden zu sein, dauern können. Manchmal scheint es, als seien Bindungen im Haß mindestens ebenso dauerhaft wie solche der Liebe. Wir wundern uns, daß es Menschen auch nach langen Jahren nicht zu gelingen scheint, sich zu lösen und zu einer gewissen Autonomie, einem Ende der destruktiven Bezogenheit zu finden.

Es ist weniger verwunderlich, wenn wir einige diagnostische Überlegungen anstellen. Auch bei halbwegs abgegrenzten, also individuierten Personen, können Familienübertragungen, mit denen sich die Partner umgarnt oder überzogen haben, quälend zäh sein. Die Auseinandersetzungen gleichen Gespensterkämpfen, bei denen sich ewig gleiche Vorwürfe wiederholen. Die Sache wird nicht besser, wenn zum Stellungskrieg der Vorwurf gehört: Du bist wie deine oder meine Mutter, respektive Vater. Die versäumten Ablösungskämpfe von den Eltern werden dann im Dschungel der Neuinszenierung ausgetragen, ohne daß es zu einer Lösung kommt. Aber bei halbwegs solider Säuglings- und Kleinkindpersönlichkeit der Kämpfer sind inmitten von Ermattung und Triumph gelegentlich Einsichten und kleine Reifungsschübe möglich, Freunde oder auch Berater mögen zur Klärung beitragen. Die »kriminelle« Energie, mit der der Partner in alten Rollen festgehalten wird, kann auch erlahmen.

Schwerer zugänglich sind Verstrickungen, die auf Störungen beruhen, die erst allmählich ins Visier der tiefenpsychologischen Forschung kommen: Beispiel Borderline-Persönlichkeiten oder Patienten mit Lücken im Selbst, inneren Leerstellen, mit unklaren inneren Konturen oder fragmentierten Bildern der eigenen Person, also Menschen, denen eine innere Einheit fehlt und die verzweifelt auf der Suche nach einer Ganzheit sind, für die der Partner, oder Teile von ihm, verwendet werden; Menschen, die eine frühe Trennung von der ersten Bezugsperson nie verkraftet haben und suchtartig nach Wiedergutmachung, Ergänzung oder Stützung suchen, wofür auch die Kinder herangezogen werden können. Für sie bedeutet Trennung nicht nur den Verlust einer Liebe und eines Lebensplans, von familiärer Geborgenheit oder einem wichtigen sozialen Gefühl von Ordnung, das sie angesichts innerer Unordnung um so mehr brauchen. Sondern die Trennung bedeutet das erneute schmerzliche und quälende Unvollständig-Werden der Persönlichkeit. Die Partner reagieren, als hätte man ihnen etwas aus ihrem Inneren herausgenommen, Seelenteile, Versatzstücke, haltende Klammern oder eine leibseelische Grundnahrung, die sie kontinuierlich brauchen. Man könnte sie symbiotisch Verstrickte nennen, aber manchmal reicht das Bild der Symbiose nicht aus, um die Zustände zu charakterisieren. Es wäre angemessener, sie als siamesisch verwachsen zu bezeichnen. Sie haben sozusagen keinen getrennten seelischen Kreislauf entwickelt, haben Lecks, die dauernd gedichtet werden müssen, weil sie sonst das Gefühl bekommen auszubluten, zu verhungern oder auseinanderzufallen oder von ihrem Haß und ihrer Angst überwältigt zu werden. Auf das Problem, daß es oft *ein* Partner ist, der die Progression lebt und wegstrebt, während der andere verängstigt mauert, kann ich hier nicht eingehen.

In den ganz schweren Fällen ist natürlich Therapie, vielleicht auch stationäre Aufnahme notwendig. Wenn ich von der Funktion von Trennungsritualen spreche, meine ich nicht diese sehr pathologischen Fälle, in denen Selbst-Affekt, Einsicht und Reifung nicht mehr zusammenstimmen. Aber in leichterer Form kommen solche Zustände bei vielen Menschen vor, die sich trennen.

Bei Bindungen, die auf seelischen Schäden beruhen oder sie heilen sollen, bewirken die Rituale der Vereinigung eine magische Bekräftigung der Verstrickung, und sei es auch im verbalen oder affektiven Gewand von Loyalität, Treue und Verklärung der Familie. Der juristische oder gar der priesterliche Segen und die Familienfeier festigen eine menschliche Schiefheilung, die irgendwann zerbricht. Solche Bindungen entwickeln selten Selbstheilungskräfte. Der andere ist ja ein Selbstanteil, ein Medikament, eine lebensnotwendige, wenn auch oft *apersonale* Ergänzung. Dies wird als Thema gefürchtet, verleugnet, durch Streit und Vorwürfe abgewehrt. Aber der Kampf der Vorwürfe bringt keine Klärung, weil das bindende Substrat präverbale Qualitäten hat. Es sendet Signale ins Bewußtsein oder ins Vorbewußte, nämlich: »Allein bist du nicht lebensfähig.« Die Angst verstärkt also die abnorme Bindung. Gleich dem sehr kleinen Kind erlebt der Partner das Nicht-Funktionieren des anderen im Sinne eines ergänzenden Organs oder eines Teils oder eines Motors als gezielte Bosheit, als Schädigungs- oder Vernichtungswillen.

Rituale und abnorme Bindungen

Im Haß geht es dann seelisch und oft auch real um Leben und Tod oder um ein befürchtetes oder reales Überleben als sozialer Krüppel und psychisch Behinderter. Das erklärt die Wucht der Kämpfe ums Bleiben wie ums Ausstoßen, der Kämpfe um die Kinder wie um Selbstanteile. Jemand, der keine Chancen zu einer Individuation gehabt hat, glaubt ohne die Krücke Partner oder Ehe nicht gehen zu können. Die Bindungsrituale werden zur Legitimation. Häufig findet man die erschreckende Phantasie, die aber durchaus realistische Züge haben kann: Ich werde nie mehr jemanden finden, mit dem ich diese Art frühseelischer Komplettierung eingehen kann oder will. Die Desillusionierung ist sozusagen endgültig. Es gibt keine heilsame Trennungs- oder Reifungs- oder Wachstumsphantasie.

Soviel zu den pathologischen Formen von Bindung, die immer beigemischt sein können auch bei anscheinend höchst normalen Menschen. Sie werden in der Phase der Scheidung mobilisiert und durch Ängste verstärkt. Die unbewußte Erinnerung und die Wirkung des Vereinigungsrituals sollen im Grunde die Ewigkeit der Bindung garantieren, weil Wachsen und Reifen nicht vorstellbar sind. Deshalb auch findet Trennung als innerer Prozeß nicht statt. Die Bindungsphantasie ersetzt dann das Zusammenleben. Das unaufhörliche Wühlen in den eigenen und fremden Wunden dient der Selbststimulation dort, wo Leere droht. Und eine Veränderung, neues Leben, neue Freundschaften, werden als Verrat an der ins Magische verklärten Bindung erlebt.

Nun ist also die große Frage: Gibt es Rituale der Trennung, die etwas von der Wucht der Vereinigungsrituale aufheben können, damit ein Selbstkern zu sich zurückfindet und Bewältigung oder neues Wachstum stattfinden kann? Trennung ist bei vielen nie oder zu wenig, wie die Tiefenpsychologen sagen, auf eine untraumatische Weise symbolisiert, also als nicht-vernichtende seelische Möglichkeit ausphantasiert oder früher einmal erlebt worden. Die mildere Form der Störung verknüpft zwar nicht Vernichtung, aber doch ein Eintauchen in Entwertung, Haß, fehlende Abgrenzung usw., mit einer Trennung, ein Zerbrechlichkeitsgefühl, das seinerseits wieder demütigend ist, und eine Absenkung des Vitalitätsniveaus, von Initiative, Selbstwertgefühl und Selbstakzeptierung. Es fehlt im Untergrund eine Reserve an freudigem Gefühl für Autonomie und Bewährung, ebenso aber die Fähigkeit zur *Wahrnehmung* von Getrenntheit und Distanz wie zur Zurücknahme von Haß und Selbstentwertung. Der inneren Akkumulation von Selbstentwertung kann oft nur durch die Entwertung des anderen entgegengearbeitet werden. Da die unbewußte Bindung aber fortbesteht, führt das nur zu einem negativen Zirkel. In diesem Zusammenhang ist es bedrohlich, wenn die umkämpften Kinder auch den verlorenen oder verstoßenen Partner noch lieben: Es ist Verrat im Bunde mit dem Zerstörer der eigenen Ganzheit, die er oder sie unwiederbringlich mitgenommen zu haben scheint.

Die Funktion von Trennungsritualen

Soll ein Trennungsritual fruchtbar werden, so muß es die Vereinigungsrituale, soweit sie zu einer moralisch getränkten oder magischen Fixierung der Bindung wie der Stagnation der Individuationsprozesse geführt haben, wenn nicht aufheben, so doch mildern und ihnen entgegenarbeiten. Dagegen wird es Widerstand von vielen Seiten, innen und außen, geben, da diese Vereinigungsrituale selbst etwas Entrücktes, Geheiligtes, tief Akzeptiertes haben. Sie sind ein Bestandteil unserer Kultur. Die Bindungsrituale liieren sich mit unserer Sehnsucht nach Geborgenheit und Ganzheit und geben ihr eine höhere Legitimation.

All dies hatte und hat viele segensreiche Wirkungen und Bedeutungen. Aber es wird Zeit zu sehen, wo sie auch Unheil anrichten, weil angesichts des sozialen Wandels und angesichts von Verbiegungen beim Adressaten etwas nicht stimmt, weil er die Botschaft nur auf verdrehte oder im Falle des Scheiterns lähmende Weise aufnehmen kann.

Im Gegensatz zu den Vereinigungsritualen, die meist einen freudig oder triumphal erlebten Vorgang öffentlich begleiten und bejubeln, vollziehen sich Trennungen oft in der Verborgenheit des Rückzugs. Scham und Unsicherheit lassen weitere Bindungen zerbrechen, der gemeinsame Freundeskreis verfällt unter Krämpfen und Kämpfen. Auch die Umwelt reagiert verunsichert und mit Rückzug. Die segensreich gedachte Funktion der Zeugen verkehrt sich in ihr Gegenteil: keiner will mehr etwas wissen. Zersetzende Verstrickungen sind oft auch Gift für früher befreundete Familien. Möglicherweise ist der Trennung schon ein langes und oft in einem weiteren Kreis aufwühlendes und verrückte Wahlverwandtschaften bildendes Agieren vorausgegangen. Das Gefühl des Scheiterns ist uns, wie schon erwähnt, bei Zerbrechen einer familiären Bindung mit unserer Kultur tief eingepflanzt worden.

Diesem Gefühl des Scheiterns, das die Wachstumskräfte lähmt, müßten Trennungsrituale in erster Linie entgegenarbeiten. Damit meine ich nicht, daß Trauer und Scham, Besinnung und Selbstüberprüfung keinen Platz haben sollten, im Gegenteil. Aber der soziale Druck, der über die Vereinigungsrituale symbolisch verinnerlicht wurde, entfaltet in vielen Fällen eine destruktive Wirkung, wenn er sich mit den individuellen seelischen Behinderungen verknüpft. Statt Strafe, Ächtung und Entwertung wäre also notwendig: eine Würdigung der positiven früheren Anstrengungen, des meist hohen inneren Aufwandes um den Erhalt der Beziehung; des Kampfes um die Familie; des Lebensplanes, der nicht gelang; kurz, Würdigung all der vergeblichen Bemühungen, die doch über längere Jahre Lebensenergie verbraucht haben.

Trennungs- oder Scheidungsrituale müßten vermitteln helfen, daß ein Ende und ein Neubeginn anstehen; daß es den Gesichtspunkt der Reifung und des Wachsens gibt; daß Trennung ein Übergang ist, nicht ein Ende, und daß die verbliebenen Kräfte auch gebraucht werden zur Minderung des Schadens, bei den Kindern wie bei den beschädigten Partnern. Denn für die geschiedenen Eltern beginnt ja hinsichtlich der Kinder eine erhöhte Verantwortlichkeit und eine viel schwierigere Zeit der Schadensbegrenzung.

Ich zähle hier einige Funktionen von Scheidungsritualen auf, um ihren Sinn und ihren Ansatzpunkt deutlich zu machen. Sie dienen sowohl den ursprünglichen Protagonisten der Vereinigungsrituale und ihren Kindern wie auch der Gesellschaft, die an der Milderung der individuellen Beschädigungen und der langwirkenden Spätfolgen für alle interessiert sein muß. Das Ritual ist also mehrschichtig in seiner Bedeutung. Es hat eine soziale Befriedungsfunktion und sucht die Interessen der einzelnen wie der Gemeinschaft zu integrieren. Es stiftet absichernde Öffentlichkeit dort, wo das Gefühlschaos in schlechter Verborgenheit oder wild wuchernder Hilfesuche und Kompensation vor sich hinbrodelt. Es dokumentiert und fördert Prozesse der Lösung und gibt dem Vorgang einen haltgebenden Sinn, dient der Klärung der Gefühle wie dem Austausch und der Rückgabe von ausgelagerten und falsch oder kontraproduktiv verfestigten Selbstanteilen, aber auch von normalen affektiven Festlegungen. Bei vielen Menschen sind diese affektiven Festlegungen unbeweglich geworden. Freud spricht von einer Klebrigkeit der Liebe wie des Hasses, die pathologisch werden kann, wenn sie nicht Hilfen bei der Ablösung findet.

Ein Teil der Vereinigungsrituale wirkt bei entsprechend disponierten Menschen infantilisierend und wachstumshemmend. Implizit fließt natürlich in meine Aussagen ein neuer Begriff von der Entfaltung der Person ein, der mit dem sozialen Wandel zusammenhängt. Ich plädiere gewiß nicht für rücksichtslose Selbstverwirklichung. Ich glaube, unausweichliche Veränderungen in den sozialen Gewohnheiten zu berücksichtigen, die auch durch längere Lebensdauer und die Wahrscheinlichkeit von neuen Verbindungen gekennzeichnet sind. Die Zahl der Zweit- und Drittfamilien wird immer größer, und wenn bei beiden Partnern einer neuen Beziehung Kinder vorhanden sind, entstehen komplexe neue Gebilde, die verstärkt Erwachsenheit, Flexibilität und freie Kreativität verlangen. Wir können doch nicht mehr wollen, daß Geschiedene auf der gesellschaftlichen Ebene in einem Abseits von Ächtung und Entwertung verharren, und ebensowenig, daß sie nach einem Scheidungsprozeß als geschwächte, entmutigte oder von Rachegedanken erfüllte Individuen oder Eltern zurückbleiben. Dazu gehört auch, daß sie Hilfe finden gegen eine Regression, die zerstörerisch ist. Regression als Auftanken, als Besinnung und Erholung ist wichtig. Aber Regression auf die pathologischen Muster der kindlichen Verarbeitung von Trennungen ist schädlich. Trennungsrituale dienen also auch dazu, schädliche Regression in Hilflosigkeit, Anklammerung, Rachegedanken und eine feindselige Spaltung der sozialen Welt, in der die Familie vor der Krise gelebt hat, zu verringern. Sie dienen ebenso dazu, den sich Trennenden soziales Wissen um die notwendigen Vorgänge und soziale Kompetenz durchaus von »halbamtlichen« Personen zur Verfügung zu stellen.

Verlauf, Setting und Personal solcher Rituale

Damit komme ich zu einem wichtigen Punkt, der bereits zu Formen der Realisierung von Scheidungsritualen führt. In fast allen Vereinigungsritualen gibt es Amtspersonen, die die Bindung herstellen und bekräftigen. Sie sind von der Gesellschaft und der Kirche beauftragt und handeln kraft einer Rolle. Es gibt Zeugen und Mithandelnde. Die Rituale heben bei den Feierlichkeiten bestimmte Rollenträger heraus, etwa die Eltern des Paares. Dies dient ebenfalls der Bekräftigung des Übergangs, der Initiation in einen neuen Lebensabschnitt, aber auch der rituellen Ablösung von alten Bindungen. Es sind also auch Rituale der Übergabe von Menschen an eine neue, möglichst nicht-kindliche Bindungsform. Die Familienangehörigen unterziehen sich Ritualen der Rollenänderung. Daß Väter und Mütter sich nicht an diese Rollen halten und weiterhin pädagogisch oder manipulativ eingreifen, stiftet oft schon den Keim des späteren Unglücks. Die Vereinigungsrituale schaffen es oft nicht, die alten Bindungen ausreichend zurückzuschneiden. Auch hier könnte man einen wachsenden Bedarf erkennen, die Zusammenführungsrituale zu verändern. Es könnte gar nichts schaden, wenn der Standesbeamte oder der Priester auf die Veränderung in den Rollen der Eltern ausdrücklich hinweist. Manche unglückliche Braut und mancher unabgenabelte Sohn könnte sich auf solche goldene Worte berufen wie auf Proklamationen der ehelichen Menschenrechte, wenn die Übergriffe überhand nehmen. Denn viele destruktiv verstrickte Eheleute stammen aus parasitär verstrickten Elternfamilien, die nicht loslassen können, weil sie mit der Eheschließung der Kinder selbst parasitär genutzte Selbstanteile verlieren.

Wenn ich jetzt zu einem inhaltlichen Ausphantasieren von Scheidungsritualen komme, so bitte ich alle Gedanken als Anregungen zur Diskussion zu verstehen, die weiterer Ausgestaltung bedürfen, vor allem aber der Erprobung in der Realität. Ich möchte vorausschicken, daß in der Psychotherapie die Verwendung von Ritualen zunehmend Bedeutung gewinnt. Ich verweise auf die Literatur und Praxis der Trauerrituale und auf das Buch von Peter Schellenbaum »Nimm deine Couch und geh« (München 1992), die die Verankerung von seelischen Prozessen und von Neuentscheidungen im Ritual ausdrücklich nutzen.

Wenn ich im folgenden nur noch von Trennungsritualen spreche, so ist damit gemeint, daß Scheidung nur der juristisch definitiv gewordene Unterfall von Trennung ist. Das Trennungsritual wird unter Umständen sogar erst auf die Scheidung folgen, vor allem dann, wenn sich für einen oder mehrere Beteiligte herausstellt, daß sie Hilfe brauchen. Es kann aber auch sein, daß das Ritual von Außenstehenden nahegelegt, ja sogar von amtlichen Stellen dringlich anempfohlen wird, nämlich dann, wenn destruktive Auswirkungen sichtbar werden, die darauf schließen lassen, daß weiterhin in schädigender oder selbstschädigender Weise agiert wird, weil die psychische Erbschaft nur als Chaos und Kampf funktioniert. Denn es geht um die seelische Erbaufteilung und Entflechtung von psychischen Besitztümern, Aufgaben, Versorgungsleistungen.

Die Praxis und Forschung über die sogenannte mediation of divorce, die aber eine andere Funktion haben will, hat hier sicher bedeutende Vorarbeit geleistet, auch wenn es mir scheint, daß die Vorteile des Rituals nur unzureichend genutzt werden. Ich gehe bei der Diskussion des Rituals zunächst auch davon aus, daß es sich um einen freiwilligen Entschluß handelt, mit Hilfe von geschulten Helfern die Trennung in einer der Vereinigung analogen, nicht gleichen, Öffentlichkeit zu vollziehen. Aus Gründen der idealtypischen Klarheit wähle ich zunächst einmal ein bürgerliches ehemaliges Paar, das sich eine ein- bis zweitägige Veranstaltung, analog einer Hochzeitsfeier, mit Hotel oder Gasthof oder Tagungshaus leisten kann. Für andere Schichten der Bevölkerung müßte der Ablauf entsprechend abgewandelt werden.

Schon beim Schreiben merke ich, wieviel Widerstand ich antizipiere. Ich selbst mußte ihn erst in vielen Gesprächen überwinden. Bei den meisten öffentlich relevanten Zeremonien sind Fachleute zugegen. Viele Riutale sind kirchlich, staatlich oder freigewerblich organisiert. Ich postuliere also den professionell gebildeten Scheidungshelfer, der viel von Gruppendynamik, Familientherapie, Tiefenpsychologie, Rollenspiel oder Psychodrama und Organisationsberatung versteht und der in einer natürlichen autoritativen Rolle zu handeln vermag. Da es sich meist um verfeindete Parteien oder gar Clans handelt, wäre es sogar von Vorteil, wenn ein Team von mindestens zwei Personen die Verantwortung für den Ablauf trüge, das sich in Pausen neu über den Stand der Dinge beraten kann. Da die Hauptkontrahenten meistens einmal männlich und einmal weiblich sind, spricht vieles für ein gemischtes Team.

Ich überlasse mich jetzt also meinen Phantasien über das Beispiel eines Rituals. Ich stelle mir ein Wochenende vor in einem eigens dafür gewählten Haus, das über genügend Räume auch für Untergruppen verfügt. Wo und in welcher Kombination die Mahlzeiten eingenommen werden, müßte ebenfalls geklärt sein. Auf jeden Fall scheint mir ausreichend Zeit für emotionale Verdauungsprozesse nötig und eine Vielzahl möglicher Begegnungen wichtig. Es ist aber auch durchaus möglich, daß – da es sich nicht um einen einmalig zu feiernden Zusammenschluß handelt, sondern um kompliziertere Vorgänge der Entflechtung – über Wiederholungen in schwierigen Fällen nachgedacht werden muß. Der Teilnehmerkreis muß ausgehandelt werden: weitere Familienmitglieder, Freunde, mitbetroffene Arbeits- und Geschäftskollegen, die, wie beim Vereinigungsritual, auch nur zeitweilig anwesend sein können. Die beiden Partner könnten, zu ihrer Verstärkung, Beruhigung oder Ermutigung, auch eine Vertrauensperson als persönlichen Begleiter, Sekundanten oder »haltende Figur« wählen. Diese »haltende Figur«, mit der ich in Gruppentherapien oft arbeite, verdanke ich meiner Fortbildung bei dem amerikanischen Gruppentherapeuten Albert Pesso, der herausgefunden hat, daß Gefühle leichter zu bewältigen, ja überhaupt zuzulassen sind, wenn eine schützende Person zur Verfügung steht. Sie hat mütterliche oder väterliche ermutigende Funktionen, kann aber auch als idealer Freund oder Freundin, emotionaler Anwalt oder Coach bezeichnet werden. Sie dient auch der Dämpfung der natürlicherweise zu erwartenden Aufgeregtheit, wenn nicht gar Panik. Wünschenswert sind Vorgespräche mit dem Paar, also die Etablierung eines Arbeitsbündnisses, so daß ein minimales Einverständnis mit dem Ziel der Aktion und dem ungefähren Ablauf, fachlich ausgedrückt: dem Setting, vorhanden ist. Vermutlich werden sich regelhafte Formen der Strukturierung und des Ablaufs herauskristallisieren.

Wichtig ist, daß in einem sicheren Rahmen noch einmal heftige

Gefühle ausgedrückt, Vorwürfe und Forderungen eingebracht, Gutes wie Böses festgehalten werden können. Zum Rituellen gehört wohl, daß die Leiter oder die Vertrauten oder Freunde die Anstrengungen des Paares, die guten Zeiten, das Geglückte hervorheben und in Erinnerung rufen und daß sie immer wieder den Prozeß der Trennung als einen Durchgang bezeichnen, der Veränderung und Wachstum verlangt. Es mag notwendig sein, die Gruppenzusammensetzung angesichts emotionaler Aufwallungen oder des Wunsches, heikle Dinge zu äußern, verändert werden muß. Will das Paar mit den Helfern allein sein, so kann den übrigen Anwesenden Gelegenheit verschafft werden, in anderen Kombinationen über das eigene Erleben zu sprechen. Denn auch Freunde und Verwandte haben das Auseinandergehen zu bewältigen. Das Paar hat dann nicht das Gefühl, alleine zu sein, sondern sich in Parallelarbeit zu befinden. Freunde und Verwandte können über das Paar sprechen, über die miterlebte Geschichte. Es muß immer klar sein, daß die Trennung Arbeit an der Seele bedeutet. Natürlich ist denkbar, daß ein so tiefer emotionaler Prozeß mit fachlicher Hilfe und dem Beistand von Verwandten und Freunden auch zu einer Revision des Trennungswunsches oder mindestens zu einem Aufflackern der Sehnsucht wie der Trauer führt, auch zu Verleugnungen des Scheiterns. Aber in diese Varianten will ich mich hier nicht vertiefen.

Es geht bei dem Ritual um Rückschau, Bilanz und Abgrenzung. Die Abgrenzung verläuft nicht ohne Wut. Aber der Schutz des Settings erlaubt auch, die Inseln der guten Gefühle zu benennen, ohne daß befürchtet werden muß, daß dies zu erneuten schweren Verletzungen führt. Eine der Aufgaben der Leiter wird es sein, einen Standard von Fairneß trotz der Heftigkeit der Gefühle zu wahren. Rituale dienen der Bewältigung von überstarken Gefühlen, für die der einzelne keine Form, Sicherheit und Orientierung mehr hatte. Sie wurden also häufig unterdrückt oder nur in verstümmelter Form gelebt, falls die Trennungswilligen nicht selbst im Streit in eine negative Ritualisierung hineingeraten waren. Blanker Haß, Groll, Kränkungswut sind ängstigend, weil sie in der unbewußten Vorstellung, aber auch in bewußten Erinnerungen, als katastrophal, demütigend oder destruktiv erlebt wurden oder aber tabuisiert waren.

Die Leiter wie die Helfer können Gefühle verstärken, erklären und zusammenfassen. Sie können Verletzungen noch einmal formulieren, und sie können fragen, ob der andere sich auf eine Entschuldigung einlassen kann. Je nach dem Stand des Prozesses kann also schon, wenn auch in Grenzen, Versöhnungsarbeit geleistet werden. Bei einer gewissen Beruhigung, die auch durch Pausen, Erholungszeiten oder Rückzug auf die Berater zustande kommen kann, wird es wohl auch möglich sein, über künftige Entscheidungen hinsichtlich der Aufteilung der Kinder, der Besuchszeiten usw. zu sprechen. Die Leiter werden Statements und Einsichten immer wieder zusammenfassend klarstellen und rückfragen, ob die Kontrahenten den jeweils anderen verstanden haben, sowohl in seinem Gefühl wie in seinen Entschlüssen und Vorsätzen.

Die Rolle von Zeugen

Die Anwesenden sind Zeugen, und sie werden später, in ganz anderen Begegnungen, an die Stadien und Äußerungen des Rituals erinnern können. Sie werden Bilder der beiden Expartner behalten, die sie als realistische Eindrücke demjenigen vorhalten können, der in der Regression des Hasses und der Verzweiflung wieder in alte Verzerrungen und Verdächtigungen zurückfallen will. Denn die Wahrnehmungsverzerrung bei den einsamen Kämpfen in der Verstrickung ist ein Teil der Katastrophe. Die Zeugen halten auch Entscheidungen fest. Denn wie oft versuchen zerstrittene Paare zwar zu Absprachen zu kommen, aber der nächste Sturm kann sie, unter neuen Kränkungen und Vorwänden, hinwegfegen. Sie werden vergessen, verleugnet, verdreht oder in Haß und Angst einfach rückgängig gemacht. Das Ritual setzt ein Gegengewicht auch gegen die emotionale Hilflosigkeit und Unzuverlässigkeit, von denen jeder in solchen Krisensituationen bedroht ist.

Sehr oft käme es sicher zu Konstellationen, bei denen die in der Tiefe wirksamen Affekte sich noch zwischen den Partnern und ihren Eltern abspielen und nur verschoben agiert werden. Dann müßte es, nach Absprache, möglich sein, auch mit anwesenden Eltern und Kindern Teilsitzungen abzuhalten, die den Trennungs- und Klärungsprozessen in der Herkunftsfamilie dienen. Es käme also zu Scheidungsverhandlungen zwischen den Generationen, mit dem oft ganz unerwarteten Explosivstoff, der im Schutz des Settings hochkommt. Zunächst scheint es vielleicht sogar befremdlich, die weitere Familie einzubeziehen. Denn sehr oft sind Freunde und Kollegen zum wichtigeren sozialen Umfeld geworden.

Auf jeden Fall sind offen und vor Zeugen ausgesprochene Regelungen auch über die vorübergehende Zuordnung von Verwandten und Freunden wichtig. Es ist außerordentlich kränkend, wenn die Mutter der Frau ihren Schwiegersohn viel tiefer akzeptiert als ihre Tochter und dies auch in Schuldzuweisungen und Sympathiebekundungen erkennen läßt.

Die Leiter können auf solche und ähnliche Konstellationen hinweisen und auch die Eltern auf ihr destruktives Potential aufmerksam machen. Verwandte und Freunde können einem der Partner sagen, daß sie gerne die Beziehungen mit beiden weiter pflegen würden, daß sie sich aber für einige Zeit für einen entscheiden, ohne daß dies eine Entwertung oder eine affektive oder moralische Distanzierung vom anderen bedeuten muß. Dadurch entspannen sich die krisenhaften Situationen im Freundes- und Kollegenkreis. Die Betroffenen könnten dem, den sie eine Weile nicht sehen werden oder von dem sie sich auch trennen müssen, ihre Sympathie bekunden und bedauern, daß sie ihm oder ihr längere Zeit oder gar nicht mehr begegnen werden. Es sind viel mehr Abschiede fällig als nur die vom Partner. Und diesen Folgeabschieden wird oft kaum Aufmerksamkeit gewidmet, sie vollziehen sich in der Zeit der größten Hilflosigkeit und Aufgewühltheit und werden nicht offen und fair ausgehandelt und verarbeitet. Klare Absprachen verhindern oder mindern die paranoiden Reaktionen, die Gefühle des Geschnitten- oder Geächtet-Werdens. Der Energieverlust aus solchen ungeklärten Beziehungsveränderungen ist oft gewaltig.

Neben den Rückzügen der Leiter zur Beratung sind Zwischenbilanzen mit den Beteiligten notwendig, Neubestimmungen der Prozeßrichtung wie der Variationen im Setting. Es werden mit Sicherheit ganz unerwartete »Arbeitsgebiete« auftauchen. Ein zentraler Punkt dürfte Form und Zeitpunkt der Hinzuziehung der Kinder sein. Auf jeden Fall gilt es, ihren Gefühlen gerecht zu werden und ihre Loyalitätsprobleme zu mildern. Auch sie müßten vor Zeugen aussprechen dürfen, wie es in ihrem Inneren aussieht, sie müßten ihrer Ambivalenz, ihrer Trauer, aber auch ihrer Hoffnung Ausdruck geben können, zu beiden Seiten positive Beziehungen zu haben. Eventuell hätten das auch Stellvertreter vorzubringen. Dies ist vielleicht sogar der wichtigste Punkt: Der am meisten gekränkte Elternteil, der oft die Neigung hat, den andern weitgehend auszuschließen, zu triumphieren und ihn zu entwerten, muß vor Zeugen sehen und es auch in der Zusammenfassung immer wieder hören, daß die Kinder beide Eltern weiter brauchen und daß andere Menschen Mitverantwortung dafür übernehmen, daß keiner Rachepolitik betreibt auf Kosten des Partners oder der Kinder. Vielleicht erleben die Kinder die Eltern sogar zum ersten Mal in einem anderen, stabilen Rahmen. Für alle Beteiligten geht es darum, gesehen, gehört und verstanden zu werden.

Verbaler und räumlicher Abschied

Es muß klare Abschiedsworte und klare Verabredungen geben. Das Auseinandergehen kann räumlich inszeniert werden, mit Punkten des Verharrens, auf denen wichtige Dinge noch mitgeteilt werden können. Die räumliche Inszenierung des Auseinandergehens hat eine tiefe symbolische Bedeutung. Sie läßt sich sogar mit Linien auf dem Boden oder mit getrennten Räumen und Türen darstellen. Auch das Vereinigungsritual arbeitet mit symbolischen Räumen, Türen, Abschieden und Zusammenschlüssen, die durch Schritte und Worte dargestellt werden. Das Unbewußte braucht Wiederholungen, um gefürchtete oder widerwillig akzeptierte Tatsachen zu begreifen. Ohne Wiederholungen läuft kein Durcharbeiten.

Vor allem nach der Nachtruhe und den abendlichen Gesprächen und dem nächtlichen Erleben wird der nächste Tag noch einmal neue Arbeitsforderungen bringen, auch Teilabschiede. Und es wird mit überstürzten Abreisen, Fluchten, Streiks und Drohungen umzugehen sein. Es ist wichtig, daß die Leiter den Eindruck vermitteln, daß sie mit den aufgewühlten Emotionen umgehen können, daß sie sie für normal halten und daß eine Scheidung ein seelischer Prozeß ist, bei dem es affektive Hilfe gibt zu neuer Entwicklung; daß es sich um benennbare und bewältigbare Vorgänge – auch vor Zeugen – handelt, die dem üblichen Sturm der Beschämung entgegenarbeiten.

Schließlich halte ich sogar feierliche Erklärungen, Versprechen und Abschiedssätze oder sogar kleine Abschiedsreden für bedeutsam. Auch hier sind rituelle Anordnungen zur Abgabe der Erklärungen wichtig. Die Personen sollten zeremoniell gruppiert werden, so daß sie sich als Teil eines übergreifenden Vorganges fühlen können. Der Sinn von Ritualen ist ja auch, daß die Verantwortung für starke emotionale Prozesse sozial eingebettet und ein Teil der Verantwortung von einer größeren Gruppe übernommen wird.

Um zu Ihrem aktuellen Thema des gemeinsamen Sorgerechtes zu kommen: ich kann mir vorstellen, daß ein solches Ritual sowohl eine Voraussetzung für eine Entscheidung sein könnte – dies führt wieder zu den Problemen einer verordneten Therapie – oder aber eine Hilfe während einer Periode des Versuchs, der vielleicht ohnehin von therapeutischen Gesprächen begleitet ist. Auf jeden Fall glaube ich, daß schwierige Trennungs- und Scheidungsprozesse von immer wieder angebotener Hilfe begleitet sein sollten. Ich kann mir auch Fälle vorstellen, in denen der Familienrichter durchaus eine Auflage macht: eine Art therapeutischer Supervision für ein oder zwei Jahre der Erprobung des gemeinsamen Sorgerechts. Doch dies ist ein neues Thema, das nur sehr indirekt mit dem des Trennungsrituals zusammenhängt. Es könnte aber eine ideale Ergänzung bilden.

Es wird einige Jahre dauern, bis sich herausstellt, ob die Idee der Trennungsrituale Realität wird. Dies hängt nicht zuletzt davon ab, ob sich in der öffentlichen Meinung ein Bewußtsein für eine enorme Lücke im System der Rituale findet. Diese Lücke ist nur durch die christliche Prägung des Umgangs mit wichtigen Veränderungen im menschlichen Leben verstehbar. Aber da die Not groß ist, halte ich es für denkbar, daß die Idee erprobt wird. Genug Kompetenz ist vorhanden, die nur neu eingesetzt werden müßte. Was mir sicher scheint, ist, daß schon einzelne Versuche einen enormen Erkenntnisgewinn bringen werden, der die Entscheidung leichter macht, ob die Lücke sich füllen läßt. Die Diskussion mag zeigen, was ich alles nicht bedacht oder einseitig dargestellt habe.

Nachwort zur Kritik an der
»Unfähigkeit zu trauern«

Aus Anlaß einer Themen-Nummer
der Zeitschrift »Psyche«, August 1993

Der Wunsch nach dem Vatermord sei es, der mich dazu geführt habe, mich kritisch mit der »Unfähigkeit zu trauern« von Alexander und Margarete Mitscherlich auseinanderzusetzen, heißt es in der Generalabrechnung mit meinem »Einschwenken« auf ein unschuldiges Großdeutschland. Aber muß es gleich Vernichtungswillen und Mord sein, den man plant, wenn man 25 Jahre nach dem Erscheinen eines Buches untersucht, warum es nicht die von den Autoren erhoffte Wirkung auf die Deutschen hatte? Alexander Mitscherlich beklagt diese Wirkungslosigkeit in seiner Autobiographie selbst. Daß die Deutschen so wenig sich erinnernd, trauernd, ihre eigene Familiengeschichte erhellend mit der NS-Vergangenheit umgehen konnten, ist für mich selbst schmerzlich. Allerdings habe ich es, aufgrund des fast ubiquitären Schweigens in den Familien, lange nicht gemerkt. Inzwischen hat sich einiges verändert, viele psychotherapeutische Kollegen bestätigen, daß heute NS- und Kriegskinder, also Angehörige der zweiten Generation, sich ihrer Familiengeschichte stellen. Im Freundeskreis erlebe ich ähnliches. Aber die meisten brauchen einen massiven Anstoß dazu: für manche war es der mörderische Fremdenhaß und Rechtsradikalismus, für manche eine Lebenskrise, für wieder andere der Tod *eines* Elternteils, der den anderen aus der Loyalitätsbindung des Schweigens entließ.

Die Wucht und Demagogie der Vorwürfe in der »Psyche« gegen mich: Einebnung der deutschen Schuld, Vorbereitung neuer großdeutscher Selbstgefälligkeit, Paktieren mit dem neuen rechten Nationalismus, latenter Antisemitismus, Umdeutung der Täter zu Opfern u. a. führten mich zu der Frage, ob ich meine Position zur NS-Zeit und deren heutigen Folgen in Kurzfassung präzisieren könnte. Ich versuche es:

1. Ich mag nicht erneut erklären, wie ungeheuerlich der Völkermord an den Juden und anderen Volksgruppen war, ebenso wie der Angriffs- und Vernichtungskrieg gegen viele Völker. Bei der

Art der Verdächtigung, man wolle die deutsche Schuld letztlich doch verringern oder gar leugnen, wird eine solche Erklärung schnell als rituelle Deklamation zur Tarnung angesehen. Es stimmt, daß ich inzwischen beides denken und fühlen kann: das Ungeheuerliche der Taten im deutschen Namen durch unzählige beteiligte Täter und die auch für sehr viele Deutschen darauf folgenden Leiden, die man als ein geschichtliches und verdientes Strafgericht für ein Volk ansehen kann, das wie im Taumel Hitler nachlief. Die meisten Täter mögen zu billig davongekommen sein, und zu viele mögen ihr Leben in verwerflicher Verhärtung gegen Erinnerung und Schuld weitergelebt haben. An der Wucht der von den Mitscherlichs diagnostizierten »Entwirklichung« der Vergangenheit kann gar kein Zweifel bestehen. Aber die durch den NS-Fanatismus verlängerte Katastrophe des Krieges bis zum letzten Aufgebot auf eigenem Boden, Bombardierung, Vertreibung, Hunger hatte Folgen. Sie gleichen denen, die aus unseren voraufgehenden Verbrechen, die wir an anderen Völkern begangen haben, erwuchsen. Und diese auch psychischen Folgen zu verleugnen, verstärkt nur die Verleugnung der historischen Schuld.

2. Was mir vor allem am Herzen liegt, ist die Frage: was läßt sich *heute* tun gegen die Folgen des langen Schweigens über die NS-Zeit? Wenn die »erste« Generation weitgehend in Verleugnung und Erstarrung verharrte, in einem Maß, die das Schweigen fast auch zum Schicksal der »zweiten« Generation gemacht hätte, was bedeutet es dann, wenn viele einzelne heute sich der deutschen und ihrer eigenen Familiengeschichte stellen? Gibt uns die Geschichte eine zweite Chance, den inneren Raum wenigstens in der nächsten oder übernächsten Generation zu öffnen? Ist das Versagen an Schuld und Scham, das die Mitscherlichs 1967 empörte, partiell wiedergutzumachen, wenn aus vielen Familien einzelne die Wahrheit der Mittäterschaft der Eltern annehmen und ihre eigene, durch Schweigen geschönte oder erträglich gemachte Biographie wie ihr Selbstverständnis verändern? Was bedeutet es, daß die Einfühlung, ja auch nur das seelische Wahrhaben-Können des Holocaust, oft erst zustande kommt, wenn die Kindheitsgeschichte der Täter- und Mitläuferkinder als eine Geschichte des eigenen Leidens anerkannt ist. Denn hier setzt der Verdacht ja an: Sich in das Leiden der Täterkinder einzufühlen, sei der Anfang der Einebnung und die erneute Regression auf die unerträgliche Lar-

moyanz der Deutschen nach dem Zusammenbruch, der Beginn des Umschreibens der Geschichte. Das moralische Einklagen von Trauer und Schuld bei den Mitscherlichs hatte seine Berechtigung als ein Fanal. Aber ohne moralische Positionen preiszugeben, dürfen wir heute fragen: Was sind die psychologischen Bedingungen für Erinnerung und Trauer *heute*, nachdem es offensichtlich einem ganzen Volk nicht gelang, sie in der angemessenen Zeit und in den Seelen der erwachsen Verstrickten zustande zu bringen.

3. An meiner eigenen Geschichte wie an der Geschichte von Patienten kann ich ermessen, wieviel Anstöße und späte Hilfe ich gebraucht habe, um die »entwirklichten« Jahre in der Geschichte meines Vaters, eines gefallenen Onkels und anderer wichtiger Personen mir so zu vergegenwärtigen, daß ich sie in mir trage; und wieviel Ermutigung manche Patienten brauchen, ihre seelische Entwicklung neu zu begreifen angesichts der seelischen Fragmentierung und Nebelhaftigkeit ihrer Herkunft. Früher wäre Hilfe zur Schuldfähigkeit nötig gewesen, die es kaum gab; heute ist es Hilfe beim Ertragen der Wahrheit: Sehr viele von uns haben Eltern, die als Täter oder Mitläufer verstrickt waren. Die Verstocktheit der ersten Generation mag politisch schuldhaft sein, aber in einem anderen als in einem rein psychologischen oder individuell-moralischen Sinn. Insofern hat Christian Schneider in der »Psyche« (8/93) recht, wenn er die therapeutische Perspektive auf die Biographien der Verstrickten und ihrer Kinder in einen Kontrast setzt zur globalen historischen Schuld und der Dimension des kollektiv angerichteten Unheils. Das Paradox ist schwer auflösbar. Aber viel Wahrheit erschließt sich mir in den Psychotherapien, wenn Täter- oder Mitläuferkinder ihre tief vergrabenen Fragmente von Identifikation betrachten, erschrecken, die Bilder ihrer Eltern revidieren, die verdrängten Loyalitätskämpfe angehen, die sie manchmal fast zerreißen. Andere Menschen, der schreibenden Introspektion mächtig, haben ihre NS-Geschichte dargestellt und vielen geholfen, das Verschüttete in der Identifizierung mit ihrem Mut neu zu betrachten. Diese von zahlreichen Angehörigen der zweiten Generation geleistete Erinnerung und Erarbeitung der politischen wie der familiären Geschichte bilden, auch wenn sie nicht sehr öffentlichkeitswirksam sind, doch den Grundstock einer politischen Kultur.

4. Tragisch ist, daß wir kaum noch die Möglichkeit haben, in unserem täglichen Leben, von den großen Städten abgesehen, Juden im täglichen Leben zu begegnen, und wenn wir es tun, hemmt uns immer noch große Befangenheit, und zwar um so stärker, je präsenter uns das Grauen der Vernichtung ist. Das bedeutet aber auch, daß es für die Täter- und Mitläuferkinder kaum eine angemessene Form von Begegnung, Wiedergutmachung, mitgeteilter Trauer usw. gibt. Was mir manchmal gelingt, ist: beim Gang durch Städte die Ermordeten als gegenwärtig zu fühlen, gleich Geistern, die als Lebende einst Heimatrecht besaßen, und die unsichtbar unter uns sind. Aber dann wird alles gegenwärtig Bunte unwirklich, gespenstisch; und doch kann man damit umgehen lernen. Die Geister gehören dazu, und es macht nichts, wenn das bunte Treiben einem immer wieder wie Theater über dem Abgrund vorkommt, den viele nicht sehen.

Mich begleiten die Geister, seit ich über den ersten Auschwitzprozeß in Frankfurt journalistisch berichtete; deutlicher noch, seit ich in den Filmen der letzten Jahre die Menschen sah, wie sie aus ihrem Alltagsleben heraus in die Vernichtungslager abtransportiert wurden, z. B. in »Shoah«. Sie begleiten mich, obwohl es zum Teil die Gesichter von Schauspielern sind. Dr. Weiss und seine Familie gehören zu meinen Ahnengeistern, selbst wenn ich noch Mühe habe, mit ihren überlebenden Angehörigen ohne Befangenheit umzugehen.

Aber ich kann die Anwesenheit der Geister nicht immer ertragen. Trotzdem will ich sie nicht mehr entwirklichen. Viele Völker beruhigen ihre Ahnen durch tägliche Opfergaben. Sie sind Verstorbene. Diese unsere Mit-Ahnen haben wir Deutschen ermordet. Wenn wir Angehörigen der zweiten Generation die lähmenden Schweigegebote unserer Eltern in uns nicht aufheben, bleiben die jüdischen Geister heimatlos. Aber die Verwüstungen des Schweigens dürfen wir als Leiden und ein Abreißen der Geschichte in uns wahrnehmen und beklagen. Das Schweigen hat auch unsere Affekte beschädigt, die wir für die Einfühlung brauchen.

5. Wenn die heute auf den früher sozialistischen Osten gerichtete moralische Aggression sich ausgetobt haben wird, an der sich so schwer der berechtigte Vorwurf von der Verschiebung des eigenen Unbewältigten unterscheiden läßt, halte ich es für denkbar, daß es zu einer ethischen Besinnung über die seelischen Folgen destrukti-

ver totalitärer Herrschaft kommt, an der viele einzelne teilhaben, neben dem Getöse der Denkschulen und der politischen Proklamationen. Mein Ziel ist es, nach Begriffen und Kategorien des Denkens wie des Fühlens zu suchen für diese Aufgabe, nach Varianten eines »inneren Settings«, in dem Erinnerung und Reifung stattfinden kann.

Wir werden uns damit abfinden müssen, daß es keine Übereinstimmung zwischen den inneren und den äußeren Kriterien von »Bewältigung« geben wird. Als Psychoanalytiker arbeite ich mit der tiefen lebensgeschichtlichen Verwurzelung von Gefühlen und Meinungen *und* ihrer Einbettung in öffentliche Trends. So kritisch wir heute Ritualen gegenüberstehen, so sehr meine ich, daß es bei moralischen Katastrophen dieses Ausmaßes eine Stützung des Ichs durch Rituale braucht, um den Affekten, denen der einzelne nicht gewachsen ist und die er also lieber von sich fernhält, eine Form zu geben. Also werden Formen des gemeinsamen Gedenkens immer wichtig bleiben. Sie dürfen nur nicht reine Rederituale bleiben, mit Texten, die sich von Jahr zu Jahr wiederholen.

Der gefährliche Gegenpol von Ritualen hat sich mir immer aus Schüleraussagen zu Gedenktagen des beginnenden oder sich vollendenden Holocaust erschlossen, etwa wenn in Gruppen gesagt wurde: »Heute müssen wir uns wieder eine Stunde lang schämen!« Beschämung und anklagende Beschuldigung sind die am schwersten zu ertragenden Formen der moralischen Zuwendung.

Man hat mir ein Paktieren mit den konservativen Vereinfachern vorgeworfen, die nun auch den Rechtsradikalismus noch den 68ern in die Schuhe schieben wollen. Der Vorwurf ist unredlich. Ich habe nur die aggressiven und inquisitorischen Reinheitsideale kritisiert, mit denen sie vielfach die Elterngeneration ins verstockte Schweigen zurückgetrieben haben, oder, wie es Elke Rottgard in ihrem Buch »Elternhörigkeit. Nationalsozialismus in der Generation danach« (Hamburg 1993) formuliert: Die Vorwürfe der NS-Verstrickung wurden im innerfamiliären Generations-Kampf instumentalisiert, zur Demütigung und nicht im Ringen um Verstehen.

In einem Vortrag vor dem Kongreß der Internationalen Vereinigung »Ärzte gegen den Atomkrieg« (IPPNW) zum Schicksal der Medizin in Dritten Reich 1988 formulierte Sebastian Fetscher ähnliche Gedanken wie folgt: Deshalb »müssen wir dem Buch ›Die

Unfähigkeit zu trauern‹ von A. und M. Mitscherlich einen zweiten Blick schenken. Denn seine Autoren haben mit ihrem versteckten moralischen Idealismus wie immer auch unfreiwillig zum moralischen Narzißmus der Linken beigetragen. Ihr Vertrauen in die Heilkraft des Trauerns und die Schädlichkeit der Verdrängung hat sie dabei zu einem so negativen Bild von den älteren Deutschen geführt, daß wir Jüngeren nur noch mehr dazu neigen, in der Mehrzahl der Älteren nichts als boshafte und gefühlskalte Verdränger zu sehen.«*

Ähnlich äußert sich Horst Eberhard Richter, des Rechtsradikalismus eher unverdächtig, 1993 über den inquisitorischen Zugang der 68er zum NS-Thema: »Väter, Mütter, Lehrer, Professoren, Chefs wurden zur Rede gestellt, genauer gesagt: gleich an der Pranger gestellt. Gestehen sollten sie, daß sie noch durch und durch vom Nazigeist verseucht und finster entschlossen seien, überall faschistische Strukturen zu erhalten oder wiederzubeleben... Man gab vor, endlich eine Diskussion mit den Älteren und insbesondere mit der Machtelite erzwingen zu wollen. Statt dessen geriet die Revolte schnell zu einem Tribunal, in dem man den Angegriffenen kaum mehr zu Wort kommen ließ.«**

Die Kritik an diesem Fragment ihres gesellschaftlichen Engagements umfaßt doch nicht die gesamte Einschätzung ihrer Wirkung und läßt genug Raum für eine massive Zurückweisung des Versuchs, ihnen heute den »Werteverfall« wie den Rechtsradikalismus unterzuschieben. Daß solche Aussagen aber von rechts politisch instrumentalisiert werden können, darf doch nicht zu Denkverboten gegenüber Marksteinen des sozialpsychologischen Argumentierens führen wie denen der Mitscherlichs. Sie haben damals, zwischen vielen Fronten, aufklärerische wie verbiesternde Wirkungen entfaltet. Es wäre traurig, wenn darüber heute nicht Dialog, sondern nur Kampf möglich wäre.

* Sebastian Fetscher, »Das Dritte Reich und die Moral der Nachgeborenen. Vom Dünkel der Betroffenheit.«, S. 181. In: Neue Sammlung, Heft 2, Jg. 92, 1989, S. 161–185
** Horst Eberhard Richter, Wer nicht leiden will, muß hassen. Zur Epidemie der Gewalt. Hamburg 1993, S. 51

Drucknachweise

Ein Enkel Adolf Hitlers. *Über das Auftauchen von Politik in der Psychotherapie.*
Unveröffentlicht

Nationalsozialismus im seelischen Untergrund von heute. *Über die Nachwirkungen von Holocaust, Krieg und NS-Diktatur. Zur Rezeption von Anita Eckstaedts Buch »Nationalsozialismus in der ›zweiten Generation‹«.*
Gekürzt in: Süddeutscher Rundfunk, Reihe AULA, Dezember 1992

Der braune Untergrund der Charaktere. *Die deutsche Seele vor und nach der Einheit aus westlicher Sicht.*
Vortrag beim 2. Interkulturellen Symposium über Komplementarität und Dialogik in Wissenschaft und Alltag, 13. bis 17. September 1992 in Buckow. Gekürzt in: Sinn und Form, März 1993

Derealisierung als Abwehr. *Die Wiederkehr des Verdrängten am Beispiel des Nationalsozialismus.*
Vortrag bei der Volkshochschule Frankfurt am Main, 2. Juli 1993. Unveröffentlicht

Über die Größe des politischen Umdenkens. *Zu Günter Schabowskis Autobiographie »Der Absturz« (1991).*
In: Psychologie heute, Mai 1993

Psychoanalyse West – Psychotherapie Ost. *Erfahrungen in gemischten Kollegengruppen.*
Unveröffentlicht

Die Stasi als psychotherapeutische Großinstitution. *Die flächendeckende Ambulanz der Führungsoffiziere und inoffiziellen Mitarbeiter.*
In: Plateau, Stuttgart, August 1993

Motive und Ziele der Rechtsradikalen. *Der vergessene intergenerative Aspekt, die destruktiven Vorbilder und die Ohnmacht der internationalen Politik.*
Vortrag bei der Jahrestagung 1992 der GEW Bayern, gekürzt in: Gewerkschaftliche Monatshefte, März 1993

C. G. Jung: Ein mißbrauchtes Kind. *Zu Renate Höfers Buch »C. G. Jungs Hiobsbotschaft« (1993).*
Gekürzt in: Süddeutsche Zeitung, Herbst 1993

Über Politik und Ethik.
Vortrag vor der Klausurtagung des Klosters Marienberg mit der Landesregierung von Südtirol, 9. bis 11. Oktober 1992. Unveröffentlicht

Familienkrieg und Friedenskonferenz. *Über Rituale von Trennung und Scheidung.*
Vortrag beim Symposium zur 10. Jahresfeier der Psychosozialen Beratungsstelle in Freiburg, Frühjahr 1993. Unveröffentlicht

Nachwort zur Kritik an der »Unfähigkeit zu trauern«. *Aus Anlaß einer Themen-Nummer der Zeitschrift »Psyche«, August 1993.*
Unveröffentlicht

Tilmann Moser
im Suhrkamp Verlag

32/25/191/87/86/54/55/129/157/
150/151/